本书被列入"中共北京市委党校、北京行政学院学术文库系列丛书"

比较视域下的
利益集团腐败问题研究

王尘子 ■ 著

中国社会科学出版社

图书在版编目(CIP)数据

比较视域下的利益集团腐败问题研究 / 王尘子著. —北京：中国社会科学出版社，2020.6
ISBN 978 - 7 - 5203 - 4864 - 5

Ⅰ.①比… Ⅱ.①王… Ⅲ.①利益集团—政治理论—研究 Ⅳ.①D013

中国版本图书馆 CIP 数据核字（2019）第 178143 号

出 版 人	赵剑英
责任编辑	陈雅慧
责任校对	王 斐
责任印制	戴 宽

出 版	中国社会科学出版社
社 址	北京鼓楼西大街甲 158 号
邮 编	100720
网 址	http://www.csspw.cn
发 行 部	010 - 84083685
门 市 部	010 - 84029450
经 销	新华书店及其他书店

印 刷	北京明恒达印务有限公司
装 订	廊坊市广阳区广增装订厂
版 次	2020 年 6 月第 1 版
印 次	2020 年 6 月第 1 次印刷

开 本	710 × 1000 1/16
印 张	19
字 数	274 千字
定 价	108.00 元

凡购买中国社会科学出版社图书，如有质量问题请与本社营销中心联系调换
电话：010 - 84083683
版权所有　侵权必究

序

十八大以来，随着反腐败斗争在我党政治生活中的重要性不断提升，以习近平同志为核心的党中央明确提出要加大防范、清除利益集团的力度，利益集团业成为新时代反腐败斗争中不容回避的关键变量，也成为研究新时代反腐败斗争的重要切入点。

新时代反腐败斗争不仅是对腐化公职人员的清肃与整治，更是一场体制范围内的系统改革与利益集团的层层博弈，是遏制体制机制功能病变、建立风清气正政治生态、确保党和国家长治久安的重要举措。那么，利益集团腐败与通常意义上的公职人员腐败在概念上有什么差异？它有何特征？在廉政建设过程中如何有效防治利益集团腐败？要对这些问题给出正确答案，无疑需要了解与掌握利益集团的生成与发展。王尘子的《比较视域下的利益集团腐败问题研究》，就是一部运用比较历史分析法对利益集团的腐败生成机理进行深入探讨的好书。

为从理论上解释利益集团腐败的成因，《比较视域下的利益集团腐败问题研究》一书从交互式和结构化两个研究视角展开论述，从偏重行为体的交互式角度审视"裙带关系"和"人脉"普遍存在使得公职人员可能倾向于依赖"身边人"以维系自身的权力地位。根据对掌权者保持其权力地位重要性的差别，不同的影响者可被分解为三类人群：一般影响者、利益攸关者和核心影响者。从边际成本和边际收益的视角出发，在核心影响者规模很小的情况下，私人物品远比公共物品重要，反之亦然。私人物品由于本身所带有的非排他性和非竞争性，可能直接蜕变为非正当、不合理的特殊利益，亦即利益集团成员借助常态化私人物品分配攫取特殊的政治、经济利益,而这种利益及由此形成的利益集团本身就是腐败的表现形式。从偏重制度体系建构的结构化视角审视,尽管诱发利益集团腐败的因素潜伏于行为体内部,但关于利益分配、权力监督与制约方面的制度体系及受其影响的治理能力将对利益集团腐败产生重要影响。倘若在制度建构方面存在固有缺陷,缺乏较高的自我改革能力和治理能力,则很难抑制甚至可能诱导利益集团追求排他性的特殊利益并使问题持续恶化,最终导致腐败和机制本身的功能性病变。在此基础上,本书作者提出假说,认为交互式和结构化这两重因素是统一整体,二者共同构成了利益集团引发腐败的普遍机理。

为了验证这一假说,该书用较大的篇幅对镀金时代的美国、纳粹德国、独立后的印度和新加坡四个国家不同时期的利益集团腐败案例进行了系统研究,由此得出结论:无论是在民主自由国家还是在威权独裁国家,无论是发达国家还是经济落后、社会分裂严重的后发国家,只要存在利益集团腐败的生成要素,大规模的集团腐败就很难避免。在空间维度上,上述四个国家横跨三大洲,经济、社会、文化条件的异质性程度很高。在时间维度上,这四个国家的不同时期也展示了一个国家利益集团腐败具体发展阶段的变化。该书采取横向比较研究和纵向比较研究相结合的方法,提高了有关利益集团腐败生成机理的理论解释力。

该书的价值体现在学术和应用两方面。就学术价值而言,该书以比较历史分析法系统研究各国利益集团腐败的生成机理,明晰利益集团与腐败之间的关系,在一定程度上丰富了深化党风廉政建设和反腐败理论。

就应用价值而言,该书对利益集团腐败的概念及其危害的科学界定与深入分析,对有关部门制定和出台防治利益集团腐败的政策和举措具有较高的启发与参考价值。

王尘子2016年中国社会科学院研究生院博士研究生毕业,专业为国际政治,在读研期间以及获得博士学位、参加工作之后,发表了不少有关反腐败的论文与文章,学界也给出了较高的评价。

《比较视域下的利益集团腐败问题研究》是他学术生涯中出版的第一部学术著作,作为他的导师,我希望该书的问世成为他人生的一个新的起点。

李文

2019年1月8日

目　录

前言 ……………………………………………………………… (1)

第一章　导论：利益集团腐败的新解释 ……………………… (1)
第一节　利益集团腐败的既有研究成果 ………………… (7)
第二节　一种创新性理论解释 …………………………… (34)
第三节　研究方法与案例选择 …………………………… (40)

第二章　权力、支持者集团、利益分配和作为政治工具的腐败 …………………………………………………… (46)
第一节　权力与三类支持者 ……………………………… (50)
第二节　利益分配与反腐语境下利益集团的产生 ……… (57)
第三节　作为政治工具的利益集团腐败 ………………… (71)

第三章　权力结构、国家治理能力与利益集团腐败 ………… (78)
第一节　权力结构的政治逻辑 …………………………… (81)
第二节　不同层次的权力结构安排 ……………………… (90)
第三节　权力结构的"4W"原则与利益集团腐败 ……… (104)

第四章　美国镀金时代的利益集团腐败 …………………… (118)
第一节　"镀金时代"及其起源 ………………………… (123)
第二节　镀金时代作为政治工具的利益集团腐败 ……… (131)
第三节　镀金时代美国的制度短板 ……………………… (139)

第五章　纳粹德国的利益集团腐败 (152)
  第一节　纳粹德国的政府与政治 (154)
  第二节　作为政治工具的纳粹党腐败 (170)
  第三节　"元首体制"的腐败困境 (180)

第六章　独立以来印度的利益集团腐败 (191)
  第一节　印度的社会分裂 (193)
  第二节　不同时期的印度利益集团腐败 (205)
  第三节　印度的权力结构和权力制约缺陷 (219)

第七章　新加坡，一个特例？ (231)
  第一节　新加坡的特殊国情 (232)
  第二节　高效顶层治理：人民行动党政府和李光耀家族 (236)
  第三节　巧妙的权力约束：激励和惩处 (250)

第八章　结论：如何避免利益集团腐败 (257)
  第一节　利益集团腐败政治逻辑的理论总结 (257)
  第二节　顶层设计和顶层治理：遏制腐败的政治工具属性 (262)
  第三节　实现权力结构均衡配置，推进国家治理体系现代化 (269)

参考文献 (276)

后记 (291)

前 言

十八大以来，我国的反腐败斗争压倒性态势已经形成并巩固发展，但反腐败斗争形势依然严峻复杂。在这一背景下，利益集团问题被党和国家领导人反复强调。2015年10月，习近平总书记明确指出："党内不能存在形形色色的政治利益集团，也不能存在党内同党外相互勾结、权钱交易的政治利益集团。党中央坚定不移反对腐败，就是要防范和清除这种非法利益关系对党内政治生活的影响，恢复党的良好政治生态。"2017年2月，他指出，"领导干部严格自律，要注重防范被利益集团'围猎'"。在十九大报告中，习近平再次强调，"坚决防止党内形成利益集团"。十八届中央纪律检查委员会向十九大提交的工作报告也指出："政治腐败和经济腐败相互交织形成利益集团，严重危害党和国家政治安全"，强调"重点查处政治问题和腐败问题通过利益输送相互交织，在党内培植个人势力、结成利益集团的行为"。王岐山在《开启新时代 踏上新征程》一文中指出："政治腐败是最大的腐败，一是结成利益集团，妄图窃取党和国家权力；二是山头主义宗派主义搞非组织活动，破坏党的集中统一。进行具有许多新的历史特点的伟大斗争，重要方面就是，惩治腐败'打虎'、'拍蝇'冲着利益集团去，防止其攫取政治权力、改变党的性质。"十九届中央纪委二次全会公报明确表示，"重点查处政治问题和经济问题相互交织形成利益集团的腐败案件"。

从利益集团的视角来看，党风廉政建设和反腐败斗争不仅是对腐化公职人员的清肃与整治，更是一场体制范围内的系统改革与利益集团的层层博弈，是遏制体制机制功能病变、建立风清气正政治生态、确保党和国家长治久安的重要举措。

事实上，由利益集团诱发的腐败特别是集团腐败现象在当今世界各国广泛存在。与传统意义上的公职人员个体腐败相比，利益集团腐败在发生根源、行为主体、行为方式和负面效应等方面存在重要差别。因此，本书的理论解释并非对腐败既有研究成果的简单加总，而是尝试提出一种具有符合时代发展、具有一定创新意义的理论假说，阐明利益集团腐败的因果机制。具体而言，本书认为利益集团腐败的生成机理隐藏于权力运作的固有逻辑之中：一方面，为了巩固自身权力和执政地位，公职人员或与公共权力有着密切联系的强势集团可能将腐败作为一种有用的政治工具，以此换取其支持者的政治忠诚；另一方面，倘若一国的权力结构无法塑造高效的国家治理能力，该国将很难解决或缓和这种作为政治工具的大规模集团腐败问题，甚至可能使这种利益集团腐败披上合法的外衣，造成国家权力结构的功能性病变，使腐败问题愈演愈烈。综合来看，利益集团腐败的这两方面条件也是互为前提的关系，利益分化、利益紧张及其所导致的利益诉求表达和利益整合难题将会深刻影响实际政治过程中权力结构的规制，而权力结构又会对作为政治工具的利益集团腐败起到至关重要的反作用。

本书整体上分为三个部分。首先是理论部分，共有三章。第一章是问题的界定、对既有研究成果的综述和创新性理论假说的提出；第二章是对掌握公共权力或与公共权力密切相关的人员将腐败作为一种有用的政治工具以换取其支持者政治忠诚的因果逻辑进行研究；第三章关注权力结构配置的差异对国家治理能力和利益集团腐败的重要影响，在区分不同层级权力结构安排的情况下提出衡量权力结构功效的"4W"原则。第二部分是案例研究，共有四章。第四章是对美国在"镀金时代"的利益集团腐败频发现象进行分析，说明为何秉持经典自由主义理念的美国政府会腐败高发；第五章是对纳粹德国的案例研究，重点探讨在独裁极权的"元首体制"下纳粹德国的腐败状况及其成因；第六章是对独立后印度利益集团腐败的分析，该章将印度的政治发展历程划分为市场经济体制改革前后两部分，说明无论是在改革前的国大党"一党独大"时期,还是在改革后的多党竞争与两党联盟执政时期,印度的大规模腐败都受到了作为政治工具的腐败和不完善的权力结构配置二者的深刻影响;第七章通过对新加坡廉政建设的分析,说明看似成为特例的新加坡,其廉政建设成就依然没有脱离利益集团腐败的生成机理,新加坡人民行动党政府正是从切断这一机理的两方面条件入手有效遏制了利益集团腐败。第三部分是第八章,也是本书研究的总结,这一章尝试对新时代我国如何避免利益集团腐败提供简要的政策建议。

总言之,对三大洲四个国家不同历史时期利益集团腐败的案例研究表明:无论是在民主自由国家还是在威权独裁国家,无论是发达国家还是经济落后的后发国家,只要存在利益集团腐败的生成要素,大规模的集团腐败就很难避免。要想有效治理利益集团腐败,就需要对症下药,实现高效的顶层设计和顶层治理,优化权力结构配置和国家治理体系。

第一章　导论：利益集团腐败的新解释

2010年6月8日，菲律宾时任总统阿基诺三世在上台伊始便信誓旦旦地向支持他的民众许下"三要"的执政承诺："要反腐、要扶贫、要改革。"然而在2014年，据美国《华尔街日报》报道，菲律宾的一大批政治精英再次卷入不断扩大的腐败丑闻中，上百名政客被指与涉及2.29亿美元的纳税人资金侵吞案有关。《华尔街日报》的报道称：

> 据处在丑闻中心的女商人纳布礼斯供述，她在2004年至2010年建立了一些傀儡性质的非政府组织，目标是给她和同谋者牟取2.29亿美元纳税人资金。纳布礼斯表示，她对120名现任和前任议员进行了贿赂，其中就包括预算与管理部部长阿巴德。阿巴德是丑闻名单列出的两名现任内阁成员之一。菲律宾司法部指控嫌疑人将资金转给非政府组织后非法占有，纳布礼斯的律师表示，纳布礼斯没有坚称自己是清白的，只是说并非她想到和设计上述犯罪计划的，这一计划在她参与之前就已经存在。纳布礼斯说，上述犯罪计划侵吞的是议员们依照地区项目获得的、具有自主裁量权的"猪肉桶"（pork barrel）资金。[①] 腐败丑闻在

[①] "猪肉桶"制度（Pork-barrel）更广为人知的另一个说法是"政治分赃"制，是议员在法案上附加对自己的支持者或亲信有利的条款，从而使他们受益的手段。"猪肉桶"的说法来源于美国，据说是源自印地安人在族人中分享腌制猪肉的传统。"猪肉桶"资金大部分是直接对某地区或某企业的拨款，在舆论监督比较严的情况下也会使用更间接的办法，例如某项法案在最后要通过时要加入紧急附加条款，如此，法案的支持者为了获得这些议员的支持和法案的及时通过只能放任这些议员加入自肥的附加条款。

马尼拉引发了大规模示威抗议活动，促使阿基诺三世废除了"猪肉桶"制度。①

尽管拥有比较完善的民主政体和各类廉政法律法规，菲律宾仍然是亚太地区腐败程度较为严重的国家之一，在 2014 年"透明国际"的清廉指数排行榜中，菲律宾只获得 38 分，在全部 177 个国家和地区中排第 85 位。② 始自 20 世纪 80 年代末的大规模民主转型并未从根本上改变菲律宾的传统权力格局，历届总统选举之时许下的反腐败诺言通常难以兑现，对国内各大利益集团过多干预政治决策的体制机制改革也难以推行。一般认为，各个政治家族是菲律宾利益集团的核心组成部分。这 160 余个大大小小的"家族"以占有土地、自然资源或垄断工商业为基础，相互联姻、关系紧密。以 1986 年马科斯倒台后的第一次国会选举为例，200 名众议员中有 130 位是各大家族的成员，另有 39 位与家族势力关系密切，这种局面至今仍存。③

菲律宾的反腐实践证明，政府内外的某些强势集团与腐败关系紧密，无法有效制约那些作为腐败行为主体的利益集团，从而导致政坛严重的腐败问题难以被根除。阿基诺家族、加西亚家族、拉莫斯家族和洛佩兹家族这些当代菲律宾最著名的大家族与各类大规模集团腐败脱不了干系。正如纳布礼斯所言，菲律宾政治权贵利用手中的公共权力，借助制度漏洞或明或暗地大肆依靠腐败手段拉拢相关支持者早已成为常态，这远非个人道德的责任，而是集团性质的大规模腐败。

在许多新兴国家，类似的集团腐败现象屡见不鲜。例如，在印度，各邦的乡村、城镇乃至各个统治阶层里的权势人物习惯于向某个政党承诺，给予它支持，作为回报，他们将得到各种利益和特权。在

---

① 《菲律宾上百政客卷入 2.29 亿美元腐败丑闻》，华尔街日报中文网，http：//wallstreetcn.com/node/2014530。
② "透明国际"清廉指数官方排行，http：//cpi.transparency.org/cpi2014/results/。
③ 房宁、许利平、郭静：《菲律宾：一座政治博物馆——对菲律宾民主政治的实地观察》，《文化纵横》2014 年第 1 期，第 26 页。

20世纪70年代印度北部的比哈尔邦，无论各政党意识形态如何千差万别，它们都必须极力讨好在该地区拥有大量矿产的拉贾家族。在当时，美国《爱国者报》的报道称：

> 拉贾家族过去可以从（比哈尔邦政府前领导人）玛哈玛雅·普拉萨德先生那里得到各种好处，现在他们认为可以向（比哈尔邦政府时任领导人）帕斯万先生提出更高要价，包括为自己谋得内阁次长职务和矿产开采权，让比哈尔邦政府撤销针对他和家族成员的无数犯罪指控。①

与此类似，拉贾家族在2010年主导了印度历史上最大的腐败案件——以时任印度通信与信息技术部部长安迪穆图·拉贾为首的电信腐败案。这起震惊全印度的腐败大案导致国家遭受390亿美元的损失，相当于印度当年GDP总量的3%、年度税收的1/3、印度卫生总预算的8倍、教育预算的3倍，基本等同于全年防务预算，腐败数额之大在全球也属罕见。② 可见，无论是奉行铁腕统治的英迪拉·甘地政权还是推行自由主义市场经济转型的曼莫汉·辛格政府都无法彻底根除这些地方权贵肆意妄为所导致的腐败问题。

尽管菲律宾和印度的领导人在各种场合都声称要大力反击腐败，但诸如马科斯家族和拉贾家族这样的强势集团无疑与公共权力有着密切关联，对政府的反腐败进程构成了重大威胁。实际上，两国利益集团和腐败丛生间千丝万缕的联系不过是全球范围内利益集团腐败的两个典型例子。通观世界历史，无论是民主国家还是独裁国家，无论是发达国家还是发展中国家，无论是资本主义国家还是社会主义国家，或多或少都存在着制度外的利益诉求和利益整合问题，突出表现为利益集团与公职人员的非法利益交换关系，甚至某些政府

---

① Kenneth Bollen, "Political Democracy: Conceptual and Measurement Traps", *Studies in Comparative International Development*, Vol. 25, No. 1, 1990, p. 24.

② 尚水：《各国重大腐败案件系列之二：印度电信腐败案》，《中国纪检监察报》2014年2月18日。

组织自身就可能蜕变为利益集团——正如17世纪英国王室和上议院贵族、19世纪美国纽约的坦慕尼协会、20世纪上半叶的纳粹德国和20世纪下半叶苏联共产党内部权贵集团的大规模腐败所展示的那样。换言之，利益集团在腐败特别是大规模集团腐败生成过程中发挥了重要作用，这并不是诸如菲律宾或印度之类新兴国家独有的现象，很多欧美发达国家也尚未彻底解决这个问题。但关键点在于：利益集团与腐败之间是什么关系、这种关系如何生成？为何一些国家的利益集团腐败屡禁不绝甚至日趋恶化，另一些国家的大规模集团腐败现象则较轻微？

与菲律宾和印度的情况类似，作为发达国家的美国和日本，同样存在根深蒂固的家族政治和关系紧密的权贵集团。相关研究表明：31.2%的美国女性议员以及8.4%的男性议员有近亲此前担任过相同职务。在历史上，20%的美国总统相互之间有近亲关系。以1999年至2007年当政的俄亥俄州州长鲍勃·塔夫脱为例，塔夫脱家世显赫，他的父亲和祖父都曾是美国参议员，其曾祖父是美国总统，高曾祖父是司法部部长和战争部部长。肯尼迪家族、洛克菲勒家族、罗斯福家族、布什家族以及很多其他美国家族都有漫长而显赫的从政史。① 而在日本，"世袭政治"现象——即世袭议员在政界有很大势力，在很大程度上直接影响日本内政和外交的政治现象——表现得同样突出。比如日本第67任首相福田赳夫的长子福田康夫，也是日本第91任首相；第90任首相安倍晋三，是日本前首相、自民党高层岸信介的外孙，日本前任外相安倍晋太郎的次子，其外叔公佐藤荣亦曾任首相；第92任首相麻生太郎同样出身政治世家，他的曾祖父麻生太吉是贵族院议员，父亲麻生太贺吉是自民党众议员，外祖父是日本著名政治家、自民党创始人之一吉田茂，岳父是日本前首相、自民党第二代领导人铃木善幸；第93任首相鸠山由纪夫的父亲鸠山一郎也曾任日本首相。据日本《每日新闻》调查，2005年众议院选举，166名世袭候选人中133人当选，当选率达80%，新候选人当选率为58%，而

---

① 袁征：《美国政治豪门中的"四大家族"》，《人民论坛》2016年第4期，第34页。

非世袭候选人的当选率仅为38%。① 但是，在美国和日本，由各大家族势力和财阀组成的权贵集团在当代鲜少遭到腐败指控，这些国家的政治发展状况也较为清廉。如果说完善的民主制度和廉政法律机制能有效地防治腐败，那么菲律宾和印度同样拥有相当完善的民主制度和反腐败廉政法律机制，从表面上来看领导人的反腐决心甚至更大，却依然腐败高发，造成这种显著差异的原因究竟是什么呢？

通常认为，腐败（Corruption）意味着政府和公职人员滥用手中的公共权力为自身谋取私利。对于腐败成因的研究，国际学界偏向于使用以信息不对称为前提的委托代理理论和以理性经济人假设作为主要研究视角的权力寻租理论，特别是苏珊·艾克曼、戈登·塔洛克、詹姆斯·布坎南和道格拉斯·诺斯等著名学者都用政治学意义上的委托代理理论和寻租理论探讨过腐败问题。另外，诸如爱德华·班菲尔德等政治学者也以马克斯·韦伯的官僚组织论为视角演化并发展了官僚组织机构缺陷论以解释腐败现象。但在西方国家，致力于研究腐败问题的绝大多数学者和著述着重于强调以民主政治为依托遏制腐败，对利益集团与腐败生成之间关联性的研究则相对较少。此外，这一领域尽管也出现了一些国别案例研究的著述，例如关于菲律宾的家族政治、美国"镀金时代"（The Gilded Age）② 大规模集团腐败案件的著述，但总体而言当前研究成果仍然较少。严格地说，利益集团腐败研究并未脱离理性个体预期效用和理性经济人的理论范畴，与从委托代理理论和新制度主义视角研究腐败问题相比，利益集团引发腐败的路

---

① 乔林生：《从"世袭政治"看日本民主的实像》，《南开学报》（哲学社会科学版）2010年第1期，第48页。

② "镀金时代"指从南北战争结束到19世纪末20世纪初的那一段美国历史，这一形象的称呼来源于著名作家马克·吐温的同名小说《镀金时代》。一方面，在那个时期，美国正处在经济腾飞的"黄金时代"，第二次工业革命、西进运动、大量海外移民的涌入使这个时代"遍地黄金"；但另一方面，又有为数众多的"大人物"，包括道貌岸然的议员、政客们，借此机会与垄断资本家相勾结，假公济私、投机取巧、行贿受贿、贪污腐化、中饱私囊。表面的繁荣掩盖着腐败的风气、道德的沦丧、贫富差距极化及其他潜在的危机，所谓"黄金时代"，只不过是个内里虚空，矛盾重重的"镀金时代"。这也是美国历史上唯一一个因贬称而著名的时代。

径和机制并未引起学术界应有的重视。

然而，利益集团研究在学术和实践上具有同等的重要性。从学术上说，政治领域（也包括与公共权力或行政权相关的经济领域）利益集团腐败的成因及其影响是非常重要的政治历史议题，但与制度研究相比却缺少系统的理论解释，容易落入国别案例的窠臼。从实践上来说，新兴国家被严重的利益集团腐败桎梏的案例屡见不鲜。与西方学界所谓的"民主是遏制腐败的良药"这一认知不同，很大程度上正是建基于民主政治框架之中的利益集团，使不少新兴民主国家在启动转型之后陷入了大规模集团腐败的泥潭，部分国家面临的腐败问题日趋严重，比民主转型前的情况甚至有过之而无不及。如果这些国家不能有效治理利益集团腐败问题、降低腐败可能导致的政治风险，就谈不上成功地实现政治发展和民主转型。

需要明确的是，利益集团腐败作为一种大规模集体腐败现象，与公职人员的个体腐败存在重要区别：从行为主体来看，通常所说的腐败是个体行为，而利益集团腐败则是群体化的行为，是批量性授予或接受排他性好处的行为；从内容看，个体腐败人多局限于贪污受贿，通常是违背法律制度的非法行为，而利益集团腐败则与当权者的执政基础和具体的制度架构有着千丝万缕的联系，甚至可能通过使既有制度发生变异最终将腐败行为"合法化"；从行为方式看，尽管都是为了牟取私利，个体腐败一般采取比较隐蔽的方式，而利益集团腐败并不隐讳自当权者手中接过私人物品和特权，甚至以这些特权为荣，利用公共权力牟取集团利益；从腐败程度看，前者只是个人的腐败，并不一定意味着组织功能的丧失，而利益集团腐败则很可能发展为国家权力结构和既有政治制度根深蒂固的功能性病变，权力结构自我修复功能的丧失也会导致国家治理能力弱化，某些政府部门甚至就可能蜕变为特殊利益集团，这也使日趋严重的腐败问题只能依靠外力来解决；从民众的态度看，个人腐败通常受到民众的广泛关注，当事人风险较大，而民众对利益集团腐败则往往熟视无睹，认识模糊，不能将利益分配的不均衡状态与腐败状态等同视之，甚至将大规模集体腐败视为一种"习惯"或"风气"；从负面效应看，通常意义上的个体腐败主要导致社会资源的浪费或公共资产流失,而大规模利益集团腐败除了这一危害之外更可能导致政府或执政党内部出现严重的利益分化,形成党阀政治和各类小集团,造成严重的政治分裂并最终导致政府崩溃。所以,利益集团腐败对一国总体发展的影响要比个体意义上的腐败严重得多。

本书试图系统地解释廉政建设和反腐语境下的利益集团与通常意义上的利益集团在概念上有何差异,利益集团与腐败之间是什么关系、这种关系如何生成,在廉政建设过程中如何有效防治利益集团腐败等几大问题。第一章是对全书的一个简单介绍,共分为3节,第一节是对已有利益集团腐败研究成果的回顾,第二节尝试提出一种替代性的解释框架,第三节则是关于研究方法、案例选择和后续章节的说明。

第一节 利益集团腐败的既有研究成果

一 西方语境下的利益集团腐败

腐败的历史几乎同政治的历史一样久远,但在西方国家,学界、法律界和国际组织对腐败的内涵和外延的理解不尽相同。英国政治学家约翰·洛克指出:"如果统治者的行为不以法律为准则,不是维护人民的财产和利益而只是满足自己贪婪的私欲,不论其行为理由正当与否都是腐败行为。"[①] 美国政治学家塞缪尔·亨廷顿认为,腐败是国家官员为了谋取个人私利而违反公认准则的行为。[②] 美国政治学家约瑟夫·奈则认为:"腐败是为私人、家庭成员或私人小圈子获取金钱、身份而背离公共角色的规范职责的行为,包含贿赂、裙带关系和盗用。"[③] 世界银行关于腐败的定义是:"腐败是为谋取私利而对公共

[①] [英]约翰·洛克:《政府论》(英文全本),世界图书出版公司2011年版,第49页。
[②] [美]塞缪尔·亨廷顿:《变化社会中的政治秩序》,王冠华等译,上海人民出版社2008年版,第26页。
[③] [美]约瑟夫·奈、菲利普·D.泽利科编著:《人们为什么不信任政府》,朱芳芳译,商务印书馆2015年版,第147页。

职权的滥用。"① 联合国开发计划署认为："腐败是官员或当局通过贿赂、勒索、影响售卖、裙带关系、欺诈或侵吞为私人利益滥用公共权力。"② 国际反腐败权威组织"透明国际"关于腐败的定义则是："公共部门中官员的行为，不论是从事政治事务的官员还是行政管理的公务员，他们通过错误地使用公众委托给他们的权力，使他们自己或亲近于他们的人不正当地和非法地富裕起来。"③ 为了更加明确腐败的内涵，一些西方学者将腐败划分为所谓的"制度腐败"（systematic corruption）和"经济腐败"（venal corruption）两方面内容。制度腐败是政治行为的一种具体形式，在制度腐败盛行的国家，公职人员通过对高利经济活动设置准入限制，利用包括垄断授权、限制公司特许权、关税、配额、规制以及其他诸如此类的手段故意创设各种租金，使得那些设置租金的当权者能够将想要寻取这些租金的人牢牢地抓在手中，以此巩固并扩展自身权力，从而以组织化的利益同盟形式支配政府。简言之，为了达到政治目的而操纵经济就是制度腐败。19 世纪后，随着西方国家民主宪政制度的日臻完善，西方学界研究腐败问题的重心逐渐从制度腐败向经济腐败过渡。与制度腐败相比，经济腐败则是指通过腐蚀政治程序来追求私人经济利益，与制度腐败相反，经济腐败的核心是经济对政治的腐蚀。④

由此可见，尽管西方学界对于腐败的内涵并未达成共识，但都认同公共领域与私人领域、国家与社会的二分是界定"腐败"的基本前提。在这种情况下，无论是制度腐败还是经济腐败，利益集团作为国家与社会之间的桥梁，自产生伊始便潜藏着可能诱发腐败的先天基因。

---

① 世界银行官方网站，http://www.worldbank.org/en/research.
② 联合国开发计划署官方网站，http://www.undp.org/content/undp/en/home/sdgoverview/.
③ "透明国际"官方网站，http://cpi.transparency.org/.
④ 美国制度经济学家诺斯、沃利斯和魏茵加斯特用"自然国"（Nature State）概括了制度腐败型政府的思想，以更宽泛地涵盖那些以创设租金并借租金来巩固现行政治制度为目的限制经济准入的政治经济组织。他们认为，这种"自然国"在人类历史上一直处于支配地位，并在今天仍广泛存在于世界上大部分国家。

利益集团（Interest group）是现代西方经济学、政治学和社会学广泛使用的一个概念。20世纪初，政治过程论的创始人本特利曾指出，"如果能解释利益集团，那么一切都可以解释清楚了"，"排除了利益集团现象，就没有什么政治现象了"。[①] 按照美国政治学家阿尔蒙德的定义，所谓利益集团，是指"因兴趣或利益而联系在一起，并意识到这些共同利益的人的组合"。[②] 中国经济学家厉以宁在《转型发展理论》一书中对此作了进一步解释："利益集团是一个不明确的概念，它是以经济利益目的相联系的一种无形组织。所谓利益集团是这样一些人，他们彼此认同，有着共同或基本一致的社会、政治、经济利益的目的。因此他们往往有共同的主张和愿望，使自己的利益得以维持或扩大。"[③] 戴维·杜鲁门在《政治过程：政治利益与公共舆论》一书中，从政治学的角度对利益集团进行分析，强调利益集团是"一个有共同态度的群体"，"它通过影响政府而向社会中的其他群体提出一定的利益要求或某种声明"。[④] 杰弗里·贝瑞和克莱德·威尔科克斯则认为利益集团是"试图影响政府的一类组织"，"利益集团不是它们试图影响的政府的一个组成部分，与政党也有明显区别，因为政党为其旗帜下的候选人进行竞选，而利益集团则否"。[⑤] 可见，利益集团在西方政治运行的过程中实际上充当了选举制度、政党制度的补充力量，是一种重要的社会利益表达机制。

在西方资产阶级民主政治的语境下，利益集团概念的产生以国家与社会二元分立为基本背景，反映出西方国家多元化的经济、社会结构以及政治发展历程。正因如此，利益集团是个统称，包含的成分复

[①] Authur F. Bentley, *The Process of Government*, Evanston, ILL.: The Principia Press, 1908, p. 222.
[②] ［美］加布里埃尔·A.阿尔蒙德：《发展中地区的政治》，任晓晋译，上海人民出版社2012年版，第242页。
[③] 厉以宁：《转型发展理论》，同心出版社1996年版，第135页。
[④] ［美］戴维·B.杜鲁门：《政治过程：政治利益与公共舆论》，陈饶译，天津人民出版社2005年版，第114页。
[⑤] ［美］杰弗里·M.贝瑞、克莱德·威尔科克斯：《利益集团社会》，王明进译，中国人民大学出版社2012年版，第6页。

杂、种类不一、利益要求也各不相同,这样的社会群体在社会发展的任何阶段都是客观存在的,而它们是否已经成为"集团",即是否发展到了组织意义上的群体化程度,衡量的重要依据是它们是否具有共同的利益意识和维利行为,是否已经由"自在"的群体发展成了"自为"的群体。另外,由于利益集团本身并不具有公共性,其利益表达总是蕴含一定的排他性的竞争关系,因而可能与公共利益产生矛盾,公权私用的腐败行为正是这种矛盾的突出表现。自从国家诞生以来,利益集团和腐败之间的关联性始终是影响王朝兴衰和国家发展的重要因素,从而也引起了古典时代至今政治学者们的广泛关注。

西方语境下的"腐败"一词最早源于国家与人体的类比。一个运转良好的政府体系丧失其功能甚至滥用其职能的朽化过程,这就是最早对腐败概念的抽象,而导致这种腐败的重要原因在于统治者和现有政治秩序中的利益集团抛弃"公益"谋取私利。自从亚里士多德指出,"根据是否以公共利益为统治目的,一国合法的政府形式包括独裁、少数人执政或多数人执政"以来,[1] 政治哲学家和学者们就一直对权贵阶层、利益集团和腐败政府问题投以极大热情。亚里士多德把政府的廉洁形式定义为"以公共利益为治"的政府形式,而腐败政府则是各种"以私利为统治目的"的扭曲的政府形式。廉洁和腐败的政府形式"对应如下:君主政体对应专制政体;贵族政体对应寡头政体;立宪政体对应民主政体"。[2] 在《政治学》一书中,亚里士多德的任务是:怀着探究人类社会怎样才有可能建立良治政府的目的,去认识制度是如何对政府行为产生影响的。在这里,亚里士多德根据利益集团的规模确定政体的划分标准,并由此确立腐败的形式。

身处罗马共和国的希腊历史学家波利比阿继承了亚里士多德的政体腐化思想。波利比阿指出,君主政体会腐化为专制政体,贵族政体

---

[1] [古希腊]亚里士多德:《政治学》,秦典华等译,中国人民大学出版社2003年版,第45页。

[2] 同上书,第49页。

会腐化为寡头政体，民主政体会腐化为暴民统治。波利比阿在亚里士多德关于政府的廉洁和腐败形式的类型划分基础上进行了拓展，形成了比较明确的"政体演化循环论"。在该理论中，某些强势集团在一国政治发展中权重的变化使得"政体不断发生变化、转型并再次回归到它们的原初阶段"。[①] 任何一个社会，不可避免地都要经历从君主政体到专制政体、贵族政体、寡头政体、民主政体再到暴民统治的循环往复。最终，暴民又被贵族和廉洁明君所制服，随后开始新一轮的循环。对波利比阿来说，腐败就是从政府的一种形式演化到另一种形式的过程，这是一种超越个体的力量，因此也是一种超越个体道德或伦理行为的力量，只要各社会群体的利益诉求存在差异，只要存在这种差异所导致的利益紧张关系，腐败就是一种"逃避不了的自然规律"。波利比阿从斯巴达的来库古改革这一历史范例中得出结论，认为借助于混合或平衡政府，社会才有可能抑制社会利益的过度分化，进而消除权贵集团过度侵占公共利益的腐败问题，因为这种平衡政府综合了三种廉洁型政府的要素：

> （来库古）集中了最佳宪法的所有精粹和独特之处，宪法中任何一方都不会处于绝对支配地位，也不会陷入近亲繁殖的邪路；每一项权力都受到他人的监督，任何一方都不因改变力量对比或断然打破平衡而凌驾于他方之上；正是通过精确调整和严格平衡，最佳宪法作为整体，才能得以像迎风航行的船只那样，长久地保持稳定状态。由于人民也在宪法中被授予适当份额的权力，人民力量的制衡作用，使得王室权力有后顾之忧，人民力量的约束可防止王室权力变得泛滥。反之，由于元老院（the Gerusia）的制衡作用，人民不至于蔑视王权。因为元老院的成员，是依据其功绩由选举产生，他们无疑会对事件的公正性施加他们的影响，而当其中任何一方如果因其稳健倾向而处于不利情形时，

[①] ［美］约翰·麦克里兰：《西方政治思想史》（上卷），彭淮栋译，中信出版社2014年版，第92页。

它往往会得到元老院力量影响的援助和支持。这种整合的最终结果是，斯巴达人长时间地赢得了自由，我们所熟知的任何其他人都没有达到过这样长的时间。①

在文艺复兴和启蒙时代，无论是马基雅维利，还是16世纪的哈灵顿，十七八世纪以辉格党或共和派闻名的英格兰思想家，以及包括麦迪逊、汉密尔顿在内的美国开国元勋们都对利益集团腐败问题非常关注。为寻求廉洁自律的合法政府形式，他们需要研究和了解权势阶层是如何导致政府扭曲堕落的。因此，这一时期有关利益集团腐败的思想含涉极广，从君王和普通百姓的道德与伦理价值观，到法律体系和政治制度的特征，可谓包罗万象。

15世纪的意大利政治思想家马基雅维利继承了波利比阿的思想。马基雅维利关注的是政治变革的稳定性及其过程。②他认为任何活动只要扰乱宪法平衡，实际上就是腐败，无论它是否由道德败坏的个人行为引起。在马基雅维利看来，利益集团和腐败都源自不可避免的社会利益分配差别，因而马基雅维利并不强调彻底消除利益集团，只要求将其影响力抑制在一定范围之内，确保国家的权力平衡。

斯图亚特王朝诸国王与英国议会的冲突引发了包括霍布斯和洛克在内的诸多英格兰学者对利益集团、腐败与政治宪法性质的大量思考。詹姆斯·哈灵顿③在其著作《大洋国》中界定了利益集团（包括执政者、特权集团与平民集团）与政治平衡之间的关系，并推动其从静态向动态发展。换言之，如果一种政治制度赋予某一部分社会成员的权力（国王、贵族、人民）大于这部分成员拥有资产（在哈灵顿的理论中是土地）的相对份额，则这种制度就是不稳定的，不论是政

---

① [美]约翰·麦克里兰：《西方政治思想史》（上卷），彭淮栋译，中信出版社2014年版，第93页。

② 徐大同主编：《西方政治思想史》（第3卷）（16—18世纪），天津人民出版社2005年版，第16页。

③ 同时期持有类似观点的学者还有很多，例如内维尔、沙夫茨伯里、洛克、马弗尔和悉尼。

权还是军权的潜在平衡肯定会发生变化。哈灵顿把这种"变化"与腐败挂钩,并以此强调奠定国基时保持政府平衡的关键作用。① 哈灵顿把平衡政府看作一种防止出现一人、少数人或多数人为控制政府而无休止地斗争的方式,还是一种防止接踵而来的战争、崩溃和特殊场合下专制的方式。他的观点是:政治参与者彼此之间必须真正相互独立,如果政府中的一派比另一派具有优势或影响力,就会使嵌入在制度中的监督受到损害,由此,哈灵顿明确指出:"有限制的权力是最稳妥的权力。"②

20世纪以降,随着西方国家民主宪政制度的完善,腐败的定义逐渐演变,特指私人主体对政府官员的贿赂,而贿赂则通常是指以换取政府控制的某些资源(如公共服务、公共财产等)或以免于政府规制为目的的一种非法支付。③ 虽然腐败形式发生了变化,但遏制利益集团腐败的目的并未根本改变,西方资本主义国家的改革者和思想家努力促成制度和宪法在不同领域的改革,以消除政府中的特殊化、少数派利益的影响。20世纪50年代,西方学界兴起了关于庇护制和集体腐败的研究。④ 20世纪70—80年代,一些学者更是认为西方民主国家的政治运作机制已经发生重要转变,掌握经济权力且与国家政治机构密切相关的某些利益集团以权谋私,摒弃了经典利益集团概念中的多元主义民主原则,⑤ 这种观点在芝加哥学派的管制俘获理论与弗吉尼亚学派的寻租理论中得到了突出体现。⑥ Grossman 和 Helpman 首次明确界定了"特殊利益集团"概念,他们认为特殊利益集团所关注的特殊利益与社会的一般利益存在对立之处,其成

---

① [英]詹姆斯·哈灵顿:《大洋国》,何新译,商务印书馆2011年版,第260页。
② 同上书,第192页。
③ 邓杰、胡廷松:《反腐败的逻辑与制度》,北京大学出版社2015年版,第82页。
④ C. Wright Mills, *The Power Elite*, Oxford University Press, 1956; Gunnar Mydal, *Economic Theory and Under-developed Regions*, London: Duckworth, 1957.
⑤ Robert Klitgaard, *Choosing Elites: Selecting the "Best and the Brightest" at Top Universities and Elsewhere*, New York: Basic Books, 1985.
⑥ 管制俘获理论以 Stigler、Pelzman、Becker 和 Posner 等为代表,寻租理论的代表学者则是 Tullock、Nitzan 和 Hausken 等。

员期望的政策并不是普通公民的理想政策，而特殊利益集团一旦从某种制度安排中得利，为了保住其利益，很可能排斥制度创新，从而牺牲社会的一般利益。① 美国政治学家弗朗西斯·福山明确指出，公共组织和公职人员的自由裁量权与授权行为难以被有效控制和监管，政府机构本身就可能蜕变为腐败的特殊利益集团。② 在2016年10月的葛底斯堡演说中，特朗普也曾强烈抨击美国的"政治系统早已腐败不堪"，宣称"抽干'华盛顿沼泽'（Drain the swamp）的时候到了"。特朗普话语体系中的美国腐败并不仅仅是个别政客和行政人员的行贿受贿，更为严重的是由半隐蔽的官僚、卸职官员、立法者、资本家和媒体人所组成的"利益同盟"，这些"利益同盟"和"腐败精英"（corrupt elites）为自身私利所出台的各项政策无视甚至背弃民众利益，而这才是美国真正的"腐败机制"。用特朗普自己的话来说，就是"这么一个腐朽的政治系统的存在只有一个原因，那就是让腐败的建制派和利益集团维护自己的特权而无辜的美国人民一直在为他们的罪行买单"。③

时至今日，关于个体腐败和集团腐败的成因，西方学者已从多个角度加以研究，主要的研究范式有委托代理理论、理性个体预期效用论和寻租理论、官僚组织机构缺陷论、道德堕落论、现代化副产品论等，而平衡政府理论则是关于如何遏制利益集团腐败的经典理论成果。

（一）委托代理理论

委托代理（Principal-agent）原本是一个法律术语，是指代理人的代理权根据被代理人的委托授权行为而产生。作为制度经济学契约理

---

① Gene M. Grossman and Elhanan Helpman, *Special Interest Politics*, Cambridge, MA: The MIT Press, 2001.

② 福山认为，由于组织目标的模糊性、监督和问责往往成本较高且难以量化分析、自由裁量权授予的适当程度会随着组织面临的内源性和外源性条件的变化而变化这三大原因，公共组织和公职人员的自由裁量权会带来控制和监管问题。参见［美］弗朗西斯·福山《国家构建：21世纪的国家治理与世界秩序》，学林出版社2017年版。

③ 《特朗普发表"葛底斯堡演说"畅想"百日新政"（全文）》，中国网，http://news.china.com/focus/2016usa/11183598/20161024/23805650_all.html，2016年10月24日。

论主要内容的委托代理关系，是指一个或多个行为主体根据一种明示或隐含的契约，指定、雇用另一些行为主体为其服务，同时授予后者一定的决策权力，并根据后者提供的服务数量和质量对其支付相应的报酬。授权者就是委托人，被授权者就是代理人。委托代理理论的中心任务是研究在利益相冲突和信息不对称的环境下，委托人如何设计最优契约激励代理人。由于委托代理理论在社会中普遍存在，因此经济学上的委托代理理论一经产生便被用于解决各种问题，如选民与官员、债权人与债务人都是委托代理关系。

政治学语境下的委托代理理论认为，官员是执行民意并由民众委托其执行民众所拥有的公共权力的人，即在民众与官员之间有一种隐含的契约，在这种契约下，民众将自己的权利委托给官员执行以实现民众利益。与此同时，民众也给予官员一定的报酬，由此形成民众与官员之间的公共权力委托代理运行关系。① 委托代理理论有 3 个假设前提：首先，委托人和代理人都是理性经济人；其次，委托人和代理人之间信息不对称；第三，委托人和代理人有不同的风险偏好。双方的风险偏好因补偿机制的不同而不同，委托人的补偿机制以结果为基础，而代理人的补偿机制以行为为基础。根据以上假设，代理人可能因为追求自身利益而采取与委托人利益相冲突的败德行为和做出逆向选择。当信息对称时，即使委托人与代理人的利益相互冲突，仍能找到最优策略——契约，但当信息不对称时，代理人的道德风险随之而生，他们可能从自身利益最大化出发，利用信息优势损害委托人的利益，即产生代理问题。由于信息不对称和委托人—代理人利益冲突的普遍性，代理人的道德风险事件屡见不鲜。换言之，委托代理学派认为，腐败系公共权力的委托代理失灵所致，更确切地说，公共权力代理人依靠信息不对称可能蜕变为既得利益者或利益集团，利用公权力牟取私利。

1978 年，美国经济学家苏珊·艾克曼出版专著《腐败的政治经

---

① 仲伟周：《公共权力委托代理运行的扭曲与管制》，《当代经济科学》1999 年第 2 期，第 56 页。

济学研究》，在委托代理关系的框架内开创了对腐败问题进行量化分析的先河。艾克曼力图从委托代理的角度出发定义和研究腐败，她认为腐败是代理人接受所有未上报委托人的第三方支付的行为。① 在艾克曼看来，当第三方当事人试图以贿赂手段来影响代理人的时候，他可能向这个代理人非法地支付资金，如果该资金未上缴给委托人，就构成腐败，代理人也就成为非法利益的既得者。另一位美国学者J. 纳依也从这一角度定义腐败，他认为腐败是代理人为了维护私人的金钱、地位和利益而偏离一个公共角色所应履行的正式职责的行为。谢荣法和韦欣尼在《腐败》一文中从交换的角度定义腐败，他们把政府腐败定义为政府官员为了个人利益出售政府财产，这一定义等同于日常所言"权钱交易"，其特点在于把考察问题的范围扩展到"第三方和代理人"之间的关系，而非局限于委托人和代理人之间的关系。② 曾经担任兰德研究生院院长和加州克莱蒙特大学校长的知名学者罗伯特·克利特加德在1988年出版的《控制腐败》一书中沿用了这一思路，提出了一个比较完善的"委托人—代理人—顾客"腐败模型，他主张"从委托人（或公众）的利益与代理人（或公职人员）的利益之间的区别出发解释腐败……当代理人违背委托人的利益而谋求自身利益时，腐败就出现了"。③

（二）理性个体预期效用论和寻租理论

以塔洛克、布坎南、奥尔森、诺斯等学者为代表的公共选择学派主要从理性经济人假设出发，研究利益集团与腐败、寻租的关系。概括而言，他们的研究首先从政府官员腐败行为的成本收益分析开始：当收益高而成本低时，经济学分析就预期会出现腐败。有鉴于此，公共选择学派的研究重点在于分析哪些因素会影响政府官员腐败行为的

---

① Susan Ackerman, *Corruption: A Study in Political Economy*, New York: Academic Press, 1978, p. 7.
② Andrei Shleifer, Robert Vishny, "Corruption", *Quarterly Journal of Economics*, Vol. 108, 1993. p. 205.
③ ［美］罗伯特·克利特加德：《控制腐败》，杨光斌等译，中央编译出版社1998年版，第27页。

收益和成本。该学派认为，腐败的收益取决于政府官员牟利的能力，成本则取决于暴露后的预期惩罚。美国政治学家布鲁斯·梅斯奎塔用浅显直白的语言概括了理性经济人假设的政治哲学：

> 在对待政治时，我们必须使自己习惯于思考和谈论具体的、有名有姓的领导人的行为和利益，而不是思考和谈论那些含糊不清的理念如国家利益、共同福祉、普遍利益等……政治，正如所有的生活，是关于个人的，每个人都致力于去做对自己有利的事，而非对他人有利的事。①

公共选择学派旨在遏制利益集团腐败的改革理论主要有三种：第一种理论将制度变迁视为福利最大化的过程，认为改革所带来的社会收益越高，制度变革就越有可能获得成功，在20世纪中期有关改革的历史著述中，这种观点占主流，其中包括经常被引用的霍夫施塔特的观点。曼瑟尔·奥尔森认为，任何一种制度都会随着时间的推移而趋于僵化，从而减缓经济增长，因为地位牢固的利益集团会攫取较大份额的社会资源。因此，当腐败收益因奥尔森所谓的僵化体制或外生变量而增加时，腐败发生的频率也可能加快，而当训练有素、知识更为广博的社会精英可以更好地驾驭制度变革，从而使制度变革的成本下降时，公共选择学派认为改革将要发生。② 在历史上，这种反腐败改革的福利最大化观点为伍德罗·威尔逊、赫伯特·克罗里和约翰·兰迪斯等改革者所推崇。

第二种理论是由施蒂格勒开创的公共选择理论修正主义学派提出的，强调改革中某些特殊利益集团的影响力。根据他的观点，改革和规制是为了迎合那些势力强大的利益集团的需要，这些利益集团都想提高规模较小竞争对手的成本。施蒂格勒认为，改革是由建制精良的

---

① [美] 布鲁斯·梅斯奎塔、阿拉斯泰尔·史密斯：《独裁者手册：为什么坏行为几乎总是好政治》，骆伟阳译，江苏文艺出版社2014年版，第15页。
② [美] 曼瑟尔·奥尔森：《集体行动的逻辑》，陈郁等译，格致出版社2014年版，第81页。

特殊利益集团控制的，如果实施产业规制，那么其相关利益集团就是大企业。从这种观点出发，当改革能够给大企业带来较多的利益，或者改革大企业造成的政治影响较大时，可料见改革将兴起。① 此种施蒂格勒式观点有一个意料之外的蕴意：反腐败改革和规制并不标志着人民对利益集团的胜利，而是特定工商企业对政府的胜利。

公共选择学派的第三种遏制利益集团腐败的改革理论是由劳和利贝卡普提出的，他们认为，改革是由通过操纵公共舆论和政府工具来获得支持的政治企业家所驱动的。具体而言，改革的先行者是政治企业家，即那些试图赢得改革选票或谋取伴随改革而来的新政府机构中一官半职的企业家。② 这种理论又派生出这样一种观点：呼吁改革与指控对手腐败两者相得益彰。因此，除非竞争对手有相当廉洁的口碑，否则，指控对手腐败的诱惑将难以抵挡。如果指控者内生于腐败本体，呼吁改革将面临天然障碍。另一个反腐败障碍则是相关改革通常会减少指控者当选后所获得的租金。因此，反腐败改革最有可能是由现行体系之外的政治企业家发起，因为他们不可能从原体系的腐败中得到好处。

（三）官僚组织机构缺陷论

从马克斯·韦伯的官僚制理论出发，利益集团腐败被认为是组织机构发生病变的结果。这种观点把官僚机构的无能视为基本主题，"因为在每一个行政管理体制中都存在某些内在的特征不利于诚实的行为"。③

关于腐败与组织结构之间关系的论证是多方面的，安东尼·唐斯从政府官员的目标和动机来论证两者之间的联系。他认为，政府官员通常拥有一系列复杂的目标，有些纯粹是为了自我利益，也有完全的利他主义，还有混合的各种动机。这样，每一个政府官员都部分地为了自我利益，也有政府官员完全受到自利的动机驱使。唐斯发现，公

---

① ［美］施蒂格勒：《生产和分配理论》，晏智杰译，华夏出版社2008年版，第293页。
② 李政军、贺卫：《寻租理论：一个简要的回顾》，《现代管理科学》2001年第6期，第22页。
③ 马海军：《国外主流腐败成因理论评述》，《社科纵横》2008年第6期，第41页。

职人员非常容易蜕变为利益集团,他们的个人目标在官员的目标结构中埋藏得很深。另一些学者着重研究官僚腐败与官僚机构特征之间的联系。爱德华·班菲尔德把典型的竞争性的商业机构与政府组织的主要结构作了比较,认为腐败是政府组织的特征。罗伯特·威廉姆斯则认为,随着政府活动范围的扩大和机构的扩张,贿赂和任人唯亲的腐败机会也会增加,因为不可能制定出足够的规则应对各种环境和意外状况。[①]

主张官僚组织机构缺陷论的学者们认为,要想降低腐败的发生概率和水平,就需要对组织机构加强监督,给政府官员支付充足的薪水,发放各种补贴,赋予官员各种权利,通过这些手段增加公职人员的腐败成本,从而增强他们防腐拒变的抵抗力。客观而言,组织缺陷论主要受到韦伯理想的官僚制理论的启发。但是,该理论不太适合发展中国家,因为许多发展中国家尚未建立合理合法性的政府权威。另外,这一理论也难以解释为什么在同样的环境下,有的官员腐败,也有其他官员保持了廉洁正直的品格。

(四)道德堕落论

直到20世纪60年代中期,对于当代世界的腐败问题的解释主要来源于道德论者。美国学者约翰·努南认为,利益集团腐败就其本质而言乃是伦理问题,并且自有文字记载以来一直如此。[②] 道德论者认为,腐败主要是个人道德缺陷和价值观念冲突的结果,个人的道德观念处于一种模棱两可的冲突状态之中,而腐败行为是这种冲突的价值观念对政治秩序的回应。

道德论者指出,利益集团和腐败的产生原因类似,都根源于对家族、朋友的忠诚超越了对国家和政府的忠诚,是家族主义价值观作用的结果。柏拉图最早阐述了家族主义的思想,他认为家族联系,尤其是父母与子女的关系,是体制化的社会阶级和归属关系的首要基础。

---

① Leys, Colin, "What is the Problem about Corruption?" *Journal of Modern African Studies*, Vol. 3, 1965, pp. 215-230.

② 马海军:《国外主流腐败成因理论评述》,《社科纵横》2008年第6期,第41页。

班菲尔德发展了这种思想，把它表述为不道德的家族主义。道德论者也将利益集团腐败的原因归结为道德习俗问题。班菲尔德、瑞斯和辛普金斯等人认为，在很多地区普遍存在的"送礼"习俗对于贿赂的发生有重要影响。冈纳·缪尔达尔也从腐败民俗学角度表达了类似的观点，他指出："贿赂官员被认为与古老社会的赠品和贡品没有什么差别。据认为这种贿赂也与在任何社会层次附加在所给予的帮助上的恩惠没有什么不同。"① 这种相互赠送礼物的风俗广泛见于亚非拉传统文化，亚洲的许多国家如越南、韩国等也将腐败的根源归结为儒家文化的影响。

总而言之，道德论者在描述公职人员的腐败原因时斥诸道德规范和价值观念，把腐败看作个人偏离公共伦理的一般准则，其不足之处主要在于：首先，道德论者关注描述利益集团腐败和谴责腐败，解释能力有限，这种理论无法对腐败的不同原因和各种模式提供有价值的见解；其次，把腐败归结为道德习俗问题，容易陷入"文化决定论"的泥淖，甚至在面对不同的甚至冲突的行为规范时，往往认为自己的价值观是最优越的或者是普世的。

(五) 现代化副产品论

现代化副产品论者也被称为"修正论者"或者"结构功能主义论者"，他们将腐败看作现代化的副产品。与道德论者一味地谴责腐败不同，现代化副产品论者没有把腐败视为完全邪恶的行为，而是看到了腐败在现代化过程中的某些有益作用。与道德论者一味拷问个人良知不同，现代化副产品论者注意到了腐败与社会发展的关系。现代化副产品论者首先把腐败从道德的王国带进合法性的领域，进而认识到腐败在社会现代化过程中的有益功能。

现代化副产品论者的代表人物是塞缪尔·亨廷顿，他认为现代化导致腐败主要有三个原因：首先，现代化使社会基本价值观念发生了变化，根据传统准则可以接受的而且合理合法的行为，用现代的眼光

---

① [瑞典]冈纳·缪尔达尔：《亚洲的戏剧：南亚国家贫困问题研究》，方福前译，首都经济贸易大学出版社2001年版，第162—167页。

来审度就成了不能被接受的而且是腐败的行为。其次，现代化开辟了财富和权力的新来源，为腐败的产生提供了条件，因为这些新的财富和权力来源与政治的关系在该社会居统治地位的传统规范中没有明确的定义，处理这些新旧财富和权力来源的现代化规范也没有被该社会内部具统治地位的集团所接受。就这个意义而言，腐败是掌握新资源的新集团崛起和这些集团为使自己在政治领域内产生影响所作努力的产物。它也许是通过非正常渠道将新兴集团吸收进现有政治体系的一种手段——因为该社会没能以尽可能快的速度为此目的提供合法且可能被接受的手段。最后，现代化通过它在政治体制输出方面所造成的变革来加剧腐败。国家在现代化过程中，政府权威的扩大和各种受制于政府的活动日益增加，结果是各种法令的增多也使腐败的可能性增大。在实践中，这种腐败的可能性在多大程度上能够成为现实，基本上取决于这些法令享有多大程度的民众支持，要看违法而能逍遥法外的难易程度以及违法所得的好处有多大。①

亨廷顿认为，在一个腐败成风的社会，采用严厉的反腐法令只会增加腐败的机会。此外，亨廷顿也为他的理论提供了历史经验的证明，他指出："有证据表明，腐化的程度可能与现代化速度有着密切联系。18世纪和20世纪，美国的政治生活似乎不像19世纪那样腐化，而英国的政治腐化在18世纪至19世纪前叶最为猖獗。"②

(六) 平衡政府理论

无论利益集团腐败的成因为何，在很多学者看来，西方国家治理利益集团腐败所取得的里程碑式的突出成就在于建立起了稳定而权力有限的政府。实现政府分权，或者说建立有限政府（limited government）或平衡政府（balanced government）既是一种提供政治稳定性的方式，又是一种防止出现一人、少数人或多数人为控制政府而无休止地斗争的方式，还是一种防止接踵而来的腐败、战争和特殊场合下

---

① [美]塞缪尔·亨廷顿：《变化社会中的政治秩序》，王冠华等译，上海人民出版社2008年版，第54页。

② 同上书，第58页。

专制的方式。

亚里士多德是第一位讨论混合政府的西方思想家。亚里士多德把政府的廉洁形式定义为"以公共利益为治"的政府形式，他认为一切有机体都会展现出一个发育、成熟和衰退（腐败）的周期，腐败发生于政体，正如衰退和死亡发生于个体一样自然。他认为"混合政府离兼具多种形式的真相越来越接近：因为由更多的要素构成的宪法，更为可取"。① 罗马共和国时期的希腊思想家波利比阿则明确地将腐败与宪法平衡的思想以及政府内不断变化的权力配置联系在一起，从此以后，有限政府和利益集团腐败的内涵共同演变，利益集团及其所导致的腐败成为政府的宪法结构中维护平衡失灵的同义语。

在18世纪的英格兰，利益集团腐败现象尤为严重，共和派理论家和自由主义思想家如内维尔、沙夫茨伯里、洛克、马弗尔和悉尼等将王室定义为最大的腐败集团，清晰地刻画出王室与操纵经济特权、攫取政治权力之间的联系。② 在当时，不断上升的国防开支，增加了行政部门操纵的陆军、海军、国库、海关以及税务等部门庇护职位的数量。19世纪初，受国王及其大臣控制的官吏、侍卫和选区代表占据了下议院中近一半的席位。稳定增长的公共债务还滋生出一个债权人阶层，他们与政府财政稳定性有着直接的利害关系，而且他们中的许多人本身就是议会的议员，大量利润流向了受特权保护的少数金融机构、银行以及特许贸易公司，而这些机构全部与行政部门和议会保持着密切关系。另外，在诸如罗伯特·沃波尔（Robert Walpole）这样的政治家的操纵下，政府内部也出现了利益帮派，博林布鲁克一针见血地指出：

（这些帮派的利益）依附于政府的那些人的利益；或更贴切地说是依附于掌权者的那些人的利益；说的再准确些，就是在这

---

① ［古希腊］亚里士多德：《政治学》，秦典华等译，中国人民大学出版社2003年版，第49页。
② ［美］爱德华·格莱泽、克劳迪娅·戈尔丁主编：《腐败与改革——美国历史上的经验教训》，胡家勇等译，商务印书馆2012年版，第52页。

些掌权者庇佑下获得权力红利或保护的那些人的利益,而他们是宪法的敌人。①

因此,自由主义思想家越来越多地把上议院看作竞争性君主政体与下议院之间的一种平衡机制,三者保持独立性是维持政治平衡、抑制权势集团过分膨胀的必然要求。换言之,英格兰的共和派人士把金融革命带来的经济革新看作王室对下议院施加影响以及破坏议会独立性的手段,作为影响力最为强大的利益集团,王室和国王本人可以利用行政庇护、公共信贷和政治派别来施加影响。批评者们认为,如果国王对议会具有足够的影响力,能够颠覆议会的独立性,那么腐败将不可避免,自由将会丧失,专制和奴役将随之而来。②

从英格兰经典的平衡政府理论出发,欧美各国思想家如洛克、孟德斯鸠和美国的联邦党人开始将政府分权看作抑制利益集团腐败的核心要素,另外,亚当·斯密、特伦查德、戈登等政治经济学家也以批评政府与经济的不正当联系和政治、经济利益集团的肆意妄为为重点抨击政府腐败。亚当·斯密在他的著作中认为,以政府授权为特征的重商主义特权制度具有严重弊端,政府授予的特权大量增加不仅造成证券经纪人、投机商的唯利是图,滋生贪婪成性的集团腐败,也使政治家与议员的独立性遭到破坏。③ 在"卡托信札"中,特伦查德和戈登反对利用特许公司来促进贸易活动,因为这些活动有可能会(通过限制进入)产生经济租金,而这些租金可被政治家们加以利用来巩固自身的经济利益。

> 这个通过掠夺国民来累积财富的掠夺阶级,显然是造物主和

---

① [美]爱德华·格莱泽、克劳迪娅·戈尔丁主编:《腐败与改革——美国历史上的经验教训》,胡家勇等译,商务印书馆2012年版,第52页。
② 实际上,当时的共和派人士反对其他所有政治派别,并将其他派别全部视为权贵集团和腐败的主体。
③ [英]亚当·斯密:《国富论》,谢宗林等译,陕西师范大学出版社2010年版,第368页。

人类的敌人,所以没有人会把他们称作同胞:他们是一群恃强凌弱的恶棍,他们是一伙证券投资商,他们是一个证券投机商的阴谋集团!①

到20世纪初,西方国家的有限政府已基本形成,现代意义的腐败监督机制也已基本健全,三权分立和诸如联邦制等分权制度的完善使不同政府部门之间相互约束和竞争,这种竞争又逐渐演变为政府系统内揭露和起诉腐败的激励机制。对政治家而言,自由裁量权(如政治家的庇护)在很多领域已被规则所取代,不同层次的政府机构能够更有效地相互监督,而新闻媒体日益提升的政治独立性及相互间日益激烈的竞争也使政府决策过程更为公开透明。到了近现代,对腐败行为及其相关法律诉讼的报道不再局限于大城市,普通民众对腐败行为的预期发生了变化,一旦腐败被曝光,政治家们仕途失败的可能性显著增加。总的来看,这一时期西方国家为消除利益集团腐败所进行的一系列改革主要包括两方面内容:首先,通过积极规制和制度改革,改变企业与政府之间的关系;其次,扩大公民对政府的直接参与,即在国家层面上通过扩大选民基础和议员直接由选民选举,在地方层面上通过动议权、公民投票权、罢免权,把直接民主引入政治过程,通过将权力更多地分散到多数人手中,使整个政治过程受到更多民众的监督。②

本杰明·德威特在他关于1915年美国进步运动史的论著中总结道:

(进步运动的)第一种倾向见诸于所有政党精英的主张,他

---

① "卡托信札"(Cato's Letters)是由两位英国记者撰写的一系列文章,其目的是支持媒体的自由,特别是为支持用事实真相辩驳诽谤罪指控据陈情。这些文字的核心内容是陈述滥用权力是对政府基础的侵蚀,而为了暴露此类行为有必要对关于诽谤罪的法案加以修正,诽谤诉讼案从头至尾应以事实真相为据。"卡托信札"所为之辩护的德国移民印刷商约翰·曾格(John Zenger)审判案也是通往美国保护新闻自由之路的重要里程碑。
② 赵辉兵:《美国进步运动研究评述》,《史学集刊》2006年第1期,第88页。

们坚决要求消除政府中的特殊化、少数派利益和腐败的影响；第二种倾向见诸于对政府结构或政府机构提出的要求，因为迄今为止政府只适合于由少数人来治理，所以应当对其进行改造和限制，使其更难于仅由少数人治理，而更易让多数人参与。①

显然，西方国家的廉政建设路径倾向于以权力分立和扩大民主的广度与深度为主要手段遏制利益集团腐败，通过建立平衡政府最大限度杜绝"制度外"的政治参与，从而消弭各利益集团之间的权力差异，事实上使各类利益集团在法律框架内实现平等参与和平等竞争，将腐败动机和腐败条件降至最低。

二 中国语境下的利益集团腐败

中国和西方国家关于腐败的内涵、特征及表现形式等方面的认知并不存在根本差别，对腐败的界定同样以"公"与"私"的明确区分作为基本前提。正如王沪宁所指出的：腐败就是公共权力的非公共运用，"从狭义上说，腐败行为指运用公共权力来实现私人目标，这里涉及到权力、公职、职责、公众利益和私人利益"，"从广义上说，腐败行为意味着政府治理一般意义上的败坏，这里不一定有人直接得到利益或好处，但整个社会的利益受到损害"。② 但是，与西方国家对腐败的划分方式有所区别，当代中国语境下的腐败包含"政治腐败"和"经济腐败"两方面内容。其中，经济腐败主要指滥用公权牟取经济利益，以贪污受贿、权钱交易、官商勾结等为主要表现形式，而对政治腐败的界定则与中国的国家性质和中国共产党的执政地位密切相关。

作为人民民主专政的社会主义国家，中国共产党从中央到地方乃至基层都有一套严密的组织体系，对国家机关、军队和社会团体实行

---

① [美] 爱德华·格莱泽、克劳迪娅·戈尔丁主编：《腐败与改革——美国历史上的经验教训》，胡家勇等译，商务印书馆2012年版，第86页。
② 王沪宁、竺乾威：《腐败与反腐败：当代国外腐败问题研究》，上海人民出版社1990年版，第6页。

统一而有分工的领导，在国家和社会政治生活中形成了完整而独特的领导体制。在这个党和政府相互交织的体制中，党的领导原则被表述为"统揽全局，协调各方"，其核心地位表现为"东西南北中，党是领导一切的"。① 十八大以来，中国共产党更加强调党的集中统一，以维护中央政令贯彻无阻的权威；更加强调党的政治纪律和政治规矩，以规范党内政治生活秩序；更加强调党的群众路线，以刷新党的精神面貌和作风状况。② 不同于西方的选举型政党，中国共产党作为先锋队政党，是中国最广大人民群众根本利益的代表，一个立党为公、执政为民的政党不应该谋求任何私利和特权，这是由中国共产党的宗旨和性质决定的。正因如此，无论是在党内还是在政府内部，结成利益集团以谋取群体性、集团性利益——不论实际得利与否——明显违背了党的政治原则和政治立场、违背了公共利益的要求，甚至有改变党和国家性质的危险，而这也正是"政治腐败"的核心要义。

正是因为独特的政治领导体制，与西方国家普遍承认利益集团不同，中国至今尚未在法律层面承认利益集团的存在，仅允许成立协助政府治理的功能组织、经济组织、自治组织等社会集团，并不允许成立以影响政策为目的的利益集团。③ 尽管在20世纪80年代政治改革时期，官方文件和媒体曾多次谈到"利益集团"，④ 但到了90年代，"利益集团"从官方话语体系中消失，随之出现的是"既得利益集

---

① 习近平：《决胜全面建成小康社会夺取新时代中国特色社会主义伟大胜利——在中国共产党第十九次全国代表大会上的报告》，人民出版社2017年版，第20页。

② 陈明明：《新时代的政党建设：战略目标与行动逻辑》，《治理研究》2018年第1期，第30页。

③ 这些社会组织以"群团组织"，也就是党和政府领导下的"群众性团体组织"为代表，包括中华全国总工会、中国共产主义青年团中央委员会和中华全国妇女联合会等。另外，政党、政府之外还存在各类民间性组织，但依据《社会团体登记管理条例》，这些社会组织需要有相应的登记管理机关和业务主管单位，同样与政府关系密切。

④ 1988年，中共中央在十三届二中全会工作报告里第一次承认中国社会存在不同的利益集团："在社会主义制度下，人民内部仍然存在着不同利益集团的矛盾。"为此，党内理论权威郑必坚在《人民日报》上发文，分析经济结构的变化所带来的利益关系调整和利益集团问题（《大变动，再认识》，《人民日报》1988年5月20日）。但在当时，承认利益集团的存在一定程度上激化了不同社会群体之间的矛盾，因而利益集团在其后逐渐淡出官方话语体系。

团"和"特殊利益集团"的提法,而这两个概念都与腐败有着密切关联。① 以此为背景,20 世纪 90 年代末至 21 世纪初,中国学术界曾掀起过一场关于"既得利益集团"的研究热潮,② 在当时的情境下,学者们普遍认为,既得利益集团存在于一些"特殊领域""特殊部门"之中,利用转型时期的制度漏洞,通过官商勾结等特殊手段获得非正常的经济利益,形成"排他性的分利集团"。③

随着政治现代化的不断发展,部分学者开始对中国利益集团进行后果论式的评价研究,研究重点集中于社会利益的组织化表达与制度环境之间的关系。其中,某些利益集团与腐败之间的关联性也引起了学者们的注意。杨光斌、李月军将中国的利益集团分为机构型利益集团、公司型利益集团、社团型利益集团和非组织化利益集团四种类型,其中,机构型利益集团一旦形成很可能成为腐败诱因。④ 汪玉凯认为,中国利益集团在社会经济活动中利用权力和垄断取得巨额利益,并由此形成一种相对稳定的群体聚集效应,其具备四个基本特征:有足够的权力资源、有足够的垄断能力、有影响政府政策制度的

---

① 2000 年 10 月,江泽民在中共十五届五中全会上指出:"历史事实说明,不少剥削阶级的政党或政治集团在执政以后,利用手中掌握的权力攫取本阶级、本集团和执政官员个人的私利,并极力维护和不断扩大这种私利,结果形成了一个欺压人民、侵害人民利益的既得利益集团。"(江泽民:《在新世纪把建设有中国特色社会主义事业继续推向前进》)2006 年 10 月中共十六届六中全会以后,当中共中央提出建设社会主义和谐社会时,再次强调必须防止"既得利益集团"的出现。其后,官方权威媒体新华社《瞭望》新闻周刊也发文指出中央政府机构中的部门利益问题,指责某些部门蜕变为"特殊利益集团"(江涌:《警惕部门利益膨胀》,《瞭望》2006 年第 41 期)。

② 王礼鑫、刘亚平:《近年来"既得利益"研究综述》,《哲学动态》1999 年第 7 期;刘绪贻:《既得利益:新一轮改革的阻力》,《长江日报》1997 年 10 月 23 日;张亚青:《关于"利益集团"若干问题的思考》,《学海》2002 年第 4 期;邵道生:《社会转型期的"利益集团"》,《领导之友》2005 年第 4 期;刘彦昌:《聚焦中国既得利益集团》,中共中央党校出版社 2007 年版。

③ 参见杨帆《利益分化与社会整合的不平衡:改革中期危机的根源》,《首都经济杂志》1995 年第 9 期,第 84 页;刘绪贻:《既得利益:新一轮改革的阻力》,《长江日报》1997 年 10 月 23 日;李永洪、刘辉:《对利益集团问题的思考》,《经济与社会发展》2003 年第 6 期,第 102 页;等等。

④ 杨光斌、李月军:《中国政治过程中的利益集团及其治理》,《学海》2008 年第 2 期,第 55—72 页。

渗透力甚至决断力、通过利益形成边界获取集团利益。①　程恩富、詹志华指出，当代中国利益集团的形成和发展有自身的特殊背景和鲜明特征，在九种类型的利益集团之中就有贪污腐败的利益集团。②　总体而言，由于"利益集团"这一提法在官方话语体系和法律层面的长期缺失，学界关于利益集团的内涵与分类并未达成共识，但与西方国家类似，中国学界关于利益集团的研究普遍以国家与社会的二元分立作为基本前提，承认利益集团追逐私利的行为可能与公共利益产生矛盾，特别是与公共权力关系密切的利益集团一旦形成便很可能诱发腐败。另外，围绕利益集团与腐败关联性的既有研究并未过多关注中国特有权力空间中党的关键地位，因而已有成果普遍认为利益集团的腐败行为主要是采取不合理、不合法的手段牟取经济利益。

党的十八大以来，腐败的危害性得到了前所未有的强调，其典型表述是，"人民群众最痛恨腐败现象，腐败是我们党面临的最大威胁"。③而反腐也从以往的"反腐倡廉建设"进一步上升为"反腐败斗争"，"建设"与"斗争"所具有的不同政治内涵突出体现了"反腐败必须讲政治、顾大局、保证反腐败斗争沿着正确方向前进"和"反腐败斗争是必须抓好的重大政治任务"的要求。④　从中纪委关于腐败官员的审查报告来看，反腐重心也逐渐从查处经济腐败向查处政治腐败转移。⑤　正

---

①　汪玉凯：《新中国行政管理体系变革的主题与主线》，《中共中央党校学报》2012年第1期，第23—26页。

②　程恩富和詹志华认为，当代中国的利益集团可分为损害公企的利益集团、损害中方的利益集团、非法经营的利益集团、充当买办的利益集团、主张西化的利益集团、贪污腐败的利益集团、官僚主义的利益集团、言行僵化的利益集团和分裂国家的利益集团九种类型。参见程恩富、詹志华《当前我国利益集团问题分析》，《毛泽东邓小平理论研究》2015年第10期，第43—46页。

③　习近平：《决胜全面建成小康社会夺取新时代中国特色社会主义伟大胜利——在中国共产党第十九次全国代表大会上的报告》，人民出版社2017年版，第67页。

④　参见《十九大党章修正案学习问答》，党建读物出版社2017年版，第201页。

⑤　在近年来中纪委关于腐败官员的审查报告中，"丧失政治立场""严重违反党的政治纪律和政治规矩""严重违反政治纪律""妄议中央大政方针""长期搞团团伙伙"等用语往往被置于报告开篇，突出表明其严重性，而这也与早些年对腐败官员的指控偏重于经济领域的问题形成了鲜明对比。参见《关于陈良宇严重违纪问题的审查报告》（2007.7）、《关于吕锡文严重违纪问题的审查报告》（2016.1）、《关于孙政才严重违纪案的审查报告》（2017.9）等。

是在这样的背景下,"利益集团"时隔三十年重新回到了官方话语体系中,且作为腐败问题的突出表现被反复强调。除了前述习近平总书记对利益集团问题的深刻阐述之外,中纪委书记王岐山同样明确指出:"政治腐败是最大的腐败,一是结成利益集团,妄图窃取党和国家权力;二是山头主义宗派主义搞非组织活动,破坏党的集中统一。进行具有许多新的历史特点的伟大斗争,重要方面就是,惩治腐败'打虎'、'拍蝇'冲着利益集团去,防止其攫取政治权力、改变党的性质。"① 国家监察委主任杨晓渡也强调:"我们坚决铲除政治腐败和经济腐败相互交织的利益集团,严肃查处周永康、薄熙来、郭伯雄、徐才厚、孙政才、令计划等严重违纪违法案件","从'小圈子'、'山头主义',到现在的利益集团,这些政治上变质,经济上利益输送的团团伙伙,对党内政治生态杀伤力巨大,必须严惩根除"。②

来自党和政府高层的这些公开、权威表述充分说明,利益集团在当前中国的反腐败斗争中有了新的内涵。如果说以往国内学界对利益集团的研究主要关注社会利益的组织化表达与制度环境之间的兼容性,更多的是一个政治权利和自由活动空间的问题,那么,当前中国的利益集团研究将更加集中于利益集团在腐败行为中的角色、行动策略、生成机理及防治路径。利益集团腐败的核心是某些非法的,或植根于不合理的体制机制的利益集团可能通过特殊的利益交换关系或腐败行为表达利益诉求、冲击政治制度,继而使这些组织化群体壮大成为凌驾于公共利益、党和国家意志之上的私利集团,对社会群体之间的利益均衡分配和政治稳定构成威胁。不同于从经济、社会等角度对利益集团及其非法牟利行为的界定,反腐领域的利益集团本身带有很强的政治色彩,特别是某些政府与公共组织内部的利益集团所具有的政治危害性表现得尤为突出。除了获取经济利益之外,一些利益集团更是违背党的政治纪律和政治规矩,妄图通过"组织化"力量攫取

---

① 王岐山:《开启新时代 踏上新征程》,选自《党的十九大报告辅导读本》,人民出版社2017年版,第18页。

② 《中纪委要求严查"政治经济问题交织形成利益集团腐败案"》,《法制日报》2018年1月20日。

政治权力,严重危害党和国家的政治安全。

我国学术界对利益集团腐败机制的研究基于中国的实际国情,因而也带上了浓厚的中国特色。如前所述,利益集团的提法在官方话语体系中长期缺失,因而在腐败与反腐研究领域,"利益集团"的概念很大程度上被"既得利益集团"和"特殊利益集团"所替代。更确切地说,"既得利益集团"和"特殊利益集团"是广义利益集团的一种特殊表现形式,"既得利益"和"特殊利益"本身就是腐败的结果。

20 世纪中期,当学术界在研究历史问题的时候,已经有学者多次使用"既得利益"和"利益集团"这些概念。例如,武汉大学的刘绪贻教授早在 1945—1946 年时就开始研究既得利益问题。他于 1947 年获得美国芝加哥大学硕士学位,硕士论文就是《中国的儒学统治——既得利益抵制社会变革的典型事例》。他在另一篇文章《既得利益:新一轮改革的阻力》中指出:

> 在任何一种社会制度中,总有一些人,特别是它的统治者和管理者,由于建立和维护这种社会制度及其思想基础而从其中获得"既得利益"。如果有人企图改革这种制度及其思想基础,即使从社会发展的观点看这种改变是必要的,也必然会受到这些既得利益者的抵抗。不摧垮这种抵抗,社会改革便难以取得成功,甚至无法进行。[①]

中国政法大学的杨帆教授最早把既得利益集团同新时期改革开放之后的现实社会问题联系起来,明确使用了"既得利益"和"利益集团"这两个概念。1995 年,他在《利益分化与社会整合的不平衡:改革中期危机的根源》一文中指出:"在非规范化的利益转移中,'官'与'商'相结合的部分,获得了惊人的改革收益,形成了改革中期的'既得利益集团'","改革中期政策调整的关键是限制'官商

[①] 刘绪贻:《既得利益:新一轮改革的阻力》,《长江日报》1997 年 10 月 23 日。

结合'的既得利益"。①

以政治腐败为依托，可以对我国反腐败语境下的利益集团作如下界定：新时代反腐败斗争语境下的利益集团，指掌握公共权力、对公共资源享有支配权的部分公职人员或社会群体，为了谋求并维护自身共有的特殊利益、篡夺党和国家的权力而结成的利益共同体或利益联盟。除了广义利益集团的基本构成要素——组织化、对外提出要求、争取或维护共同利益——之外，反腐败斗争语境下的利益集团概念更加侧重强调三个主要特征。

第一，利益集团所追求的"利益"本质上是与公共利益和国家利益相违背的特殊的或不正常的利益，包括经济利益和政治利益。而这些利益的主体通常是一小群"权贵"，其政治、经济和社会地位普遍高于其他社会成员，控制着一定的政治、经济、文化和社会权力并伴有相应的声望。由于他们的利益诉求不可能代表社会大多数，因而即便某些集团隐身于政府部门或公共组织内，其仍然属于特殊利益的联合体，并不代表国家和政府的意志，甚至可能打破公共利益与群体利益的平衡限度，将一己私利置于主要地位。

第二，利益集团谋取特殊利益的主要方式是非正常的权力运用，以此形成权权交易、权钱交易、权色交易等特殊利益输送关系。一方面，这意味着公共组织和公职人员产生"异化"，也就是在掌握相对独立的财权、事权、立法权等权力的基础上相互勾结，以组织化手段谋取政治升迁或更多的政治权力，进而使集团利益凌驾于公共利益、中央意志之上，甚至敢于和中央大政方针对抗。另一方面，非正常的权力运用也表现为某些经济主体通过行贿和钱权交易等非法手段"围猎"或"俘获"公共权力，伙同公职人员谋取暴利、瓜分国有资源与社会资产。需要注意的是，利益集团具有表达倾向的显性化阶段性，群体成员除了共同的利益意识之外，还需要围绕利益诉求展开具体的逐利或维利行为。换言之，利益集团是"行动集团"或"自为"

---

① 杨帆：《利益分化与社会整合的不平衡：改革中期危机的根源》，《首都经济杂志》1995年第9期，第84页。

的群体，而非仅有利益诉求而未采取行动的潜在人群或"自在"的群体。

第三，利益集团强烈反对制约和监督权力，抵制改革，政治立场和政治方向严重违背中央精神。根源于权力和利益的排他性特征，使得利益集团热衷于权力与利益的集团共享，排斥其他社会成员的介入和分享，因而他们的价值取向定格在是否有利于稳固其特殊利益的地位或使某些不正当的利益合法化。权力的过于集中和监督机制的缺陷为他们营造了自主决定、制造稀缺资源和"走后门"的空间，因而利益集团通常对政治、经济和社会等领域的体制机制改革特别是监督执纪方面的改革持消极态度。

从内涵和特征上看，新时代反腐败斗争语境下的利益集团是广义利益集团的一种特殊表现，与以往学界所论述的"官僚利益集团"、"机构型利益集团"和"特殊利益集团"有相似之处。[①] 但是，由于中国共产党在反腐败领导体制和工作机制中居于核心地位，[②] 不同于以国家和社会二分为基础的广义利益集团，反腐败斗争语境下的利益集团建基于党、国家与社会的三元视角。据此，可将反腐败斗争语境下的利益集团总体区分为两种类型，也就是党内利益集团和党内党外勾结形成的利益集团。

党内利益集团以某些党员领导干部、国有企业领导者和公共组织人员为主体，其行为方式突出表现为违反党的政治纪律和政治规矩、拉帮结派、搞非组织活动，信奉"山头主义"，营造"小圈子""小团体"。除了攫取经济利益之外，某些党内利益集团更是妄图攫取党和国家的政治权力，改变党和国家的性质。根源于我国特殊的党政关系，党内利益集团大多潜藏于政府和公共组织内部，表现为

[①] 参见杨帆、卢周来《中国的"特殊利益集团"如何影响地方政府决策——以房地产利益集团为例》，《管理世界》2010年第6期；杨光斌、李月军《中国政治过程中的利益集团及其治理》，《学海》2008年第2期；程恩富、詹志华《当前我国利益集团问题分析》，《毛泽东邓小平理论研究》2015年第10期等。

[②] 新时代反腐败斗争采取"党委统一领导、党政齐抓共管、纪委组织协调、部门各负其责、依靠群众支持和参与"的基本模式。参见《坚定不移反对腐败的思想指南和行动纲领》，人民出版社2018年版，第68页。

"权力部门化,部门利益化,利益行政化"等问题,其成因主要在于权力结构和权力制约方面存在短板。现代官僚政治的一个规律是政府部门倾向于在已经获得授权的基础上不断扩展自身权力,特别是在我国,行政机构掌握着大量国家资源,因而时常出现以"国家利益"或"公共利益"之名谋取部门利益,甚至将部门利益制度化的现象。某些政府内部的小团体利用政策资源优势,千方百计为本群体争取权力,甚至通过制定有关法律草案将特殊利益合法化,进而在看似合法合理的情况下扭曲公共政策、营造利益藩篱,最终形成利益集团。

党内党外勾结形成的利益集团则是经济腐败和政治腐败交织的典型表现。市场经济主体本身就具有实现自身利益最大化的本能,而根源于我国经济体制的特殊性,某些党员领导干部特别是"一把手"作为国家政策的制定者和执行者,掌握事关国计民生的权力,能够为这些经济主体带来巨大的利益回报,这也是一些党外利益集团"围猎"和"俘获"党员领导干部的直接动力。这种党内党外勾结形成的利益集团以经济利益输送和官商勾结为主要特征,经济主体通过行贿和钱权交易等手段,与某些党员领导干部"捆绑"在一起,通过利益输送从党员领导干部手中获得其所谋求的政策、资源、土地、资金和项目等,在得到巨大的利益回报之后还会将一部分利益"返还"给党员领导干部。

就当前公布的腐败案件来看,党内利益集团和党内党外相勾结的利益集团并非孤立存在,而是在三个层次上表现出互相交织、复杂多变的特点。在高层,周永康、薄熙来、郭伯雄、徐才厚、孙政才、令计划等严重违纪违法的利益集团既牵涉政治腐败又关乎经济腐败;在地区和行业层面,诸如山西"系统性塌方式腐败"、湖南衡阳破坏选举案、四川南充拉票贿选案、辽宁拉票贿选案以及中石油系列腐败案等,同样是政治腐败和经济腐败相互交织的典型;在基层腐败案中,利益集团不仅包括农村黑恶势力等团伙,也包括充当这些黑恶势力"关系网""保护伞"的公职人员和群众身边的腐败干部。

第二节　一种创新性理论解释

尽管中西方学者已通过各种研究路径思索与探究腐败与利益集团的联系，并力图采取多样化手段抑制利益集团腐败，但时至今日，利益集团的大规模贪污腐败仍未被彻底根除，即使是宪政制度较为健全的西方发达国家，集体腐败行为仍时有发生。那么，为何利益集团腐败难以得到有效治理？为何许多国家都存在利益集团，但一些国家的利益集团与腐败联系密切，大规模利益集团腐败频发，另一些国家则没那么严重？

一般认为，利益集团通常起源于国内政治中的某种利益分配的不均衡状态或利益紧张关系，这种不均衡状态愈演愈烈，致使利益集团能够凭借自身权力合法或非法地攫取更多政治、经济利益，而更紧密的利益纽带又会进一步巩固利益集团的权力，加深社会利益的分化程度。当这种利益紧张关系无法在现有的政体框架内得到有效解决时，强势集团通过制度外手段获取利益的腐败现象就可能层出不穷。因此，在一国既有政治权力结构和制度架构下分析利益分布的不均衡状态，是解释利益集团腐败的关键。

利益分配不均衡的形成和加深通常需要两个条件：第一个条件是掌握公共权力的公职人员或与公权关系紧密的强势集团依靠少数支持者作为执政基础，国内存在某种较为固化的利益分配结构，表现为少数既得利益者或利益集团掌握国家大权，利益集团之间存在激烈政治对抗，这也是国内社会或不同的利益集团存在比较严重的政治分裂（political cleavage）的表现。第二个条件是身处利益集团腐败旋涡的国家或政府没有能力去缓和、平息或解决这种严重的政治冲突。换言之，当权者为了巩固自身权力、笼络位高权重的公职人员或强势集团，直接给予或间接默许相关集团依靠公共权力谋取私利以换取其对自身统治的支持。在这样的情况下，政府可能缺少遏制利益集团腐败的动机，国家治理能力或政府能力与严重的利益分裂相比是较弱的，因而很难依靠自身力量抑制、矫正利益集团腐败问题。固然，一国的政治经济条件、社会文化传统和国际环境都会影响其国家能力或政府能力的高低，但在这些因素既定的条件下，国家权力结构安排对国家治理能力的高低具有关键影响。作为权力结构的典型体现，合理的政治制度安排有助于塑造国家能力或政府能力，而不合理的政治制度安排会削弱国家能力或政府能力。

总言之，本书对利益集团腐败路径的理论解释可以总结为：一方面，各级公职人员的权力基础较小，其执政地位过分依赖部分政治、经济、民族或地区权贵集团的支持，就有可能导致各级当权者将腐败作为一种有用的政治工具，以期换取这些集团对自身权力基础和执政地位的支持，而这些权贵集团则因之蜕变为特殊的利益集团。反过来，某些强势集团为了维持并扩张自身利益，很可能与公职人员相勾结，使公职人员出现"异化"，不惜牺牲公益以谋取私利，形成大规模的集团化腐败。另一方面，如果该国的权力结构安排无法塑造有效的国家治理能力、实现政府内外的有效监督与制约，该国就难以通过自身变革改变这种政治分化和腐败的政治工具属性，利益集团就会继续肆无忌惮地攫取公共权力为自身牟利。根本而言，这种利益集团腐败的生成机理源于权力逻辑，从整体上来看它包括以上两方面条件，而每一个条件自身又包含独特的逻辑关系和因果联系，如图1-1所示。

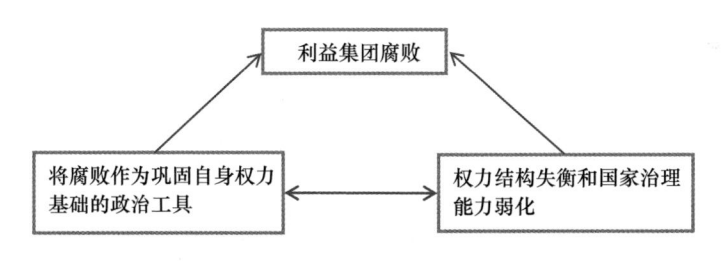

图1-1 利益集团腐败的生成机理

利益集团的大规模腐败通常都是国内利益不平衡长期累积的结果，而这种利益不平衡局面的形成又与公职人员巩固自身权力根基的举措脱不了干系。本章开头提到的菲律宾和印度，在腐败问题曝光前,利益集团就已长期存在,官商勾结严重,国内各类集团的政治冲突日趋恶化。为了获取强势集团的支持,历届政府虽然在公开场合无不大声疾呼反对腐败,但实际上对治理国内各大利益集团的腐败行为力不从心,默许或容忍它们以权谋私,甚至直接借助腐败行为拉拢利益集团,以达到巩固自身执政根基的目的。因而,利益集团腐败的形成和恶化,其根源在于领导人执政权力基础不甚牢固,过度依赖某些强势集团的支持。如果公职人员的执政基础较为广泛,则各利益集团之间很可能产生良性竞争和相互制约关系,利益集团可以成为有效的社会利益表达机制;如果公职人员运用公共权力需要依赖少数人群的支持,利益集团在国家权力中就可能具有更大权势,当不同利益集团的利益诉求和政治偏好差异很大且不可调和时,强势集团就有可能利用自身影响力通过制度外渠道或非法手段谋取经济或政治利益。

然而,领导者的权力基础深刻依赖少数核心影响者以及由此引发的利益集团根深蒂固的问题,并不必然酿成严重的集体腐败。只有当国家或政府缺少有效的自我变革能力去控制这种利益分配不均衡现象时,严重的大规模集体腐败才会发生。因此,国家能力或政府能力不足,是腐败形成和恶化的另一个条件,而导致国家治理能力弱化的重要原因之一则是羸弱的权力结构配置。

在美国著名的比较政治学家胡安·林茨(Juan J. Linz)关于政体理论的论述中,"合法性"(legitimacy)、"效力"(efficacy)和"效能"(effectiveness)之间的关系占据了重要地位。他认为"效力是指一个政体解决任何政治体制都会面对的基本问题的能力",效力对维系一类政体的合法性非常重要,当一个政体无法解决很多它所面临的基本问题时,往往会崩溃。"效能是(一个政体)执行既定政策并达成预期结果的能力","政府缺乏效能使合法性问题变得突出,尤其是政府在执行法律和保卫政体本身方面缺乏效能"。[1] 20世纪80年代以后,随着国家理论的兴起,国家能力逐渐成为一个普及的政治学概

---

[1] Juan J. Linz, *The Breakdown of Democratic Regimes*: *Crisis*, *Breakdown and Reequilibration*, Baltimore: The Johns Hopkins University Press, 1978, Vol. 1, p. 20.

念。当国家能力强时，政府的效力和效能也会比较高；反之，政府效力和效能会比较低。从逻辑和历史经验来看，影响国家能力的因素有很多。美国政治学家查尔斯·蒂利（Charles Tilly）重点强调了资本、城市和市场的发展对国家能力的积极意义。[①] 另一位社会学家乔尔·米格代尔（J. S. Mogdal）则重视传统社会控制的减弱，以及世界历史提供的有利时机、外部军事威胁、发达的官僚体系、政治领导阶层的领导力等强化国家能力的因素。[②]

根据这些既有研究成果，权力结构和具体政治制度安排的不同会对国家能力的强弱产生直接的影响。而且，在一国国内的政治经济结构和国际环境既定的前提下，权力结构安排对于塑造有效的国家能力具有决定性的作用。本书第三章将会证明，对一个国家来说，中央与地方的政治分权安排，选举制度及其塑造的政党制度，以及行政权、立法权和司法权之间的制度安排，对国家能力高低及其对利益集团腐败的遏制效能尤为关键。

按照上述分析框架，利益集团腐败可以被视为利益集团权力和国家治理能力两者强度的对比，也可以进一步被视为公职人员权力根基和一国权力结构安排两个因素的对比。简言之，利益集团权势越大，国家治理能力越低，越容易引发大规模集体腐败问题；反之，则越不容易引发利益集团腐败。再进一步说，领导者的执政根基越不稳定，政治制度安排有效性越低，越容易使利益集团的权势不受制约，腐败也越容易发生；反之，则越不容易引发利益集团的权势扩展，集体腐败也越不容易发生。

以上简要的理论解释，实际上牵涉一国政治运行过程中的重要政治行为者，即政治精英和政党，他们在利益集团的集体腐败过程中扮演了重要角色。具体而言，利益集团集体腐败行为是政治精英和政党无力独自领导国家，或不得不笼络利益集团巩固执政基础的政治后果。

---

① ［美］查尔斯·蒂利：《强制、资本和欧洲国家（公元990—1992年）》，魏洪钟译，上海人民出版社2007年版，第146页。

② ［美］乔尔·S. 米格代尔：《强社会与弱国家》，张长东译，江苏人民出版社2009年版，第270—289页。

理性选择学派把政治条件下（主要是民主政治条件下）的选民、政治家和政党等政治行为者视为理性人，认为他们都会在给定制度约束条件下追求自身利益的最大化。理性选择学派区分了民主政体下的两类主要政治行为者：选民和政治家，而政党可以简单处理为政治家的集合。选民通过选举和政治过程追求政治偏好（political preference）满足的最大化，而政治家则追求选票（cotes）的最大化和政治席位（seats）的最大化。在这样的理论视角下，民主选举被视为一种市场行为，选民类似于顾客，而政治家和政党类似于厂商。选民试图通过投票支持来换取最大化的政治利益，而政治家则通过提供政策尽可能地满足选民的政治偏好，来换取最多的选票和政治席位。唐斯在《民主的经济理论》中写道：

> 民主政治中的政党可以类比为一个追求利润的经济中的企业家。为了达到它们的私人目的，它们采取它们认为将获得最多选票的政策，恰如企业家出于同样的理由，生产任何他们认为将获得最大利润的商品。[1]

尽管政治家和政党很关心选票，但他们同样关心选票能否转换成政治席位和实际的政治权力，而选票能否转换成有效政治席位的规则也是由政治制度安排决定的。正如诺斯指出的那样：制度就是约束人的规则，制度安排决定了人的激励与约束结构。[2] 一国政体及其政治制度安排一方面规定着民众和政治家进行政治互动的规则，另一方面也规定着政治家间进行政治博弈的规则。这种政治制度安排决定了普通民众和政治家的激励与约束机制，亦决定了利益群体和政治家的成本与收益结构。因此，政治规则也决定了民众——在民主政体下即选民和政治家——在特定情境下会采取何种政治策略、选择和行为。由

---

[1] ［美］安东尼·唐斯：《民主的经济理论》，姚洋等译，上海人民出版社2005年版，第270页。
[2] ［美］道格拉斯·诺斯：《制度、制度变迁与经济绩效》，刘守英译，上海三联书店1994年版，第311页。

此可见，不同国家具体政治制度安排的不同会决定政治行为者在政治互动和政治博弈过程中的行为差异。

基于这样的分析并借用经济术语，可以将政治家和政党获取选民选票的战略称为"顾客战略"，把政治家和政党与其他政治家和政党互动的战略称为"竞争战略"。总体上可以认为，选民的政治偏好很大程度上决定了政治家和政党的顾客战略，而政治制度安排则很大程度上决定了政治家和政党的竞争战略。

当利益分配较为均衡时，选民的政治偏好呈现正态分布，这时政治家和政党会设法满足中间选民的政治偏好。这种情形就符合中位数投票者定律（the median voter theorem），即在单一维度的政治竞争中，中间选民占据多数，政治家和政党向中间选民立场靠拢，才能获得最大多数的选票。当利益分配不均衡，也就是利益偏好分裂程度较大时，政治集团的利益偏好往往呈极化分布，这时政治家和政党只有设法满足某个特定利益群体的特殊利益偏好，才能巩固并扩大执政基础。从领导人和政党的顾客战略来说，前一种情形下他们倾向于主张"共容利益"（encompassing interests），迎合中间多数选民的政治偏好；后一种情形下他们倾向于主张"特殊利益"（narrow interests），迎合少数特定选民群体的政治偏好。①

利益集团腐败作为一种政治结果，其直接原因存在于以上政治过程当中，但政治过程又受到结构性政治因素的约束。在本书对利益集团腐败的分析框架中，领导人执政基础也就是核心支持者的规模和政治制度安排这两个结构性因素是最重要的，前者影响利益集团权势的大小，后者影响国家能力的强弱，两者的结合直接决定利益集团腐败的严重程度。但是，在这一过程中，这两个方面的结构性因素都会影响领导者、利益集团和普通民众的战略、行为和选择，而正是特定约束条件下的政治行为者的互动导致利益集团腐败。因此，利益集团腐

---

① ［美］曼瑟·奥尔森：《权力与繁荣》，苏长和等译，上海人民出版社 2005 年版，第 16—35 页。奥尔森的观点是：国家兴衰过程中存在两种利益，一种是共荣利益，另一种是特殊利益。他认为共荣利益与繁荣正相关，而特殊利益则与繁荣负相关。

败可以被理解成这样一个政治现象：在这个政治现象中，政治结构通过政治过程起作用，并最终决定政治结果。

需要注意的是，西方语境下的所谓民主政体和独裁、威权政体的核心区别是政治参与和政治竞争的程度，但在本书中，各级公职人员巩固权力的方式并不会因政体的差别而有根本不同，他们都需要依靠各自的核心支持者，都需要巩固并扩展自身的执政基础，对领导者和其政治权力来说，政治参与和政治竞争只有"量"而非"质"的差别。比如，美国前总统奥巴马如果无法在任期内提出一个从阿富汗撤军的时间表，他将失去民主党内关键选民的支持甚至因此下台。相似的，肯尼迪总统在古巴导弹危机中假如不采取行动，很可能会被弹劾，并且民主党人在1962年的中期选举中会遭到重挫。而在所谓的独裁国家，情况并没有本质区别：津巴布韦总统罗伯特·穆加贝如果不在其非洲民族联盟——爱国阵线内进行政党分赃，他也会失去核心支持者。在君主政体下，沙特阿拉伯国王和其内阁并非丝毫不受制约，只是他们的政策更多地需要权衡其皇室高级成员的支持程度而非普通民众。

第三节　研究方法与案例选择

本书的目的是要提出一项关于利益集团腐败生成机理的创新性理论解释。这一研究应该在对已有理论和文献进行回顾的基础上，首先提出理论假说，然后借助经验证据和比较案例研究来验证这一理论解释。一个好的理论应该具有重要性、创新性、简洁性、精确性和可预测性等特点，这也是本书研究所要追求的目标。

本书关于利益集团腐败根源的理论解释可以比较简洁地概述为：倘若一国执掌公共权力的领导者维持权力和运用权力依赖于小部分支持者的政治忠诚，政府内部、领导者与支持者之间很有可能形成诱发腐败的特殊利益集团，这些集团在国内外各项事务中的权重将会显著增加，利益不平衡现象很可能日趋严重，除了利益集团自身借助公共权力谋取私利之外，领导者也会选择以腐败为工具拉拢支持者，在笼络利益集团的基础上巩固自身权力。另外，如果一国的权力结构安排存在固有缺陷，缺乏较高的自我改革能力，国家治理能力不足，则很难抑制利益集团权势膨胀及其所导致的作为政治工具的腐败。

与其他很多关注宏观政治现象的理论研究一样，本书关于利益集团腐败路径的研究也存在着利普哈特所言"太多的变量，太少的案例"问题。① 无疑，利益集团腐败对许多国家来说都是必须直面的政治现象。尽管利益集团腐败并不罕见，但却较难界定和衡量，因此，较为适合的研究方法是比较历史分析法，比较历史分析也可以被视为基于历史事件、历史过程和特定历史时期的比较案例研究。

在一项关于政治制度演进的研究中，西达·斯考切波指出："为了建立起因果关系的解释，人们可以运用比较历史分析，在各国历史轨迹中选取一些片段来作为比较的单位。"而这种比较历史分析的目的是"建立、检验和提炼有关民族国家一类的事件或结构整体的宏观单位的因果解释假设"。② 对利益集团腐败路径的研究也可以采用类似的方法：首先选定一定数量的民族国家作为样本，抛开意识形态和文化因素，观察为什么有些国家出现了利益集团与腐败横行的现象而另一些国家没有，还可以观察某个国家为什么在一个时期出现了严重的利益集团腐败而在其他时期却没有，在此基础上验证理论假说，进一步提炼和总结在所有案例中都发生作用的因果机制和共同模式，注意防范比较分析和案例研究中易出现的"遮蔽效应"和"诱导效应"，做到去伪存真、去粗取精。这样，就能相对有把握地确定利益集团与腐败间的因果关系。

在比较历史分析中，确定因果关系的基本方法有三种：求同法、求异法和共变法。前两种方法密尔19世纪就在其《逻辑体系》中有较为充分的论述。③ 所谓求同法，就是在若干不同的历史案例中找出

---

① Arend Lijphart, "Comparative Politics and the Comparative Method", *The American Political Science Review*, Vol. 65, No. 3 (Sep., 1971), pp. 682–693.

② [美]西达·斯考切波：《国家与社会革命》，何俊志等译，上海人民出版社2007年版，第36—37页。

③ John Stuart Mill, *A System of Logic, Ratiocinative and Inductive: Being a Connected View of the Principles of Evidence and the Methods of Scientific Investigation*, London: Longmans, Green, 1904, p. 411.

相同的因果机制。求同法需要探究的是两个差异很大的案例背后的共同因素。按照这项研究的假说，必须要在两个案例中都发现各级公职人员通过公开的或是默许的腐败手段组织利益集团为自身巩固权力。所谓求异法，就是在若干相似的历史案例中找出导致不同政治结果的差异性因素。比如，新加坡在当代已经基本杜绝了利益集团的腐败行为，但在1965年独立前和独立后的一段时期内，腐败问题却非常严重，高层领导至基层公职人员的各级大小官员利用各种机会慷国家之慨。如果对新加坡这个国家的两个不同历史时期做比较案例研究，就可以确定这两个不同时期的案例具有高度的相似性，却存在不同政治结果（腐败与否），因此诱发腐败的因素应该在这两个时期间发生了重大变化。所谓共变法，就是通过确定案例研究中同时发生变化的自变量和因变量来确定因果关系。换言之，在所研究的案例中，必须要看到自变量变化时，因变量也在变化；反之，因变量变化时，自变量也在变化。按照共变法要求，如果自变量和因变量没有同时发生变化，则因果关系不能成立。

早期的比较历史分析强调选尽可能相似的案例，因为相似的案例能做到尽可能接近于实证研究的一个基本原则：保持其他条件不变。这样，就能在尽可能接近于"社会实验"的条件下，检验理论的可靠性，因而这种方法被称为"最大相似"方法。比如，如果两个高度相似的国家，其中之一利益集团腐败盛行而另一个则没有，那么通过分析两者的差异性，就能明确利益集团腐败路径的因果逻辑。但是，在实际的研究中，普沃斯基和托伊恩注意到，即使在高度相似的两个案例中，仍然可以发现许多具有潜在相关性的重要差异，而在论证因果关系的过程中很难有效排除这些差异性因素。所以，他们主张"最大相异"的案例研究方法才是可取的。"最大相异"的基本思路是：如果某一种因果关系在环境差异巨大的条件下仍然具有可复制性，那么这种因果关系无疑是高度可信的。[①] 比如，从历史经验来看，

---

① Adam Przeworski and Henry Teune, *The Logic of Comparative Social Inquiry*, New York: Wiley-Interscience, 1970, pp. 31 – 46.

镀金时代的美国、纳粹统治下的德国和独立之后的印度无疑是差异巨大的案例，符合"最大相异"原则，但三者均经历了集团腐败高发的历史时期。如果能够在这些案例中发现共同的自变量，那么这种因果关系应该具有较强的说服力。

巴林顿·摩尔在1966年出版的《民主与专制的社会起源》被认为是采用比较历史分析方法的经典著作。摩尔试图通过对几个国家案例的分析，探索从前工业社会向现代世界转变的三种历史发展路径。他这样表述自己的研究目标：

> 本书的宗旨，是力求阐明在农业社会过渡到现代工业社会的进程中，土地贵族和农民阶级在政治舞台上饰演的种种角色。更准确地说，本书力图揭示这个或那个农村阶层在什么样的历史条件下成为举足轻重的力量，从而影响着议会民主制的诞生、法西斯右翼专政的出现和共产主义左翼专政的问世。[①]

摩尔的研究是针对六个国家的比较，包括中国、英国、法国、美国、日本和印度，在论述过程中还对德国和俄国的重要历史发展过程进行了比较。总体而言，尽管摩尔的这一研究充满争议，但也赢得了国际社会科学界的高度评价，对整个社会科学的研究和研究方法产生了重要影响。

斯考切波的比较历史分析名著《国家与社会革命》就受到了摩尔的巨大影响，根据斯考切波的观点，比较历史分析可以"形成一种适当的有关明确定义的历史后果和模式的解释方法"。[②] 这一研究方法特别适用于对历史情境中宏大政治和社会议题的研究。因此，本书也将以这样的方法来处理利益集团腐败的生成机理这一政治学问题。具体而言，本书是一项实证研究：即先对利益集团腐败路径

[①] [美] 巴林顿·摩尔：《民主与专制的社会起源》，王茁等译，上海译文出版社2013年版，第1页。

[②] [美] 西达·斯考切波：《国家与社会革命》，何俊志等译，上海人民出版社2007年版，第39页。

提出新的理论假说，然后寻求能够证实或证伪这一理论假说的经验证据；研究采用比较历史分析的方法，选取不同国家的案例进行横向比较和同一国家不同历史时期的纵向比较；研究需要考察自变量和因变量的变化；充分考虑不同案例中自变量和因变量的不同情形，系统地借鉴求同法、求异法和共变法对变量间的因果关系进行研究。

本书整体上分为三个部分。首先是理论部分，共有三章，第一章是问题的界定和新的理论假说的提出；第二章是对各级公职人员可能将腐败作为一种有用的政治工具以换取其核心支持者政治忠诚的一般情形、类型与衡量进行研究；第三章关注权力结构配置的差异对国家治理能力和利益集团腐败的重要影响，在区分不同层级权力结构安排的情况下提出衡量权力结构功效的"4W"原则。第二部分是案例检验研究，共有四章，每章围绕一个国家展开论述。第四章是对美国在镀金时代的利益集团腐败频发现象进行分析，说明为何在19世纪后半叶至20世纪初的经济腾飞时代，秉持经典自由主义理念的小规模美国政府会深陷腐败高发的泥淖。第五章是对纳粹德国的案例研究，重点探讨在独裁极权的"元首体制"下纳粹德国的腐败状况及其成因。第六章是对独立后印度利益集团腐败的分析，将印度的政治发展历程划分为两部分：首先是1947年独立后至20世纪90年代初期带有浓厚威权主义色彩和家长制作风的印度国民大会党一党独大及尼赫鲁家族长期把持政府要职时期，其次是20世纪90年代初期印度在经济体制、政治体制方面实现了大规模转型，作为"金砖国家"①的印度，政坛呈现出由激烈的多党竞争向稳定的两党执政联盟过渡的状态。在进行了这一区分之后，本书认为，虽然印度的政治体制在独立后的两个阶段存在重大区别，但利益集团腐败的生成机理始终都在发挥作用。第七章通过对新加坡廉政建设的分析，说明大规模集团腐败

---

① 传统"金砖四国"（BRIC）引用了巴西（Brazil）、俄罗斯（Russia）、印度（India）和中国（China）的英文首字母。该词与英语单词的砖（Brick）类似，因此被称为"金砖四国"，而在南非（South Africa）加入后，英文单词变为"BRICS"，并改称为"金砖国家"。

问题与一国是自由民主还是威权独裁,是经济发达还是经济落后并没有必然联系,要想有效治理利益集团腐败,就需要从遏制腐败的政治工具属性和完善权力结构配置两方面着手。第三部分是第八章,也是本书的总结,在此基础上对我国如何避免利益集团腐败提供简要的政策建议。

第二章 权力、支持者集团、利益分配和作为政治工具的腐败

在今天的缅甸，电信业因通信质量差、收费高而饱受诟病。由于电信基础设施落后、电信市场高度垄断和封闭、电信行业内部官商勾结的贪腐现象极为严重，缅甸手机 SIM 卡价格甚至一度高达 1000 美元（1 美元约合 815 缅币）。在 2013 年缅甸新政府实施经济改革后，SIM 卡价格虽大幅下调，但目前每张卡的价格仍维持在 150 美元左右，这一价格让人均 GDP 只有 915 美元的缅甸普通百姓望而却步。据外媒报道，针对本国电信行业中根深蒂固的腐败顽疾，缅甸政府已采取了严厉的廉政措施。

缅甸官方的消息称，缅甸政府特别调查局（BSI）正在调查通信与信息技术部（简称通信部）的一系列腐败案，前不久辞职的通信部部长登吞成为缅甸新政府成立以来被立案调查的最高级别官员。2013 年 1 月 16 日，缅甸官方电视台突然宣布缅甸通信部部长登吞辞职。据报道，他拒绝下调手机 SIM 卡价格因而被迫下台。相关报道称，缅甸总统吴登盛要求将手机的 SIM 卡价格下调，然而登吞表示反对，认为价格如果下降，通信部将损失一半的基础设施投资。缅甸电信业目前仍由缅甸通信部垄断，该部门主要由军政府时期的军人所控制，目前共有 13 家私营公司同缅甸通信部合作。缅甸当地分析人士认为，有着浓厚军方背景的缅甸通信部此前一直阻碍缅甸政府开放电信业，因此撤换登吞并对通信部进行调查，一方面是缅甸启动停滞已久的电信业改革的强

烈信号，另一方面也是打击缅甸军方力量，发出改革派政府要坚决打击腐败的决心。①

打击电信集团腐败，只是缅甸反腐倡廉和提高政府效率的开端。2012年12月底，缅甸总统吴登盛发表全国讲话时严厉斥责内阁部长、地方领导人和其他高层官员，指责政府内腐败猖獗、行贿受贿和效率低下问题拖累国内改革进程，明确提出打击腐败和提高政府效率将是"我们改革和发展这个国家的第三阶段战略"。②

缅甸的腐败问题由来已久，且与该国长期存在的各类强势集团关系密切。自1962年至2010年大选前，缅甸军队统治缅甸48年，军人早已形成了一个特殊的利益集团，对缅甸国内的政治经济生活产生了深远的影响。除了电信业以外，缅甸国内许多行业都被一些具有军方背景的人垄断，商业运作缺乏透明度和市场竞争力，权钱交易屡见不鲜。世界银行和国际金融集团于2013年10月28日发布的《营商环境报告》首次将缅甸纳入其中，在全部189个国家及地区中，缅甸综合排名182位。③即使2010年缅甸军政府按照"七步民主路线图"开启了民主转型进程，拟定新宪法，举行全民公投，实行民主选举，成立民选政府，改革仍然由军政府主导，军人自然会保证自己在政治上的优势地位，维护自身既得利益。根据缅甸新宪法，军队无须通过选举即占有缅甸议会四分之一的议席，并且修改宪法需要四分之三以上议员同意。同时，设立军人主导的国家安全委员会，军队在紧急情况下有接管民选政府的权力。另外，缅甸前军政府首脑丹瑞大将虽然辞去了军中一切职务，但保有大将头衔，被认为在缅甸政治中仍有举足轻重的影响，是缅甸的"太上皇"。根据"透明国际"历年发布的清廉指数，缅甸目前仍是世界上腐败严重的国家之一，它的2013年

---

① 《缅甸开查电信腐败案 分析称显政府打击腐败决心》，《环球时报》2013年1月25日。
② 许春华：《缅甸变革反"腐坏"》，《南风窗》2013年第12期，第82页。
③ 世界银行官方网站，http://chinese.doingbusiness.org/reports/global-reports/doing-business-2013。

清廉指数全球排名第 176 位，名次仅高于索马里、朝鲜、阿富汗和苏丹。2012 年 11 月，缅甸审计长指出，有近 6500 万美元国家贷款被"错误和欺骗性地"发放给一些不应获得贷款的民营企业，这一舞弊案涉及多达 15 个部委，迫使当局下令几十家非法受益企业退还不当贷款数百万美元。①

缅甸电信行业的利益集团腐败问题深刻地反映出腐败的政治工具属性。由于一定历史时期内社会资源总量的有限性和社会群体需求的差异性，利益分配本身存在冲突和矛盾之处，很可能发展为不同利益集团之间的零和博弈。政府虽然具备提供公共服务、调节利益分配的基本职能，但要想满足所有人的利益无疑很难实现。因此，在利益分配发生矛盾和冲突之时，当权者究竟选择满足哪部分人群的需求，忽视甚至减损另一部分人群的需求就是一个值得深思的关键问题。部分群体在利益分配中的优先性较高，能够得到政府的照顾和支持，而另一部分人群则长期处于少权或无权的状态，其利益诉求很难被正视，这一不平等现象在历史上是一种常态，其深层次原因在于不同群体对当权者而言具有不同的重要性。腐败，特别是利益集团所诱发的大规模腐败只是这种不平等的一种表现，它既是这一不平等的原因，又是这一不平等状况得到强化后的结果。因此，研究利益集团腐败，需要探究当权者维持权力的执政基础。换言之，各级公职人员的执政根基决定了其政策偏向和利益分配方式，也决定了其与利益集团的关系，是容忍利益集团腐败，甚至将其作为巩固执政根基的工具，还是专注于提升公共福利，实现社会公平，为全社会提供公共产品？从这个角度而言，"为谁执政"也就成了问题的核心。

当权者力图维系自身权力地位的固有政治逻辑可能导致他或他们过度依赖其核心支持者，而长期持续不断地赋予这些核心支持者过多的私人利益或者特殊利益可能会使这些既得利益者实现意识和行为的群体化，也就是形成诱发腐败的特殊利益集团。利益集团权势扩张及其所导致的严重社会分裂如果不能得到有效控制则很可能产生累积性

---

① "透明国际"清廉指数报告官方网站，http：//cpi.transparency.org/cpi2013/results/.

的腐败问题。简言之，利益集团腐败通常是当权者和利益集团共生关系和互利互惠长期积累的结果。这种社会分裂所引发的不平等现象表现在人类社会的各个历史时期，出现在生活的方方面面，其危害尤为深远，利益集团腐败只是这种不平等现象的一个缩影。19 世纪初的德国剧作家、诗人海因里希·冯·克莱斯特通过一个小故事形象地描绘出当权者和利益集团的这种裙带关系可能带给民众的不安、恐惧与愤怒：

> 十六世纪上半叶的一个秋天，勃兰登堡州商人汉斯·科尔哈瑟前往莱比锡经商，途中被萨克森州贵族君特·冯·萨史威茨借故夺取了爱马。科尔哈瑟希望通过司法系统讨回公道，但冯·萨史威茨后台很硬，关系直通萨克森州选帝侯，平民商人拿他毫无办法。寄予体制的希望破灭后，科尔哈瑟纠结了一帮匪徒，占山为王烧杀抢夺，以报复社会的方式挑战贵族政府。[①]

在人类社会漫长的演进过程中，这是一个并不令人感到讶异的故事，无论是 16 世纪的德意志还是 21 世纪的缅甸，同样的场景一再出现。就作为政治工具的腐败而言，萨克森州贵族是萨克森州选帝侯的核心支持者，与缅甸军人集团类似，其对当权者确保长期执政的重要性远高于普通民众，因而这些核心支持者能够从当权者手中获得特权，甚至与当权者结为互惠互利的伙伴关系，在当地肆意妄为。由此所导致的巧取豪夺和司法腐败司空见惯，最终逼使民众借助制度外的非常手段表达利益诉求，打破这一权力结构配置的不平衡状态。

本章试图分析各级领导者维持权力地位的手段与利益分配、利益集团腐败间的关系，厘清不同类型的利益集团及作为一种政治工具的利益集团腐败。本章分为三节，第一节分析权力对各级公职人员的重要性及维持权力地位所需要依赖的三类支持者集团；第二节分析领导

---

① Ades, Alberto, "Rents, Competition and Corruption", *American Economics Review*, Vol. 89, pp. 982－993.

者维系自身权力地位所需要采取的利益分配的内容及其基本方式;第三节说明作为政治工具的腐败在各级领导者和利益集团关系中的重要作用。

第一节 权力与三类支持者

一 权力和维持权力

"权力"(power)是政治学的核心概念之一,不同学者对它有不同的界定和使用方式。罗伯特·罗素认为"权力可以定义为有意努力的产物";[①] 马克斯·韦伯认为"权力是把一个人的意志强加在其他人的行为之上的能力";[②] 多数学者则比较赞成美国著名政治学家罗伯特·达尔对权力的定义,即将权力看作人类普遍存在的一种影响力。总的来看,现代意义上的权力是指特定主体凭借某种优势,对社会或他人施加影响、调控和支配的强制力量。权力的要素可以用公式表示为:权力 = 支配意志 + 强制力量(强制力量 = 物质财富 + 暴力机器)。[③] 在政治学领域,权力起源于维护社会公共利益和社会公共生活秩序的需要,因而它在本质上是一种凝聚和体现公共意志的力量,是人类社会和群体组织有序运转的指挥、决策和管理能力。从这一意义上说,权力也可被称为"公共权力"(public power)。"公共权力"的称谓更加突出和强调了权力的来源和宗旨,其主体以当权者和以其为代表的国家政府机构为主,同时也包括一部分非政府公共组织。马克思主义国家观认为,政府的设立主要是服务于统治阶级的利益,但也承担着一定的公共职能,这说明政府本身也具有维护公共利益以保持政治统治合法性的一面。由这种国家的"相对自主性"延伸而来

[①] [英]伯特兰·罗素:《西方哲学史》(上卷),何兆武等译,商务印书馆1963年版,第89页。

[②] [德]马克斯·韦伯:《经济与社会》(第一卷),阎克文译,上海人民出版社2010年版,第147页。

[③] 魏宏:《权力论——权力制约与监督法律制度研究》,上海三联书店2011年版,第21—29页。

第二章　权力、支持者集团、利益分配和作为政治工具的腐败 | 51

的政府公共性突出表现为政府的"共有"、"共治"和"共享"。这是基于公共意识、认为政府应当服务于公共利益的价值规定性要求，也是当代政府合法性的根基，政府所拥有的公共权力来自于人民、受制于人民并需要用之于人民。①尽管在形式上公共权力主要为公职人员占有和行使，但在理论上，公共权力产生于全体成员共同服从的意愿，其根本目标是维护和追求全社会的公共利益，这也是自启蒙时代以来国家建构的一项基本原则，并已在长期的历史发展过程中为世界各国普遍接受。

权力的主要特征有：第一，强制性。它是国家意志的体现，以暴力、警察、法庭、监狱和军队为后盾，以人们的服从为前提。权力一经确定，就必须强制执行，所有社会成员都将受到权力的制约。第二，权威性。国家是社会利益的代表者，用以管理和协调社会利益，驾驭各种矛盾和斗争的国家权力享有崇高的地位和权威，而这种权威一旦失控就可能沦为独裁。第三，强烈的扩张性。权力是贪得无厌的，有了权力还要追求更多的权力，这种追求往往永无止境，本人享有权力之外还希望亲戚朋友、门生故吏也一同得道升天，其目的就是为了占有物质财富资源或其他社会资源。第四，排他性。一旦拥有权力，往往不许他人拥有或染指，不许他人议论、批评、反对、监督、制约，压制贤能、任用亲信、践踏法律法规。第五，腐蚀性。历史已经证明，权力易使掌权者在政治实践中逐渐把自己视为公民的化身，把自己的意志等同于公民的意志，进而把自己的意志强加于民众，最后凌驾于各权力主体之上，从社会公仆蜕变为社会主宰，滥用权力形成特权、官僚主义和腐败。权力本身蕴含的上述本性一旦与人类自身的弱点相结合，就会诱使掌权者扩张权力、滥用权力以满足人类自私

---

① 我国政治学家李景鹏认为，政府的公共性首先表现在其合法性上，这意味着管理的权力是由公众委托的权力，因而是受公众制约的权力；其次，政府的公共性表现在其所管理的对象是公共事务，也就是和每个公民的利益密切相关的事务，而非仅仅与某个特殊阶层的利益相关的事务；再次，政府的公共性表现在政府的公共决策过程应该是公民与政府之间的互动过程；复次，公共性表现为管理的内容应该主要体现政府对公民的服务；最后，政府的公共性表现在面对政府，每个公民都有平等的参与权利。参见李景鹏《论政府政策的公共性》，《天津社会科学》2002年第6期。

的本性和欲望。因此，19世纪英国著名历史学家阿克顿勋爵曾一针见血地指出："权力趋向腐败，绝对的权力导致绝对的腐败。"[①]

对各级领导者而言，权力是他们确保其执政地位的关键要素。行动胜于雄辩，对领导人而言，权力不是目的，而是手段，是必不可少的手段。任何政权达成施政目标的前提是获得并保持自身的权力。人类社会中经常会出现有先见之明的人物，凭借其对于未来的深刻洞察力，这样的人物明白当务之急究竟是什么。但如果他们只是作为普通群众存在，那么他们至多不过是有先见之明的智者而已。马基雅维利曾经精辟地说过："没有武器的预言者将自取灭亡。"[②] 如果想把自己意识到、了解到的事情付诸行动就需要权力。在荷马史诗《特洛伊》中，特洛伊公主卡桑德拉预见到特洛伊将被迈锡尼军所灭，于是她把破解的方法说给特洛伊人听，却没有人理会她，而最终特洛伊也逃脱不了毁灭的命运。时至今日，在欧洲还把那些妄想只要凭借口舌之辩的劝说和忠告就能办成实事的人叫做"卡桑德拉"。

因此，思考利益集团腐败的生成机理时，有必要重点关注各级公职人员的行为和利益，而不是只思考和谈论那些较为模糊的理念如国家利益、共同福祉、普遍利益等。因为在绝大多数国家，多元化的社会利益诉求能否上升为公共意志需由政党和政府决定，在这其中，更主要的利益推动者是各级领导者特别是居于顶端的最高领导人。因而可以说，领导者们的政治行为构成了他的统治方式或治理方式，也成了政治推动力的重要组成部分。对于当权者而言，采取必要手段获得权力并通过手中所掌握的社会资源维持权力就成为当务之急。因此，分析是何种因素帮助各级领导人获取和维持权力也是理解和矫正利益集团腐败的前提。

从政治初创开始，各级领导者便为如何巩固自身权力地位绞尽脑汁。在古代亚述王国，亚述巴尼拔被他的父亲阿萨尔哈东选定为王位

[①] Dalberg Acton, *Essays on Freedom and Power*, Boston: Beacon Press, 1949, p. 364.
[②] ［日］盐野七生：《罗马人的故事》（第一卷），计丽屏译，中信出版社2013年版，第32—35页。

第二章　权力、支持者集团、利益分配和作为政治工具的腐败 | 53

继承人。尽管贵族们发誓效忠于他,他仍然担心自身权位的安全。

对王位的威胁是否可能来自于蓄须贵族(bearded chiefs)?或是来自于国王的同伴(King's Companions)?抑或是来自于自家皇室成员,例如他自己的兄弟或是父母双方的亲人?亚述巴尼拔甚至怀疑自己战车的驭手和战车护卫、怀疑守夜人、怀疑他的皇家信使甚至他的贴身侍卫,也怀疑身处皇宫或前线的将领或是朝臣和自己的面包师。这种恐惧不分昼夜持续着,无论是在都城还是在城外,时刻都有叛乱的危险需要他去应对。①

亚述巴尼拔精通于应对各种对自身权位的威胁,他作为亚述王国崩溃前最后一位伟大帝王统治国家长达41年(前668—前627)。

这一案例表明,作为亚述至高无上的绝对权力唯一拥有者的亚述巴尼拔无法独自领导整个国家——即便他对身边各式人物的篡权意图满怀疑虑。无论国家、企业还是任何一种形式的社会组织,没有人能够单枪匹马独自掌握所有权力。虽然从英语的词源学上看,"君主制"(Monarchy)一词指的是"一人统治",但这样的统治方式从来不曾也绝不可能存在。被称为"太阳王"(Roi Soleil)的法国君主路易十四在位超过70年,在他的统治下,法兰西成为欧洲大陆的霸主和殖民美洲的主要力量,可以说他是他所处时代乃至历史上最为杰出的统治者之一。路易十四曾经说过一句名言:"朕即国家"(l'etat, c'est moi),然而这一宣言并不准确。事实上,表面上是一位专制君主的路易十四本人就是一个很好的例子,证明仅靠一人统治的想法并不现实。

路易十四在上任之初便开始了稳固自身权力基础的努力。他为新兴资产阶级贵族拓宽了加入核心政治集团的机会,这些新贵族被称为"穿袍贵族",与此同时,他将传统"佩剑贵族"的利益在事实上与

---

① Bruce Mesquita, Alastair Smith, *The Logic of Political Survival*, The MIT Press, 2004, p. 5.

宫廷捆绑在一起，要求传统贵族大部分时间必须于凡尔赛宫居住，这意味着他们领取俸禄的多寡取决于国王的宠信程度。通过在宫廷和军队提拔新贵族，限制旧贵族并将他们的福祉转化为国王的福祉，路易十四逐渐建立了一个对他感恩戴德的新阶层，通过这一过程，他才能够更完善地集中自身权威，建立起一个所谓"绝对"控制的政治体系。与其他领导者类似，路易十四与他的核心支持者间是一种共生关系，没有他们的支持，他不可能稳坐权力宝座，而他们对他不忠的话，也别指望能在他们的职位上获益。正是这群忠诚的核心支持者——著名的有枢机主教阿尔芒·黎塞留和儒勒·马扎然、财政大臣让·柯尔贝——确保路易十四在位72年，直到1715年寿终正寝。

历史事实表明，没有任何单独个人能够垄断所有权力，没有领导者能够拥有真正意义上的绝对权力，这就是各级领导者为何需要支持者，以及为何需要向他的支持者分配利益的原因。反言之，作为领导人的支持者，需要对领导人保持忠诚、帮助领导人巩固权力，同时也能使自己从领导人手中获取收益。

二 三类支持者集团

对当政者或一国执政集团而言，根据对其权力根基重要性的差别可以将不同的支持者分为三类：一般支持者、利益攸关者和核心支持者。[①] 简言之，政治领袖达成目标的前提是维系自身的权力地位，因而各级领导者需要回应对于其执掌政治权力具有影响力的各个群体，但对当权者而言，一般支持者集团、利益攸关者集团和核心支持者集团的重要性存在巨大差别。

一般支持者包含了所有在选择领导人时至少具有某些法定的、理论上的发言权的人。在大多数国家，指的就是所有合格选民，即所有达到法定选举年龄的公民。当然，正如当代各国政治实践所展示的那

---

① Bruce Mesquita, James D. Morrow, Randolph M. Siverson and Alastair Smith, "An Institutional Explanation of the Democratic Peace", *American Political Science Review*, Vol. 93, No. 4, 1999, pp. 791–807.

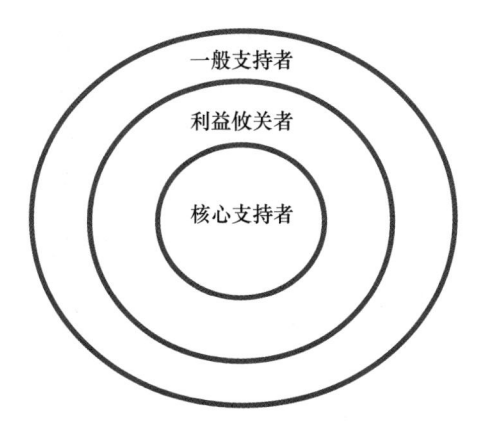

第二章　权力、支持者集团、利益分配和作为政治工具的腐败 | 55

图 2-1　三类支持者

样,虽然拥有选举权很重要,但普通民众在国家政策特别是关键政策制定和施行环节并没有太多发言权。在一个实行普选制的民主国家,一般支持者只是刚刚触及政治生活的门槛。就此意义而言,美国的一般支持者比某些非洲独裁国家的"选民"好不了多少。在那些非洲国家,所有成年公民都有权投票,尽管他们可能并不是真正在候选人当中做选择。第二种政治集团由利益攸关者组成,他们对领导人选的发言权明显高于一般支持者。例如在沙特阿拉伯的君主政体下,利益攸关者指的就是皇室的高级成员;在英国则指支持多数党议员的选民。最重要的集团是第三类支持者,它是利益攸关者集团的一个子集,构成了一个核心支持者集团,这类人群在整个政治体系中掌握至关重要的权力。在民主政体中的核心支持者可能是一群投票人,在其他的政体中可能是一群掌握足够重要的权力,甚至能够左右当权者人选的少数人,他们的支持对于政治领袖乃至整个政权的存续至关重要。在中世纪的英格兰,这些核心支持者由少数拥兵自重的大贵族组成。[①] 在

---

① 中世纪英格兰存在数以千计的贵族,但能够对国王权力甚至国王人选发挥重要影响的寥寥无几,虽然人数很少,这些大贵族的影响力却非常强大。典型案例是 1215 年各大贵族逼迫约翰国王签订《大宪章》,《大宪章》的核心理念为国王只是贵族"同等中的第一个",而该文第六十一条,即所谓"安全法"更是规定,由二十五名贵族组成的委员会有权随时召开会议,具有否决国王命令的权力;并且可以使用武力,占据国王的城堡和财产,各大贵族的权力可见一斑。约克家族、兰开斯特家族是这些大贵族的代表。

苏联发展的中后期，核心支持者则由党内一小群能够选择候选人并控制政策的人组成，他们的支持对于政府高官和党的总书记保持权力起着不可或缺的关键作用。

概言之，一般支持者是领导人名义上或潜在的支持者；利益攸关者则指那些对政权有重要影响的人；而核心支持者只包括那些对领导者不可或缺的人。这三种支持者的重要性可简单概括为：可相互替代者、有影响者以及不可或缺者，所有或大或小组织里的政治运作都可大致以这三类集团的区分为基础。换言之，这三类集团的规模大小变化提供了一个解释政治生活复杂性的三维结构。例如，核心支持者集团从利益攸关者集团中选出，而利益攸关者是否会转变为现政权的挑战者在很多时候取决于其他支持者能否成为现政权的核心支持者或其难度如何，一旦成为核心支持者，其在政府决策过程中能够发挥巨大作用。反过来看，大规模的利益攸关者集团意味着核心支持者的替代者数量较多，因而现有政权的核心支持者背叛现政权的可能性较小，其更倾向于接受现政权所给予的好处。被定义为拥有一个小规模核心支持者集团和大规模有影响者集团的政治系统——也就是许多威权独裁国家的情况——支持者对现政权非常忠诚，因为如果新的挑战者取代现政权，他们的风险和成本将非常高昂。反言之，被定义为拥有一个较大规模核心支持者集团和较大规模一般支持者集团的政治系统——正如多数民主国家所显示的那样——现政权的核心支持者往往只拥有少量特权，其与现政权的关系并不特别紧密，这也使他们较容易通过各种手段背离或反抗当权者。

通过探究这些维度如何交织，亦即政治组织中的可相互替代者、有影响者和不可或缺者的相对规模，就可以比较充分地理解在不同国家掌握公共权力的政治领袖或政权如何分配利益、他或他们与三类执政基础的关系如何、什么事是他们能或不能逃脱追究的、他们必须对谁负责和在各级领导者的领导之下三类不同群体享有的利益分配权重和相对生活质量。

就政体类型而言，尽管在当代没有哪两个独裁国家或哪两个民主国家是一模一样的，学界还是习惯于认为民主制和独裁制这样的术语能够描述不同政权之间的区别,但如前所述,从各级领导者维持自身权力的角度来看,一方面,"独裁制"这个术语的本质含义是政府建立在极少数不可或缺者的基础上,而他们是从数量非常庞大的一般支持者(可相互替代者)以及通常相对较少的一群利益攸关者(有影响者)当中挑选出来的。另一方面,民主制意味着政府建立在数量庞大的不可或缺者和有影响者的基础上;同时,可相互替代者的数量几乎与有影响者一样多。从这一视角出发,君主制或独裁制也意味着有影响者、不可或缺者的数量都很少。

为了巩固自身执政地位,决定资源和利益如何分配是当权者的第一要务,当权者关于利益分配的选择主要有两大考量:首先,总体上应该为三类群体分配多少资源及各自群体所应得到的资源分别为多少;其次,考虑到对自身执政基础重要性的差异,不同部分的利益分配又应当以怎样的方式去实现,换言之,有多少利益是以提升公共福利、以具有非排他性的公共物品形式出现,而有多少又是以具有强烈排他性和独占性的私人物品形式出现?根据对这两大类问题的不同考量,为确保自身权力,政治领袖需要做出三类决策:首先,他需要确保自身有足够利益可以分配;其次,他或他们将决定如何分配利益以保持自身权位,特别是确保不可或缺人群或其中关键人物的政治忠诚;再次,政府所具有的公共性和自私性意味着其会为社会提供各种公共或者私人好处。一般而言,考虑到成本和收益,为核心支持者提供的私人好处最多,随着支持者规模的增大其成本会逐渐递增、收益则逐渐递减。如果核心支持者人群的规模增大到一定程度,出于边际效用递减原理,当权者可能会尝试直接向社会提供公共福利和公共物品。

第二节 利益分配与反腐语境下利益集团的产生

1651年,托马斯·霍布斯在分析了他所认为的"自然状态"后写道:

> 在没有一个共同权力使大家慑服的时候，人们便处在所谓的战争状态之下。这种战争是每一个人对每个人的战争……时间的记载、文艺、文学、社会等等都将不存在。最糟糕的是人们不断处于暴力死亡的恐惧和危险中，人的生活孤独、贫困、卑污、残忍而短寿。①

因此，霍布斯在《利维坦》一书中专注于研究什么样的政府能够最好地为公共事业谋利。四百年之后的今天，即使人类社会已经在改善自身生活和生存环境方面实现了很大进步，且这些进步又与政府形式的不断完善联系在一起，但霍布斯所指出的问题仍未能得到根本解决。当然，在现今拥挤的社会，大多数人并非孤独的，而人类在营养、救济、医疗等各方面已经取得的成就能够保证人类寿命远高于霍布斯本人所处的时代。然而，并不是每一个人都同等享受这些进步，对世界上的许多人而言生活状况并未获得根本改善：贫穷对相当大部分人来说仍然是生活中所需要面对和克服的巨大阻碍，至于"卑污、残忍"，在叙利亚战争、也门内乱、朝鲜核问题等问题层出不穷的当下，也是地球上大量人口和地区所正在遭受的悲惨状态。

以政治领导者维系自身权力地位的视角来看，导致这些发展成果并未被所有民众所共享的一个重要原因在于私人利益、集团利益与公共利益的冲突及其所带来的利益紧张和利益分配不均。霍布斯认为，根除所谓"一切人与一切人战争"状态的唯一办法是建立具有绝对权威的"利维坦"国家，他判断绝对君主制是国家主权的理想状态，因为"在君主国家中，私人利益和公共利益是同一回事"。② 然而，启蒙时代至今的政治发展已经证明，霍布斯的观点太过理想化，依靠少数核心支持者的君主制非但难以实现私人利益和公众利益的整合，

---

① [英]托马斯·霍布斯：《利维坦》，黎思复等译，商务印书馆1985年版，第95页。

② 同上书，第143页。

第二章　权力、支持者集团、利益分配和作为政治工具的腐败 | 59

反倒是会加剧少数人利益和公共利益之间的矛盾与冲突。

一　公共物品和私人物品

忽略具体政策的差别，当权者实际上只有不多的一些手段能够用来巩固自身执政基础，确保自身的权力地位：他们可以选择在公共政策中满足他们的支持者和其他民众的需求，或者他们可以通过分配私人物品的方式拉拢核心支持者。

就经济学意义而言，公共物品（Public Goods）是指公共使用或消费的物品，可以供所有社会成员共同享用。严格意义上的公共物品具有非竞争性和非排他性：所谓非竞争性，是指某人对公共物品的消费并不会影响别人，消费该产品及从中获得效用的同时，即在给定的生产水平下，为另一个消费者提供这一物品所带来的边际成本为零；所谓非排他性，是指某人在消费一种公共物品时，不能排除其他人消费这一物品（不论他们是否付费），或者排除的成本很高。私人物品（Private Goods）的概念则与公共物品正好相反，享受私人物品需要个人或群体拥有某种特定条件，且消费该物品所获得的效用具有边际成本。[①] 简言之，公共物品和私人物品的核心差别在于前者无排他性且无竞争性，而后者具有排他性和竞争性。

在政治行为中，为不同的支持者集团提供公共物品和私人物品的方式交织存在。在对外政策中，公共物品包括提升和巩固本国的宗教和文化信念，提升国家安全；在国内政治领域，提供公共物品的政策包括完善法律法规、提升政府的透明度和信用度、提供公平的公共服务和平等的经济环境、普及全民教育、治理污染、改善环境及其他类似政策。私人物品同样在对外和对内政策中广泛存在。例如，当权者可以限定政党分赃和寻租的范围，将其限定在仅现政权的某些核心支持者才能够享有的范围内，其他如有偏向的税收政策、使特殊利益合法化的政策或那些能够为某一群体谋取私利提供方便的贸易或关税政

[①] ［美］保罗·萨缪尔森、威廉·诺德豪斯：《经济学》，萧琛等译，商务印书馆2012年版，第412页。

策等都是私人物品供给的表现。事实上，明目张胆地分配私人物品在历史上屡见不鲜，如英格兰在历史上所采取的帝国主义扩张政策，虽然作为整个国家的沉重负担造成了贫富悬殊、国际冲突加剧等严重问题，却使一小部分群体得以借助这一政策谋取巨额私利。总的来看，通过公共物品和私人物品为政权支持者提供好处的手段在历史上始终存在，只不过在当下，私人物品提供的手段更加隐蔽也更为专业，可能打着税收优惠、保护性关税等"合法"幌子出现，为一国政权的核心支持者提供某种特权或特殊利益。

公共物品的非排他性和非竞争性决定了居住在一国内的所有民众都能够享受公共物品所带来的利益，无论他们是否支持现政权。为了巩固执政地位，为普通民众提供充足的公共物品非常重要，公共物品匮乏或充裕可能使原本的支持者或潜在支持者转为现政权的挑战者，或是使现政权的反对者接受公共物品的好处而成为支持者。1992年，老布什在总统选举中输给克林顿的一个重要原因是老布什1988年的选举联盟中有很大一部分人不赞同他上调税率的政策和国际自由贸易政策取向。[1] 另外，长期主导新加坡政治格局的李光耀及人民行动党，由于在经济腾飞中合理调控利益分配，在经济发展、廉租房建设、环境保护和反腐等各方面为民谋利，即使是政治自由相对欠缺的威权政体在新加坡也得以长久维持，这正好印证了那句名言：只要有利于民众的幸福，那就是善政，无所谓民主政体还是帝制政体。[2] 当然，在大多数学者看来，富裕廉洁的新加坡是威权政府为民众提供充分公共物品的特例，民主国家的政治领袖相比独裁者有更高的概率选择以公共物品巩固自身的执政基础。私人物品与公共物品的关键区别是私人物品被限定在一定的群体范围之内，这也可能导致它被限定在现政权的支持者之内。实际上，要非常清晰地区分公共物品与私人物品非常困难，因为这二者通常

---

[1] [美]乔治·廷德尔、大卫·艾默里：《美国史》（第四卷），宫齐等译，南方日报出版社2012年版，第238页。

[2] [印度]阿玛蒂亚·森：《身份与暴力：命运的幻象》，李风华译，中国人民大学出版社2013年版，第144页。

第二章 权力、支持者集团、利益分配和作为政治工具的腐败

相互交织、相互混杂。例如，环保政策无疑具有很强的公共属性，因为水资源和空气是所有人的必需品，但是环保政策也可能具有私人属性。一些公司和企业可能因为环保政策承受更大的负担，而另一些企业或社会组织可能在这些政策中获取收益。这一差别使环保政策可能被用来作为一种政治工具或政治手段去惩罚那些反对现政权的组织，同时作为一种激励回报现政权的支持者。与此类似，许多公共政策确实与私人赞助或盗窃国家财产存在明确区别，但在实际操作过程中它们也会在某程度上具备较强的私人物品属性。

总言之，被分配利益或物品的性质沿着一条直线从纯粹私人属性向纯粹的公共属性发展。例如完善的法律机制和国家安全通常更接近于纯粹的公共物品，但部分法律工作者可能从现有机制中获取更多的私人的利益。另外，窃取国家财富，将公共资产转到秘密的私人账户必定是纯粹的牟取私人利益的行为，而大部分腐败行为获得的通常也近乎纯粹的私人利益。尽管塞缪尔·亨廷顿认为有限代表和腐败也有可能成为经济发展的润滑剂，[①] 但由于一定时空范围内社会资源总量的有限性和利益分配的矛盾与紧张关系，那些通过私人物品受益的群体所获得的利益往往是其他在现政权中话语缺失的弱势群体的利益。弱势群体，正如1792年法国的农民和工人阶级所展示的那样，一旦感觉自身利益持续遭到侵蚀且无法在既有制度体系中消弭根深蒂固的不平等，就可能组织起足够的资源掀起革命的浪潮。

在本书的分析框架中，对公共物品和私人物品的分配能够被区别界定，判断标准是这些利益究竟为普罗大众所享有还是只为小部分人享有。事实上，就利益集团腐败的生成机理而言，当权者为支持者提供私人物品基本可以与腐败等同视之。通过研究公共物品和私人物品所组成的利益分配格局，当权者巩固自身执政基础和利益集团获取既得利益的手段和方式能够更清晰地呈现出来。

[①] [美]塞缪尔·亨廷顿：《变化社会中的政治秩序》，王冠华等译，上海人民出版社2008年版，第54页。

二 利益分配：公共物品还是私人物品？

《圣经》上说"贪财是万恶之根"，[①] 这很可能没错，但在大多数情况下，政治行为当中"善政"的部分也都是以政治、经济利益为基础的。问题的关键不在于利益本身，而在于以怎样的方式获取利益、用怎样的方式分配利益。因此，掌握公共权力的领导者如何使用他们所能够利用的资源在很大程度上决定了利益分配的基本格局：他们也许会采取提供公共物品、提升公共福利的政策，拿出资源维护普罗大众的利益，比如旨在保护所有公民的个人福利及财产方面的财政支出；与此相反，各级领导者所掌握的资源也能以损害公共利益为代价，通过提供私人物品的方式收买一小部分核心党羽的忠诚。毋庸置疑，金钱、特权和其他利益能够被用来催生腐败、进行内幕交易和实施更不堪的政策，甚至这些私人物品本身就是腐败的一部分。相比公职人员的道德动机，选择提升社会福利还是养肥一小批特权人士，当权者或领导集团更可能受到政府自利性与个人自私性的影响，高尚可敬的动机看似很重要，但它们在很多时候会被维持权力、巩固执政根基和保持支持者忠诚的现实需要所压倒。

就这个意义而言，政治运行的核心问题在于领导者用怎样的方式分配资源，他们把钱和资源花在惠及每个人的公共物品上了吗？还是花在只惠及少数人的私人物品上？对各级领导者来说，巩固政权的关键取决于他或他们维持权力根基需要保持多少人的忠诚，亦即不可或缺的核心支持者集团的规模大小。

由于核心支持者对于领导者巩固其执政地位的重要性远超利益攸关者和一般支持者，因而核心支持者的规模会从两个层面影响当权者的利益分配政策：首先，由于核心支持者是否会转变为现政权的挑战者很大程度上取决于其他支持者集团中的个人能否上升为核心支持者集团成员及其难度如何，因而在一个小规模核心支持者和大规模利益

[①] 《圣经》：《提摩太前书》（6：10），"因为贪财是万恶之根，有人贪恋钱财，就受迷惑，离弃了信仰，用许多苦痛把自己刺透了"。中国基督教协会出版发行，2013年9月版。

攸关者的政治系统中，核心支持者往往对现政权非常忠诚，因为支持新的挑战者取代现政权的风险和成本非常高昂。反之，较大规模核心支持者和较大规模一般支持者集团的政治系统中的现政权核心支持者一般只拥有少量特权，与现政权的关系并不特别紧密，违抗现政权、支持现政权挑战者的成本和风险相对较小。因而对领导者而言，大规模的核心支持者很可能意味着这个人群的忠诚度较低。

随着核心支持者规模的增大，需要提供更多的公共物品而非私人物品，反之，在一个核心支持者规模很小的政治系统中，充足的私人物品远比公共物品重要。从边际成本和边际收益的视角出发（如图2-2），当核心支持者集团规模较大时，大部分资源会以公共物品的形式提供给支持者，同时从利益攸关者晋升为核心支持者的成本也较小，在这种情况下，每一单位资源所换取的支持者的忠诚度也较少。当核心支持者数量稀缺时，更多的资源会以私人物品的方式提供给核心支持者以换取他们对现政权的忠诚，因而核心支持者和其他民众所获取的收益悬殊。在这种情况下，当权者失去任何一名核心支持者的损失非常巨大，由于和核心支持者规模较大时相比，每一单位资源能够换取较高的忠诚度，因而当权者很有可能省去为支持者提供的公共资源而为自身谋取私利。

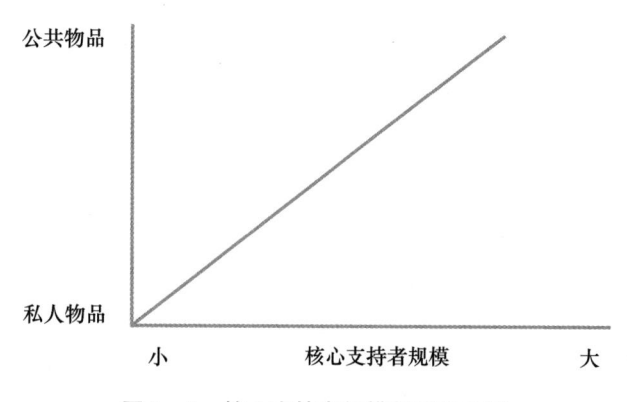

图2-2 核心支持者规模与利益分配

在一个民主国家或任何一个核心支持者规模庞大的权力结构体系

内，通过私人回报的方式来收买每一名成员忠诚的代价无疑非常大，领导者所给予支持者的福利可能被极大摊薄。所以，依赖大规模核心支持者或者说较为民主的政府更可能趋向于着重把钱花在能增进普遍福利的有效公共政策上。与此形成鲜明对比的是，独裁者、君主、军政府领导人只依赖一小群不可或缺者，因而他们能够通过慷公家之慨、以私人回报的方式收买这一小部分支持者的忠诚，从理性经济人角度来看，这种统治方式无疑更有成效，尽管这也意味着要牺牲广大纳税人或千百万普通民众的利益。政治发展史已经证明，由一小群政治、经济权贵所执掌的政权将助长以腐败和私人物品分配为导向的体制，虽然就短期而言这样的政权可能更为稳定（因为核心支持者的政治忠诚度很高），但长期来看，利益分配不均、社会利益冲突和利益紧张关系在这样的政治系统中可能被放大以至于不可调和。

西方学界习惯于将诸如意识形态或左右阵营这样的概念作为政治研究的基础，关于左派和右派的标准表述可以被大致归纳为：左派以自由主义者为代表，关心穷人，认为政府政策应向弱势群体倾斜，因而他们经常受到富人和权贵阶层的阻挠。与之形成对比的是，右派以保守主义者为代表，关心富裕阶层的利益，为了保护富人使他们少缴税和免受自由主义开支政策的侵害而斗争。在西方国家的大选中，穷人和弱势群体一般偏向左派，而富裕和有权势的人往往支持右派。[①]但就利益分配的不同方式而言，所谓自由主义者和保守主义者只不过选择了不同的方式以建立能帮助他们赢得权位的利益基础。例如美国总统大选所谓的"驴象之争"，民主党候选人一般代表左派利益，倾向于提供针对富人的税收政策以提高穷人的福利，并寻求给予中产阶级摇摆选民大量好处；而美国共和党代表保守阵营，倾向于减少对富人征税，削减穷人的福利并提倡重返工作岗位计划。当然，无论民主党还是共和党都寻求给中产阶级选民提供大量利益，因为他们人数众多且左右摇摆。两党总统候选人——无论是小布什、奥巴马、罗姆

[①] 王平：《美国左派当前的重建行动及其启示》，《当代世界与社会主义》2010年第1期，第63页。

尼、希拉里还是特朗普——在激烈的电视辩论中所提出的税收政策和消费政策以及其他分肥项目,很大程度上正是把公共物品或私人物品分发给相关党派的核心支持者以换取他们的忠诚和支持。① 在美国之外,情况也大致如此,根据各国支持者集团规模的差异或领导人在不同地区依赖的核心支持者规模的差异,各级领导者会相应调整公共物品和私人物品的内容和供给数量。

总而言之,无论是民主国家还是独裁国家,由于当权者和政府需要考虑三类支持者集团,特别是居于关键地位的核心支持者的偏好,因而,无论当权者是迫不得已还是心甘情愿,利用具有强烈排他性的私人物品拉拢核心支持者都可能成为他或他们巩固执政地位的重要选项。另外,这种私人物品的排他性分配又会直接导致特殊利益和特权的形成,进而不断强化这些既得利益者或利益集团谋取更多私人物品的集团私欲。在这种情况下,腐败不仅仅是利益集团肆意妄为的结果,甚至其本身也成为私人物品分配的方式之一。

三 反腐败语境下利益集团的分类

从各级领导者维系权力所能采取的不同利益分配方式来看,给核心支持者的回报的确能够以非排他、非竞争的公共物品的形式出现,特别是当不可或缺者集团的规模很大的时候。然而,当核心支持者集团规模很小或被严格限定在某些条件下时,当权者很可能采用更为高效的手段获得支持者的忠诚,也就是以私人好处的形式来分配他掌握的资源,回报核心支持者集团,因为给少数人提供私人物品和特权的成本总体而言比给多数人提供公共物品的成本更为低廉,即少数人所得到的好处非常丰厚。如果核心支持者不仅人数很少,而且是从一个非常大的一般支持者集团和利益攸关者集团中精选出来的,当权者就有更大的动机为他们提供充裕的私人物品,而利益攸关者集团中的每个人都会渴望成为核心支持者集团的一员从而获得各式各样的私人利

---

① 林宏宇:《美国社会政治思潮与美国总统选举》,《国际关系学院学报》2004 年第 3 期,第 6 页。

益和特权。在这种情况下,核心支持者背叛当权者的成本会非常高,而支持现政权的收益又会十分丰厚。实际上,把核心支持者与普通民众区别开来的正是私人利益,而这些私人利益和特权,也成为反腐败语境下利益集团形成的重要基础。

根据当权者提供私人物品所依据的不同原则和标准,可以将与腐败相关联的利益集团大致划分为以下几种类型。

(一)阶层型利益集团

阶层既可以理解为以是否控制生产性经济资源划分的不同社会集团,即传统意义上的阶级,比如农民阶级和地主阶级、工人阶级和资产阶级;又可以理解为因收入、职业、经济地位差异而形成的不同社会阶层,比如手工劳动者、非手工劳动者、专业人士、管理阶层等。无论是阶级还是阶层,其划分的依据与一个社会成员在社会经济结构中所处的位置高低密切相关,而那些在既存社会经济政治结构中占据优势地位的人群则会成为阶层型利益集团的主体。简而言之,阶层型利益集团就是在利益分配中处于优势社会经济地位的集团由于维护既得利益的偏好差异而在彼此之间、与弱势群体之间形成的界限甚至这一界限固化的现象。

阶层型利益集团由来已久,古希腊思想家亚里士多德认为,对政体的最大威胁是贫富阶级之间的剧烈冲突。富人极力维持自身的优势地位,而穷人则会想方设法剥夺富人的财富,这种阶级冲突是政体更迭的直接原因。[①] 而马克思则把阶级政治提升到政治生活的核心位置,在他看来,"至今一切社会的历史都是阶级斗争的历史",阶级斗争是人类进步的动力。在工业社会,阶级斗争主要发生在维护自身既得利益的资产阶级和试图推翻压迫的无产阶级之间,这种斗争是不可妥协的,无产阶级最终只有通过暴力革命的方式才能获得自身的解放。[②] 到 20 世纪中叶,阶级分裂成为欧美发达工业民主国家的主要政治分

[①] [古希腊]亚里士多德:《政治学》,秦典华等译,中国人民大学出版社 2003 年版,第 253—257 页。

[②] [德]马克思、恩格斯:《共产党宣言》,载于《马克思恩格斯选集》第 1 卷,中央编译局编译,人民出版社 1995 年版,第 271—307 页。

裂之一，著名政治学家李普塞特就将民主政治称为"民主的阶级斗争"(democratic class struggle)。在这些发达国家，低收入集团主要投票支持左派政党，而高收入集团主要投票支持右派政党。可以说，无论在何种政体下，阶级分裂和阶级冲突都是基本的政治现象。①

（二）政治权贵型利益集团

政治权贵型利益集团主要出现在政府内部，由掌握公共权力的中央政府或地方政府的各级领导者、强力政府部门及其官员、由政府直接掌控的企业及其高管组成，也包括政府以外与公共权力关系密切的其他集团和其他能够对政府决策施加重要影响的各类企业和社会组织。政治权贵型利益集团的产生根源大致可以被划分为两类：其一，政治领导者作为国家的各级权力主体，在实际的政治运行实践中日益熟稔如何操纵政治进程以满足一己私利，达到私人或集团目的，或者懂得在操纵政治进程时怎样找到看似合理的理由。由此，他们在制定和执行经济、社会、政治发展等各项公共政策的过程中使自身获得了特殊的、非正常的利益，并力图在接下来的政治运行过程中维护自身的既得利益。其二，为了保障权力地位，各级政府领导者需要给予其核心支持者特权或其他私利以确保他们的政治忠诚，这些核心支持者们也可能为当权者提供各种各样的私人回报以换取更多的特权或其他利益，这也正是权力寻租和行贿受贿的逻辑，最为典型的表现就是家族政治、朋党政治、官商勾结、权钱交易和各类裙带关系。

由于权力结构和政治制度的多样性，在不同的国家，政治权贵型利益集团的主体千差万别。因此，划分政治权贵型利益集团的标准至少应该涉及与政府的密切程度、与公共权力的结合程度、从政府的实际政策中占有资源的程度、政治排他性、规模与影响力等因素。根据这些影响因素，可以推出判断政治权贵型利益集团的标准：首先，他们主导了政治运行和相关改革的实际进程并攫取了进程中的大部分收

---

① Seymour Lipset, *Political Man: The Social Bases of Politics*, London: Heinemann, 1960, p. 220.

益，并将在合理合法的框架下继续获得更多收益；其次，致力于扩大核心支持者规模的政治、经济或社会改革会损害这些集团的利益，因此他们对限制其权力的改革持消极态度；再次，与其他类型的利益集团不同，政治权贵型利益集团具备足够的实力和政治影响力阻挠不利于他们的改革的推进，或消弭改革对他们的负面效应，将改革所造成的不利条件和可能形成的危险转嫁出去。

（三）宗教型利益集团

宗教型利益集团的生成原因是宗教信仰和派别的不同及由此导致的利益分配差异。宗教型利益集团通常产生于信教者与不信教者（有神论、无神论）之间、信不同宗教者（如伊斯兰教、基督教）之间以及同一宗教内部信仰不同教派者（如什叶派、逊尼派）之间。李普塞特和罗坎把宗教分裂视为西方工业民主国家的主要社会分裂之一，其重要性与阶级分裂几乎相当。[1] 法国大革命之后的一个世纪，欧洲的许多国家因为宗教问题陷入严重分裂，首先是罗马天主教利益集团与欧陆各派新教徒之间的对立；接着，一些国家的新教教派，例如，英国国教推翻了天主教利益集团并取而代之，成为新的宗教型利益集团后，又开始压迫其他新教教派，如英国国教利益集团对清教徒的压迫。无论如何，在19世纪晚期欧洲新兴国家民主政治的发展历程中，宗教问题成为普通民众和政治精英产生政治冲突的重要诱因。而在当前，宗教型利益集团在伊斯兰世界的什叶派与逊尼派之争中也发挥了重要作用，诸如伊朗的什叶派法基赫政教合一政体、沙特阿拉伯的逊尼派瓦哈比君主政体更是直接造就了这些国家的宗教型利益集团。

（四）族群型利益集团

族群型利益集团产生的直接原因是族群分裂，亦即因为利益分配不均而在不同族群集团之间产生了政治分裂。族群通常是指基于血缘

---

[1] Seymour Lipset, Stein Rokkan, "Cleavage Structures, Party Systems and Voter Alignments: An Introduction", in *Party Systems and Voter Alignment: Cross National Perspective*, The Free Press, 1967, p. 15.

或世系相互认同的群体，这一群体往往还有共同的语言、文化、宗教、习俗和身体特征等。在李普塞特和罗坎的分析框架中，族群分裂属于地理—文化维度的分裂，是民族国家兴起的过程中，中心和边缘之间政治紧张关系的产物。[1] 在现代国家，族群政治已经成为关乎政治合法性的关键问题，也是政治竞争和权力角逐的重要维度。在麦格和其他一些社会学家看来，族群关系的互动模式存在三种主要类型：同化社会、统合多元主义社会和不平等多元主义社会。[2] 其中，不平等多元主义社会追求少数族群对少数族群、主导族群对从属族群的政治经济支配，两者之间通常存在严重的不平等，容易导致剧烈的族群冲突，例如种族隔离时期的南非、导致种族大屠杀惨剧的卢旺达和凯末尔治下的土耳其。在这种模式下，"不同族群成员是被区别对待的，他们不能平等地获得有价值的社会资源，比如财富、声望和权力"。[3] 这意味着不同族群之间存在明显的制度化的族群分层（ethnic stratification）。从社会经济地位来看，有的族群是多数族群或主流族群，另外的族群则是少数族群或边缘族群；从政治权力来看，有的族群成为支配族群，另外的族群则是从属族群。在这样的多族群社会，人们因为族群身份而天然地遭受区别对待，在获取权力和资源方面也存在显著的差异，那些主流族群和支配族群也就成了带有鲜明族群特征的利益集团。

（五）地域型利益集团

因地区差异而形成的利益分配失衡现象经常与族群、宗教、语言等政治分裂交织在一起，纯粹的地区型利益集团在实际的政治过程中比较少见。根据李普塞特和罗坎的观点，地区分裂与族群分裂一样同

---

[1] Seymour Lipset, Stein Rokkan, "Cleavage Structures, Party Systems and Voter Alignments: An Introduction", in *Party Systems and Voter Alignment: Cross National Perspective*, The Free Press, 1967, p. 42.

[2] ［美］马丁·麦格：《族群社会学》，祖力亚提·司马义译，华夏出版社2007年版，第91—119页。

[3] Donald Horowitz, *Ethnic Groups in Conflict*, Berkeley: University of California Press, 1985, p. 3.

属于地理—文化维度的分裂，是中心—边缘分裂的典型。[①] 地域型利益集团主要产生于两种关系之中，一是中央与地方之间的关系；二是地区和地区之间不平衡的政治经济关系。地域型利益集团在历史上相当常见，美国内战便源自南北不同地域的巨大利益偏好差别，即种植园主利益集团和工业资本利益集团的冲突，或者说是根源于地域差异的传统种植园经济与工业资本主义经济之间的冲突，而在南北战争之后，联邦政府的高级政要基本都来自北方各州，南方人将北方人蔑称为"扬基"（Yankee），而北方人也针锋相对地称南方人为"约翰尼"（Johnny）。另外，韩国的政治势力区域化现象也十分明显，曾权倾一时的韩国大国家党的势力范围主要在以釜山、大邱、蔚山等大城市为主的庆尚道区域，而民主党的主要势力集中在以光州为主的全罗道区域。由于大国家党在韩国长期以来是执政党，民众普遍认为只有庆尚道得到了充分的发展和投资，对比起来，属于民主党势力范围的全罗道经济发展就非常缓慢，这也造成两个道之间民众长期以来相互怨恨。[②] 综合来看，如果一国无法对地域型利益集团进行有效治理，则可能产生比较严重的政治后果，其中最突出的问题是政治分离主义运动的兴起，而这种运动最严重的后果则是国家分裂或内战。

除了上述利益集团之外，在许多国家执掌大权的军事型利益集团也不能被忽视，但其往往与地域型、族群型利益集团重合，手握重兵的将领根据宗教、地域或族群拉帮结派的现象在历史上屡见不鲜，例如中国近代的军阀势力，萨达姆时期伊拉克的阿拉伯社会复兴党军事集团，以及曾在亚洲、非洲和南美洲广泛存在的各类军政府。"二战"后，尽管欧美发达民主国家出现了各种新类型的利益集团，例如围绕后物质主义维度、女性维度、生态或环境维度的新兴利益集团，但这些类型的利益集团大多尚未蜕变为享受私人物品和特权的利益集

[①] Seymour Lipset, Stein Rokkan, "Cleavage Structures, Party Systems and Voter Alignments: An Introduction", in *Party Systems and Voter Alignment: Cross National Perspective*, The Free Press, 1967, p. 59.

[②] Monica Toft, *The Geography of Ethnic Violence: Identity, Interests and the Indivisibility of Territory*, Princeton University Press, 2003, pp. 12 – 16.

团，其引发的政治后果往往温和得多，通常也不会引发严重的政治分歧。总之，从发达民主国家到第三世界的独裁国家，根据阶级、宗教、族群、地域形成的利益集团广泛存在，它们作为利益集团腐败的重要主体，也是影响这些国家政治发展和政体稳定的主要因素。

第三节　作为政治工具的利益集团腐败

从反腐语境下利益集团的生成机理来看，利益集团所获取的利益其本身既是当权者用来拉拢核心支持者的私人物品和特权——往往以为一个集团提供特殊利益的形式存在——又是现政权支持者可预期的具有强烈排他性的收益。在这一利益分配的交互过程中，维护既得利益的需求也使核心支持者对当权者和既有体制愈发忠诚，使既得利益者根据阶层、地域、宗教、族群和政治利益的差别逐渐群体化，最终成为利益集团，这些集团获得私人物品或私人回报，也就成了腐败的同义词。

由此，本章接下来的内容主要聚焦于各级公职人员如何利用私人回报，也就是腐败，作为巩固自身权力基础的手段。需要指出的是，除去为了巩固执政基础而在核心支持者身上所花费的资源，当权者往往还会为自己或家族保留相当大一部分可供自由裁量的金钱或权力，通过裙带关系、任人唯亲等一系列手段，最高领导者及与其关系密切的群体也可能成为利益集团腐败的主体，也就是成为政治权贵型利益集团的一部分。

19世纪英格兰历史学家阿克顿勋爵曾在大量历史案例的研究基础上指出："权力，不管它是宗教还是世俗的，都是一种堕落的、无耻的和腐败的力量。"他对这种思想的另一种简洁明快的表述众所周知："权力趋向腐败，绝对的权力导致绝对的腐败。"[①] 这句话就一般意义上而言是正确的，然而，如果将腐败看作一种政治工具，那么它就忽略了另一部分的因果关系。这里的因果链条应该是双向的：权力

---

① Dalberg Acton, *Essays on Freedom and Power*, Boston: Beacon Press, 1949, p. 364.

导致腐败，而腐败也可能导致权力。正因为没有人能够独自统治，也没有单独个人具备绝对权力，所以将腐败作为政治工具换取支持者们的政治忠诚也就成为掌握公共权力的当权者获取和维系权力的一项可选手段。

对当权者而言，公共物品和私人物品的分配在实际操作层面需要考虑很多问题，也可能面对很多困难。因此，领导者或领导集体规避征收资源和进行资源再分配中的技术难题还可以采取另一种更加简单的方式，亦即允许支持者直接自我回报，这种容忍、放纵乃至鼓励实际上就是一种最大的特权。对某些领导者而言，腐败并不是什么需要根除的坏事，反而是一种很关键的政治工具。在一些国家，当权者默许甚至公然纵容腐败，或者一边大声疾呼打击腐败、一边容许腐败或轻描淡写地处理贪腐分子也是他们的惯用伎俩。事实上，授权给支持者自由收受贿赂，可以避免利益分配环节的很多难题，例如如何组织征收资源并将资源转让给其支持者。如果某些本已收获颇丰的利益集团是当权者的核心支持者，那么群体性自利自肥的腐败问题可能表现得更为明显。当权者手中所掌握的资源量和愿意为这些支持者所花费的资源量是能否维系支持者集团的重要因素，这些资源包括金钱、权力、地位和名誉。对于那些愿意充当支持者的人来说，给予其特权或其他政策好处很可能会增加其对当权者的政治忠诚；而政府本身所具有的私利性也可能吸引腐败的支持者加入阵营。既然执掌权力和巩固权力是政治领袖推行其政策不可或缺的要素，那么某些野心家就可能采取一切必要手段达到这一目标。历史上最有权力的领袖，比如查理曼、成吉思汗或彼得大帝，往往是只依赖少数核心支持者的独裁者，以现代性的视角来看，他们的政府本身就存在大量结构性、功能性问题，无论腐败行为本身是合法还是非法。

即使是在现当代采取选举制度的所谓自由民主国家，腐败在某些时候仍然是一种非常有用的政治工具。例如，集团投票在当前很多新生民主国家是普遍现象，过去在政党机器控制下的美国大城市也是常态，在"镀金时代"的纽约市，坦慕尼协会①操控下的街区会集体投票给民主党，而印度、南亚的许多其他国家和菲律宾的大量选区也遵循着与过去坦慕尼协会类似的模式。类似于家族政治，集团投票意味着一个由地方名流或乡绅组成的小团体可以统合整个社区投票，并借此为本集团换得极大的回报。这种集团投票表面上采取民主的制度形式，使它们看上去很像公开上市交易的企业，每个投票者或"股东"名义上都有投票权，但实际上所有权力集中在少数关键人物手中，他们控制着大量"股东"或村民的选票。集团投票导致理应具有规模庞大核心支持者的自由民主制度在事实上像独裁制那样运行，它使核心支持者和实际支持者的数量，也就是那些对当权者人选和权力地位具有实际影响力的人数大大少于一般支持者的剩余部分。②

传统观点认为，新生民主国家层出不穷的集团投票现象与这些国家根深蒂固的私人荫庇传统关系密切。③ 荫庇关系使选民在选举和改选过程中倾向于支持他们的政治庇护人，对他们而言，真正有价值的不是政党而是个人和家族。与此同时，这种荫庇关系又会进一步强化民主政治中所固有的政党分肥问题，不仅当权者将政府官职或其他好处作为酬劳分配给在竞选中出过力的本党党员和个人亲信，党员和个人亲信也更倾向于跟随、效忠领袖而非忠于国家和政党本身——无论是为了偿还政治人情，还是为了获取政治上的好处。正如缪尔达尔在详细考察了南亚地区政治发展状况后所言："贿赂官员被认为与古老社会的赠品和贡品没有什么差别。他认为，这种贿赂也与在任何社会层次附加在所给予的帮助上的恩惠没有什么不同。"④ 在阿富汗，

---

① 坦慕尼协会（Tammany Hall，因其总部而得名），也称哥伦比亚团（the Columbia Order），于1789年5月12日在美国建立，最初是一个全国性的爱国慈善团体，专门维护民主。尤其反对联邦党的上流社会理论；后来则成为纽约一地的政治机构（在某些著名的刑事案件中，有证据表明坦慕尼协会与犯罪团伙联手控制着纽约，比如查尔斯贝克案），并且成为民主党的政治机器。19世纪曾卷入操控选举丑闻，备受争议，1934年垮台。

② 孟向东：《荫庇腐败概念及危害》，《法制与经济》2011年第2期，第156页。

③ 同上。

④ ［瑞典］冈纳·缪尔达尔：《亚洲的戏剧：南亚国家贫困问题研究》，方福前译，首都经济贸易大学出版社2001年版，第162—167页。

收买一名选民的价格通常是 5 美元或 6 美元，而且由于存在大范围的投票欺诈行为，花钱收买选票甚至可能根本没必要。①

既然威权独裁国家（小规模核心支持者）和民主自由国家（大规模核心支持者）都存在利益集团腐败问题，那么在那些当权者家族自身就是其核心支持者和最为强势利益集团的国家，利益集团腐败问题表现得更为突出也就毫不令人感到奇怪了。

按照墨西哥威权政府时期的著名政客、曾长期担任墨西哥城市长的汉克·冈萨雷斯的说法："政治家如果一直很穷的话，说明他不擅长政治。"② 根据这一"高论"，最擅长政治的当权者也就是最"出类拔萃"的贪腐分子。从各国反腐历程来看，这些人物至少应当包括印度尼西亚的苏哈托家族、扎伊尔（现民主刚果）的蒙博托家族和菲律宾的马科斯家族。"透明国际"曾指控被《经济学人》杂志冠以"穷国者之工"名号的印度尼西亚前总统苏哈托侵吞了 350 亿美元的财产，③ 他的家属也通过各种各样的方式谋取私利，组成了一个庞大的商业王国。例如苏哈托的夫人提恩·苏哈托利用各种名目为她控制的几个基金会募捐，募捐来的钱她都提成 10%，这位夫人的名字"提恩"的发音同英文的"十（ten）"相近，因而被世人戏称为"百分之十女士"。另外，据说从 20 世纪 70 年代开始，印尼每出口一桶石油，与苏哈托家族有关系的部门就可以获得 1 美元的提成。④ 除了当事人自己，可能没人知道苏哈托家族所聚敛财富的确切数额，但是苏哈托所建立的威权政府依赖一批数量很少的核心支持者这一点早已被公之于众，而这也使得苏哈托本人和其家族在政治、经济领域掌握了巨大的自由裁量权。显然，腐败问题并未对苏哈托当政构成威胁：苏哈托在位超过 30 年，因健康状况被免于起诉。而曾在菲律宾长期

---

① 《阿富汗选票廉价 可大批量收买》，《纽约时报》2010 年 9 月 17 日。
② [美] 布鲁斯·梅斯奎塔、阿拉斯泰尔·史密斯：《独裁者手册：为什么坏行为几乎总是好政治》，骆伟阳译，江苏文艺出版社 2014 年版，第 199 页。
③ 李忠东：《腐败的苏哈托家族》，《检察风云》2015 年第 24 期，第 58 页。
④ 刘金源：《现代化进程中的腐败与反腐败——印尼难题及对中国的警示》，《人民论坛·学术前沿》2014 年第 7 期，第 28 页。

执政的马科斯家族敛财聚财的手段比起苏哈托家族有过之而无不及，前总统费迪南德·马科斯甚至还曾创造吉尼斯世界腐败记录，他的妻子，外号"政坛铁蝴蝶"的伊梅尔达·马科斯奢华成性，在近1/3菲律宾人每天仅靠1美元过活之时，她热衷于收藏珠宝和各类奢侈品，比如她收藏了2700多双高档鞋靴。在马科斯政权倒台后，伊梅尔达仅被没收的珠宝首饰就值2100万美元。①

理论上，当权者所掌握的自由裁量权意味着他或他们可以做出包括中饱私囊和任人唯亲在内的各种腐败选择，但并不是每一个掌权的人必然会像苏哈托那样贪婪，也有很多威权领袖和独裁者心存善意、具有公益精神、热衷于为人民谋福祉。但其中的问题在于，这些心存善意的当权者囿于既有利益诉求表达机制，难以真正了解普通民众的诉求，也难以受到普通民众的问责和约束。历史证明，依赖少数核心支持者上台执政、高高在上的当权者很难知道人民真正需要什么和什么才对人民真正有利，除非一国的普通民众能成为该国政权的核心支持者，并且通过有效的政治制度保障人民的主体地位。如若不然，就像苏共总书记赫鲁晓夫鼓动30万志愿者去西伯利亚种玉米一样，满腔善意最终很可能成为一场灾难。②

当前，学界和民众普遍倾向于认为减少利益集团腐败是一个可期的目标，一个通常的做法是加强立法，提高对腐败行为的惩罚程度。不幸的是，许多国家的实践已经证明这些做法很难达到预期目标，纸面上的法律条文往往难以被落到实处，例如本书开篇已经提到过的菲律宾。被誉为"东亚民主橱窗"的菲律宾拥有非常完善的廉政法律法规体系和廉政机构设置，在反贪污法院、审计委员会、独立调查处以及监察专员署等机构的监督下，《3019号反腐败行为法》《6713号共和法令》《6770号反贪调查员法令》等一系列反腐法令自20世纪60年代以来陆续颁布实施，但菲律宾的大规模集团腐败问题不但没

---

① 闻一、蔡力：《伊梅尔达：美丽和眼泪》，《东南亚纵横》2000年第9期，第15页。
② [美] 威廉·陶伯曼：《赫鲁晓夫全传》，王跃进译，中国社会科学出版社2009年版，第433页。

有被有效遏制，甚至愈演愈烈。根据菲律宾参议院公布的一份报告，2001 年由于腐败和管理不善，菲律宾政府预算共损失 950 亿比索，从 1988 年开始，菲律宾每天大约有 1 亿比索的公款被贪污。① 在 2014 年"透明国际"的清廉指数排行榜中，菲律宾只获得 38 分，在全部 177 个国家和地区中排第 85 位。②

当一国不存在顺畅的社会利益表达机制、利益整合机制或是各类利益集团之间的均衡博弈，无论是领导者还是其支持者都可能被腐败污染，倘若当权者不通过私人物品分配的方式换取少数核心支持者的政治忠诚，他们通常无法确保自身的权力地位。提高法律惩处力度无非是使当权者又多了一项惩戒其支持者的工具，改革者和揭发者则被以各种理由起诉，这种情况在全球范围内并不少见。西方媒体曾经报道，扎伊尔（现民主刚果）前总统蒙博托保留着本国政府内阁成员的所有腐败资料，而这些腐败成员却无一被起诉。在这种情况下，反腐败本身也就成了权力斗争的工具，加大对腐败的惩罚只会增加当权者针对其党羽的筹码，他们一方面允许或默许腐败，另一方面也通过监控核心层的腐败活动而有效管控其核心支持者。

由此可见，不从根源上切断腐败的政治工具属性而只试图通过颁布有针对性的廉政法律法规很难遏制腐败的蔓延，甚至常常让情况恶化。从腐败的政治工具属性出发，应对利益集团腐败的最佳方式是改变深层诱因，也就是扩大核心支持者和利益攸关者集团的规模，使当权者从向少数核心支持者提供私人物品或特权逐渐演变为向大量核心支持者提供无差别、非排他性的公共物品。如前所述，大规模核心支持者会使当权者试图向每个人提供私人物品的成本上升至无法承受的地步。在此情况下，直接向民众提供公共物品无疑是更为高效的选择。人类历史已经证明，腐败无法被根治，但相比少数核心支持者，大规模核心支持者确实能够遏制强势集团对公共权力的垄断，利益集

---

① 李文、王尘子：《亚洲国家和地区走出腐败高发期的条件与机制》，《政治学研究》2014 年第 3 期，第 82 页。

② "透明国际"官方网站，http://cpi.transparency.org/cpi2014/results/.

团腐败的概率也相对较低。即便当权者本身就是依靠腐败上台执政，他们也可能在表面上推进反腐，采取立法或行政手段检控腐败行为，但这些措施很可能只是门面功夫，背后的利益交换一如既往，甚至成为用来对付政敌的武器。但是，假如能让领导者对更多的人负责，政治过程就具备了成为良好理念间竞争的现实可能性，而不再是贿赂和腐败的竞争。从理性经济人的视角来看，当权者很可能更倾向于依赖小规模核心支持者集团，而不愿意对普罗大众负更多责任，因为这将减少他们的自由裁量权，也会在减少他们既得利益的同时增大执政风险。毕竟，正如前文所分析过的，大规模核心支持者对当权者的忠诚度往往低于小规模支持者群体，更不用说支持者数量的增加还可能使他们更能容忍其他竞争者对当权者的权力威胁。当然，不管当权者自身是否存在扩大核心支持者规模的动机，相比于依赖大规模核心支持者的领导人或领导集团，依赖小规模核心支持者上台执政的当权者更倾向于将腐败作为拉拢其支持者的手段和工具。从根本上说，这些国家的利益集团腐败只是当权者为核心支持者所提供的具有强烈排他性和竞争性的私人物品而已，这是其与个体腐败的关键差别，也正是腐败作为一种政治工具和特权的题中之义。

第三章　权力结构、国家治理能力与利益集团腐败

　　权力是指特定主体凭借某种优势,对社会或他人施加影响、调控和支配的强制力量,它起源于维护社会公共利益和社会公共生活秩序的需要,因而在本质上是一种凝聚和体现公共意志的力量,是人类社会和群体组织有序运转的指挥、决策和管理能力,但公共权力在实际操作环节需要面对一个棘手问题:权力的所有者和行使者分离,一部分人代表公共权力的所有者即全体社会成员行使公共权力并管理公共事务。这种状况也使权力本身具有易腐性:权力可能导致腐败,而腐败也可能导致权力。正如前文所论述的,各级公职人员可能利用手中所掌握的公共权力谋取私利,或将腐败作为一种有用的政治工具,以提供私人物品和特权的方式换取核心支持者的政治忠诚,后者是利益集团腐败生成的重要原因。启蒙运动时期,孟德斯鸠从掌权者的角度论述了权力的这种腐败特性:

　　　　任何拥有权力的人,都易滥用权力,这是万古不易的一条经验。有权力的人们使用权力直至有界限的地方才休止。①

　　那么,权力的界限在哪里?什么样的权力结构才能防止当权者滥用权力?这也正是自古典时代以来政治学家不断探究的问题。根

---

① [法]孟德斯鸠:《论法的精神》(上卷),许明龙译,商务印书馆2012年版,第185页。

第三章 权力结构、国家治理能力与利益集团腐败

据委托代理理论，在民众向当权者和政府委托授权治理国家的代理关系中，需要通过充分反映委托人利益和意志的宪法、法律的形式构建完善的制度体系，明确代理人的利益、责任和代理行为方式（以公开透明为特点）等契约内容，这也是衡量一国权力结构完善与否的核心标准。由于信息的不对称和权力本身自利趋腐的特征，需要设计严格的监管制度尽力抑制代理人为一己私利而损害委托人利益的行为，尽量发挥代理人的代理效用以促进公共利益的实现。否则，权力可能无限膨胀，作为谋利手段和政治工具的腐败就难以避免。由于一定时期内社会的资源总量有限，利益紧张关系难以避免，一旦制度体系本身存在漏洞，腐败现象高发，对普通民众而言就意味着大量社会资源被当权者中饱私囊或以私人物品的形式分配给少数核心支持者，使他们成为依赖腐败为生的特殊利益集团，而用于公共福利的公共物品供给则会被极大地压缩或相对压缩，利益分配不均问题将愈演愈烈，这就背离了人民授予当权者公共权力和设置公共权力机构的初衷。换而言之，由于权力的强制性、不对称性、趋利性和可交易性等固有特征，公共权力一旦失去制约和监督，就可能偏离正常轨道，非但不能实现善的公共治理目标，反而会展示其暴力性、专制性和贪腐性等"恶"的品性，最终危害公共利益，甚至造成严重的社会灾难。

美国前总统小布什在2002年的国庆演说中对权力结构及其具体表现形式，也就是法律和制度，遏制权力腐败的逻辑作出了形象诠释：

> 人类千万年的历史，最为珍贵的不是令人炫目的科技，不是大师们浩瀚的经典著作，不是政客们天花乱坠的演讲，而是实现了对统治者的驯服，实现了把他们关在笼子里的梦想，因为只有驯服了他们，把他们关起来，才不致害人，才不会有倚强凌弱，才会给无助的老人和流离失所的乞丐以温暖的家。我就是在笼子

里为大家演讲。①

事实上,小布什的话并不完整,因为法律和制度既可以被比作"笼子",也可以被比作聚光灯下的"舞台"。因为除了限制权力的作用之外,也正是以法律和制度为具体表现形式的权力结构赋予了领导者或领导集团执掌权力的合法性,使他们能够名正言顺地治理国家。比起当权者无法无天地使用权力,明文规定的法律条文和制度框架至少能够降低权力运行的腐败风险,为权力设限。就利益集团腐败的生成机理而言,完善的政治权力结构架设有助于遏制利益集团腐败,而权力结构中存在的缺陷却可能使利益集团腐败问题无限放大。

不仅如此,权力结构与政治制度还与一国的国家治理能力关系密切。受制于确保权力和运作权力的固有逻辑,失衡的权力结构和肆虐的利益集团腐败可能导致严重的政治危机,继而威胁一国政治体制的稳定性,甚至可能引发政权更迭和既有政治权力结构的全面崩溃。而当权力结构使国家具备比较有效的治理能力时,当权者和利益集团在很大程度上能够受到控制,通常不至于越俎代庖,使自身的权力运作行为发展到凌驾于政治制度之上的程度。

关于政治制度的重要性,美国腐败问题研究专家约翰·沃利斯认为:

> 对于发展中国家的腐败问题存在一种观点,亦即发展中国家

---

① 事实上,关于这篇演说的出处、真伪和翻译精准程度,社会各界一直众说纷纭,笔者认为就权力制约这一核心论点而言,无论真伪,这段话都说得相当精彩。另外,译文还是比较精准地还原了原文的意思。原文备注如下:"Through ages, the most precious reward of and for the mankind has not been a vast canon of masterpieces, fascinating technologies, or hallucinatory political speeches, but the taming of the rulers, and the realisation of a shared dream to have put them in cages. It is only by locking them up that the rest are in peace: the poor guaranteed free from bullying, the old taken care of, the hungry fed, and the homeless roofed. It is only behind bars where the rulers shall stay both tractable and unharmful, and where I, as of the moment, am talking to you all." 引自《乱弹小布什"笼子演讲"翻译问题》,中国日报网,http://language.chinadaily.com.cn/columnist/2013-01/28/content_16179983.htm.

之所以贫穷，是因为它们的政府官员的经济腐败。因此，只要保证官员正直无私，政策正确到位，那么经济增长就能得到长久保障。但一个更为现实而且更为悲观的观点却是：发展中国家一直难以逃离开制度腐败。这些国家受到政府的困扰，因为它们的政府总是制度性地操纵着经济，来获取经济租金，并将这些经济租金进一步用于巩固那些实权在握的权贵和帮派的政治利益或增进这些利益。这绝非个人道德败坏之类的问题那么简单，更为根本的问题在于，这些社会的政治制度存在重大缺陷，而这却是一个社会的生存之本。[1]

本章将重点分析一国的权力结构、制度架构与利益集团腐败间的关系，共分三节：第一节探讨以政治制度安排为具体表现形式的权力结构，继而分析政治制度与国家治理能力的关联性；第二节研究不同层次的政治制度安排对国家治理能力强弱和当权者执政基础的影响，介绍不同层次政治制度安排的一般特征和政治后果；第三节在前两节的研究基础上提出权力结构的"4W"要素，从四个方面具体阐释权力结构与利益集团腐败的关系。

第一节 权力结构的政治逻辑

一 权力结构与政治制度

权力趋腐、人性自私，这是对公共权力本体和公职人员人性特点所作的抽象的、静态的描述，可以说也是作为腐败根源的公共权力和公职人员的固有基因，反映的是这二者所具有的潜在特质。正因如此，公共权力的存在和运行需要依赖并受制于特定的权力结构。

概括地说，权力结构是指权力的配置及各权力主体之间的相互关系。权力结构的核心要素毫无疑问是权力，权力本身又可以被划分为

---

[1] [美] 爱德华·格莱泽、克劳迪娅·戈尔丁主编：《腐败与改革——美国历史上的经验教训》，胡家勇等译，商务印书馆2012年版，第89页。

权力主体和权力关系两方面内容。权力主体通过权力关系发挥权力所具有的固有属性，同时也以权力关系为纽带形成不同的权力结构配置。从系统论的视角来看，权力结构具有较为鲜明的层级性、嵌套性特征，每一层级的权力结构都可称为上一级的"子结构"或者"次结构"，不同层次的权力结构对国家的整体影响效果也存在差异。权力结构的这种特征也说明，在任何领域权力结构的存在、发展和转型都会受到其他权力结构的影响和制约，并且与经济、社会制度等存在密切的互动关系。换言之，权力结构需要通过具体的制度安排和法律法规体现出来。在一个国家的政治生态中，合理安排公共权力结构是国家治理的一项重要任务，也是构建廉洁政治的关键环节。

周永坤在《权力结构模式与宪政》一文中指出：只有从权力内部对权力进行分解，并在此基础上建立一个稳定的、相互制约的权力体系，以权力之间的关系来制约权力，"以强制对付强制"，才能有效地控制权力。[①] 换言之，要想实现对大规模利益集团腐败的有效监督，只有将权力制约问题转化为权力结构配置问题，才能从根本上实现对权力的约束。对遏制腐败的政治工具属性来说，实现高效权力结构配置所面临的首要任务是防止公共权力的私有化和公职人员以权谋私；其次，也需要明确不同种类公共权力之间的边界，防止权力之间的相互侵犯，使权力边界的划分最大限度满足公共利益的需要。如前所述，为了达到以上目标，西方国家在构建所谓"平衡政府"、探索权力结构高效配置的实践过程中主要遵循两项基本原则。

首先，权力结构架设应当在实际操作层面而非理论上保证任何权力都出自人民。人民是赋予公共权力的唯一主体，普通民众应当有能力在既有权力结构的框架下实现对权力的掌控和对权力运行过程的监督纠偏。在一国中人民很难作为一个整体运用公共权力，因而以人民作为"委托人"，授权政府和公职人员作为"代理人"运用权力难以避免，在这种情况下，为了保障人民的根本权力主体地位，需要将权力分散地授予不同主体。换言之，只有分散的权力才能避免出现一个

[①] 周永坤：《权力结构模式与宪政》，《中国法学》2005 年第 6 期，第 3 页。

凌驾于人民之上的、集中一切权力的权力主体，因为所谓"人民"本身只是虚指和泛称，通过设置相关政治制度和法律法规，每一名弱小的普通人才能作为"人民"进行统治。在法治成为各国政治发展通则的当下，实现权力结构均衡配置的典型方式是设置一部人民制定的、权力分散的宪法，修宪只能是人民的行为，而除了人民之外的任何层级的权力主体只是作为人民的"代理人"存在，因而不允许拥有修改宪法的最终权力。

其次，就权力关系而言，由于权力结构存在层级性和嵌套性特征，所以需要特别注意在权力结构的设置中防止出现绝对的、单向的上下级关系和命令服从关系。一旦产生这种权力的支配关系，下级权力主体只对上级权力主体而非对人民本身负责，权力的滥用和日益集中就难以避免。更为严重的是，权力集中最终可能导致某一权力主体执掌着近乎绝对的权力，而这种绝对权力的产生也就意味着人民因为失去了可以仰仗的权力手段而无法与之抗衡，人民的主权地位就在事实上被这一绝对权力的主体所替代。同理，当出现一个近乎绝对权力的时候，权力结构和其他各类权力主体只会成为它垄断权力、实现一己私利的工具。

综上，一套完善的权力结构设置需要满足分散权力主体、保障权力关系的交互性两大原则，而在实际操作层面，这两大原则需要在特定的法律条文和政治制度架构中体现出来，因而在政治学领域，制度本身也就成了公共权力结构的一种具体表现形式。

根据奥斯特罗姆的经典理论，制度是作为工具的规则，用于"规定、禁止和许可"人的行为。[1] 制度经济学权威诺斯也认为，制度是一个社会的游戏规则，更正式地说是人为设计的用于规范人们互动行为的约束条件。[2] 奥斯特罗姆和诺斯都相信人是理性人，会在制度约束条件下追求利益的最大化，而制度通过规定人类互动的游戏规则，

---

[1] Enlinor Ostrom, *Governing the Commons: the Evolution of Institutions for Collective Action*, Cambridge University Press, 1990, p. 5.

[2] [美] 道格拉斯·诺斯：《制度、制度变迁与经济绩效》，刘守英译，上海三联书店1994年版，第22页。

给定理性人之间互动的激励与约束条件,从而决定了人的行为。以这样的视角来看,政治制度是人类在政治领域的游戏规则,规定了政治行为者——也就是当权者与三类支持者集团——的政治游戏规则,也给定了相关主体之间互动的激励与约束条件。因此,在任何一个国家,政治制度都会决定和塑造政治结果,而这又直接关系到国家治理能力的高低。

20世纪中叶的行为主义革命之后,政治制度在西方政治学研究中的地位出现了下降的趋势,但这并不意味着政治制度变得不再重要。1984年,马奇和奥尔森关于新制度主义的论文认为:"政治制度具有更为自主的作用",他们呼吁学术界重视对政治制度的研究,"我们认为政治制度具有相对的自主性和独立的作用","政治不仅仅是社会的反映和个人行为的加总效应","制度化的规则、规范和标准运行程序"会对权力结构和政治行为产生重要影响。在论述政治行为与政治制度的关系时,马奇和奥尔森的观点是:"政治行为不仅依赖于经济社会条件,也依赖于政治制度的设计。"[1]

近年来,政治制度的重要性受到了国际学界越来越多的关注。萨托利、利普哈特、戴蒙德、诺里斯等很多学者都认为,政治制度安排的不同很大程度上决定了一国权力结构的质量以及能否在维系政治稳定的前提下实现成功的政治发展,而在本书的研究框架中,政治制度安排之所以重要,是因为它根源于一国的权力结构安排并直接关系到国家治理能力的高低,并在此基础上进一步影响当权者进行利益分配的手段和方式,包括所分配资源的总量以及私人物品、公共物品在其中所占的比重,而这也正是衡量利益集团腐败严重程度的重要标准。

需要说明的是,缘于权力结构和政治制度在一定时期内的静态特征——权力结构和政治制度的实际执行者仍然是作为个体的人——单凭制度本身无法遏制腐败,但却可以通过提升国家治理能力,间接地对作为政治工具的腐败进行有效的事前遏制和事后惩罚。权力结构体

---

[1] James March, Johan Olsen, "The New Institutionalism: Orgnizational Factors in Political Life", *The American Political Science Review*, Vol. 78, No. 3, pp. 734-749.

系和国家治理能力是一个相辅相成的有机整体,完备的权力结构体系能使利益诉求表达渠道更为畅通、利益整合机制更为健全,最终也可以使社会范围内的利益分配更为均衡,而这也是提高国家治理能力的前提。反过来,提高国家治理能力才能充分发挥权力结构体系的效能,权力结构本身不是目的,只是规范权力的手段。就利益集团腐败而言,如果将它比作疾病,那么权力结构和政治制度则是人的身体,而国家治理能力就成了抵御疾病的免疫细胞,国家治理能力的强弱取决于权力结构和政治制度的完善与否,正如同免疫细胞抗击病患的能效取决于人体的健壮程度。

二 权力结构与国家治理能力

在西方学界,国家治理能力的概念基本与国家能力概念等同,但关于其定义学界并未完全达成共识。当代国家主义学者倾向于把国家能力这个概念与国家自主性联系在一起。斯考切波认为,国家治理能力是指面对力量强大的社会组织实际的或潜在的反对时,国家执行其正式目标的能力。[1] 米格代尔在研究第三世界国家时指出:国家能力是指国家领导层"通过国家的计划、政策和行动来实现其改造社会的目标的能力",国家能力包括"渗入社会的能力、调节社会关系、提取资源,以及以特定方式配置或运用资源四大能力"。[2] 而蒂利则认为,国家治理能力是"国家执行其政治决策的能力"。更具体而言,"国家治理能力是指国家机关对现有的非国家资源、活动和人际关系的干预,改变那些资源的现行分配状态,改变那些活动、人际关系以及在分配中的关系的程度"。[3] 在中国,十八届三中全会审议通过的《中共中央关于全面深化改革若干重大问题的决定》首次在国家文件

---

[1] Theda Skocpol, "Bringing the State Back in: Strategies of Analysis in Current Research", in *Bringing the State Back In*, Cambridge University Press, 1985, pp. 3–38.

[2] [美] 乔尔·米格代尔:《强社会与弱国家》,张长东等译,江苏人民出版社2009年版,第5页。

[3] [美] 查尔斯·蒂利:《民主》,魏洪钟译,上海人民出版社2009年版,第14—15页。

的层面明确提出,全面深化改革的总目标是"完善和发展中国特色社会主义制度,推进国家治理体系和治理能力现代化",①国家治理能力也成为各方关注的焦点。在中国,国家治理能力主要指运用国家制度管理国家事务和社会事务、管理经济和文化事业的能力,也就是制度执行力,这种能力体现在改革发展、内政外交、国防和治党治国治军等各个方面。

尽管国内外学者对国家治理能力这一概念的界定存在差异,但多数学者都认为国家能力与政府能力(government capacity)是近似的概念,因为政府及其中的公职人员作为公共权力的"代理人",就是国家权力的主要载体和代表。按照马克斯·韦伯的定义,国家是在一定地域范围内对暴力实行合法垄断的机构,②而实际垄断暴力的机构就是政府。中国学者王绍光在研究中强调"有效政府"和"政府能力"的概念。他认为,政府有6项最重要的职能:对暴力的合法使用实施垄断;提取资源塑造民族统一性和动员群众;调控社会和经济;维持政府机构的内部凝聚力;重新分配资源,这6个方面衡量的都是政府能力。③汉密尔顿早在200年前就指出了政府能力的重要性,他指出:"政府的力量是保障自由不可缺少的东西",因此需要保证"政府的权能和效率","政府的能力,对于防御国内外威胁,对于迅速而有效地执行成为一个良好政府的定义的组成部分的法律是必不可少的"。因此,在汉密尔顿看来,一个有效的政府是本国确保自由和实现繁荣的必要条件。他尤其重视行政部门的作用,认为有效的国家能力的关键是拥有一个强有力的行政部门:

> 决定行政管理是否完善的首要因素就是行政部门的强而有力……软弱无力的行政部门必然造成软弱无力的行政管理,而软

---

① 《中共中央关于全面深化改革若干重大问题的决定》,人民出版社2013年版,第3页。

② [德]马克斯·韦伯:《学术与政治》,冯克利译,生活·读书·新知三联书店1998年版,第55页。

③ 王绍光、胡鞍钢:《中国国家能力报告》,辽宁人民出版社1993年版,第6页。

弱无力无非是管理不善的另一种说法而已；管理不善的政府，不论理论上有何说辞，在实践上就是个坏政府。①

汉密尔顿甚至还总结了"使行政部门能够强而有力"的必需条件，即"统一"、"充分的法律支持"以及"足够的权力"。②

关于影响国家治理能力的因素，西方学界的观点也呈现出多元化趋势。比如蒂利认为，国家间持续的军事政治竞争会推动国家构建（state building），从而塑造有效的国家能力。此外，资本、城市和市场力量的发展也影响着国家构建和国家能力的塑造。③ 米格代尔则认为，强国家兴起的必要条件是削弱既有的社会控制，而大规模社会混乱往往有助于削弱社会控制，因此，大规模社会混乱之后兴起的国家往往更有能力对社会实行集中控制。他认为强国家兴起的充分条件包括：世界历史提供的有利时机、外部军事威胁、发达的官僚体系、正直领导阶层的领导力，等等。④ 这两种具有一定代表性的观点强调的都是一个国家内部的经济社会条件或国际竞争环境对国家能力的塑造，毫无疑问，这些观点都有各自的解释力，但这些学者的观点并未过多涉及特定权力结构体系和政治制度安排对塑造国家能力的重要影响。对于一个特定的国家而言，国家构建的过程构成了该国政体创建和运行的背景条件，而一国政治制度安排对国家能力高低的影响则更为直接和重要。

在 20 世纪八九十年代国家理论兴起之前，一国政治制度是否与国家治理能力相关的问题并未受到广泛关注。当时的西方政治学者所公认的观点是：要想构建完善的权力结构体系、提升国家治理能力，推行民主制度不失为一项良策。换言之，他们认为民主是一种允许政

---

① ［美］亚历山大·汉密尔顿等：《联邦党人文集》，程逢如等译，商务印书馆 1995 年版，第 151 页。
② 同上。
③ ［美］查尔斯·蒂利：《欧洲的抗争与民主：1650—2000》，陈周旺等译，格致出版社 2008 年版，第 48—50 页。
④ ［美］乔尔·米格代尔：《强社会与弱国家》，张长东等译，江苏人民出版社 2009 年版，第 12 页。

治参与和政治竞争的制度安排,因而本身就具有监督、平衡当权者及其他权力主体的能效。但事实上,政治参与和政治竞争虽有助于约束各权力主体,但其本身难以塑造或强化国家能力。传统的民主主义者通常还把民主与政治分权的制度安排联系在一起,认为标准的自由主义民主政体意味着在权力结构中实行横向分权和纵向分权,前者指同级政府体系中行政权、立法权和司法权的三权分立与制衡,后者指中央和地方政治之间的权力分立与制衡。此外,他们还强调宪政主义和有效政府的原则,而这两者重视的实质都是政治权力的限度而非其效能。美国政治学家达尔把这种强调政治竞争和分权制衡的思想传统称为分权主义(decentralism)观点。①

然而,这种过分强调政治竞争与分权制衡的权力观忽略了一旦出现严重的利益分配不均、政治冲突、社会分裂或利益集团腐败,权力主体将如何对其进行有效治理(effective governance)这一关键问题。尽管施密特(Philippe Schmitter)等传统民主主义者也承认民主本身并不意味着有效治理或强国家治理能力,②但从腐败的政治工具属性角度而言,如果民主无法实现有效治理,当权者与其核心支持者之间的私人物品分配就会有恃无恐,一旦出现难以被遏制的利益分配失衡和大规模利益集团腐败现象,民主政体的价值就会受到质疑,甚至民主政体能否存续也成了未知数。戴蒙德据此认为,推行民主未必意味着有效治理,民主制度内部本身就存在代表性与治国能力的冲突。③

随着20世纪80年代国家理论(state theory)④的兴起,对权力结

---

① [美]罗伯特·达尔:《多头政治》,谭君久等译,商务印书馆2003年版,第118—137页。

② Philippe Schmitter, "What Democracy Is...and Is Not", *Journal of Democracy*, Vol. 2, No. 3, 1991, pp. 75 – 88.

③ Larry Diamond, "Three Paradoxes of Democracy", *Journal of Democracy*, Vol. 1, No. 3, 1990, pp. 48 – 60.

④ 当代典型意义"国家理论"的代表作是美国政治学家约拉姆·巴泽尔的《国家理论》,该书对国家的诞生以及使之定型的力量进行了建模,认为国家产生的根源在于保护需求:专职保护者,亦即统治者,是有效率的,亦是自利的。只有当个体创建了控制统治者的机制之后,才会具备统治者。有组织的保护所衍生出来的枝叶,就是法律体系和决策程序。由此,早期的"自然国"就会渐渐演进为一个法治国。

构和国家治理能力研究的重点也发生了变化,过分强调以政治竞争和分权制衡为核心的政治制度来约束各权力主体的观点开始遭到质疑。一些学者主张在政治制度的研究中把国家能力因素考虑进来。如果缺少足够的国家能力,一国就难以实现有效治理,无论是何种政治制度都很有可能退化为四分五裂的党阀恶性竞争和赤裸裸的利益集团博弈,从而使政治制度失去保障其自身稳定的手段。

米歇尔·布朗在对族群型利益集团冲突进行了长期研究之后认为,有两个原因直接导致族群冲突的发生:首先,两个或几个族群共处于一个国家并进行密切的互动,而非相互隔离,这是族群冲突的前提;其次,该国国家治理能力的有效性不足。换言之,国家缺乏有效的治理能力和治理手段,无力控制和缓解族群间日趋扩大的利益分配不平衡,以至于最终酿成族群冲突的惨剧。[1] 20世纪90年代以后,许多非洲国家在民主转型的同时"经历了暴力冲突、战争和族群屠杀的重大危机",对于这些严重问题,卡瑟尔姆(Preben Kaarsholm)认为,这与非洲大陆的政治发展经历和政治文化有关,而政治发展经历和政治文化又都指向一个关键问题:国家失败(state failure)或国家崩溃(state collapse)。[2] 当国家失败时,国家能力随之瓦解,国家自然无力控制族群或其他类型的利益集团通过各种合法或非法、和平或暴力手段扩展其权力。另一些西方学者则干脆认为,持续不断的大规模显性或隐性的利益分配不均衡问题本身就是失败国家的基本特征。在这样的国家,谈不上国家能力的问题,作为政治工具的腐败既然已经成为一种人们习以为常生活方式,也就谈不上如何去控制腐败。

事实上,对政治权威和国家治理能力的强调在西方政治思想史中早有先例,这方面的研究可以一直追溯到霍布斯和其他近代思想家。在霍布斯看来,任何一个国家首先要有能力防止"一切人对一切人的

---

[1] Michael Brown, "Causes and Implications of Ethnic Conflict", in *The Ethnicity Reader*, Polity Press, 1997, pp. 92 – 109.

[2] Preben Kaarsholm, "States of Failure, Societies in Collapse? Understanding of Violent Conflict in Africa", in *Violence, Political Culture and Development in Africa*, Janmes Currey, 2006, pp. 1 – 24.

战争"状态，缺乏这一最基本的政治能力，任何制度的建立都无从谈起，政治上的混乱不可避免，而主权者越是强大，就越有能力维持国家的稳定状态，人类必须依赖"利维坦"才能够生存下去。① 以汉密尔顿为代表的美国联邦党人也认为，政府为了实现有效的统治，必须获得权能和效率。他们对当时四分五裂、利益对立严重的美国邦联开出的药方是建立一个强有力的中央政府，这也是对国家治理能力的一种强调。

就利益集团腐败的生成机理而言，本书赞同白芝浩（Walter Bagehot）的观点：任何一个国家首先必须获得权威，其次才是运用权威，而获得权威的关键在于政体。② 无论具体实行何种政治制度，无论权力结构体系架设多么合理完备，权力本身的趋腐性都会使腐败无孔不入，而一旦腐败现象发生，能否实现有效治理就成为一国权力结构效能的关键。

第二节　不同层次的权力结构安排

既然权力结构与国家治理能力关系密切，那么，哪些权力结构安排有助于国家提升治理能力呢？借用汉密尔顿的说法，怎样的权力结构能够使得国家实现"统一"和"稳定"，以及拥有"充分的法律支持"和"足够的权力"呢？这个问题并没有简单的答案。首先需要说明的是，权力结构和具体的政治制度安排是一个复杂的系统——这个系统由不同功能、不同层次的规则、机构、程序和惯例共同构成，因而没有某种政治制度能够单独决定国家治理能力或政府能力；另外，不是所有政治制度的政治效应都是一样的，权力结构中的少数关键环节和一些特定的政治制度比其他要素更为重要，对国家治理能力或政府能力的影响更大。

---

① ［英］托马斯·霍布斯：《利维坦》，黎思复等译，商务印书馆1985年版，第92—97页。
② ［英］沃尔特·白芝浩：《英国宪法》，夏彦才译，商务印书馆2005年版，第42—53页。

总体而言，有几个层次的权力结构安排直接影响一个国家在既有政体下的政治运行状况。首先，关于选举、投票或其他领导者选择方式的制度安排，其核心是关于个人和集团如何进行政治参与的规定，涉及谁是政权的核心支持者、现政权支持者如何表达他们的需求、政治席位如何分配等关键问题。这些问题的答案直接关系到普通民众的政治参与行为，也关系到政治家和政党及其他各类利益集团的政治参与行为，更关系到政治、经济等各种利益的分配，从而深刻影响利益集团在一国权力结构中的地位和其能够发挥的作用。关于当权者执政根基的制度安排也规定了一国政体下政府与社会之间的互动方式，即社会的政治力量是以何种方式作用于政府体系的。其次，关于政治决策的制度安排。如果说政治是关于"谁得到什么？何时和如何得到？"的话，那么关于"谁来做出政治决策？以及如何作出决策？"就是最重要的制度安排之一，也是各级领导者和利益集团运用权力的关键，这方面的政治制度安排涉及已经获得政治席位的政治家和政党如何进行竞争与合作的问题，规定着政府体系内部诸种政治结构和政治力量的关系。最后，关于一个国家内部不同行政区域之间的政治关系，以及这些地方行政区域与国家或中央政府之间政治关系的制度安排。它涉及的是国家性（statehood）问题，也就是中央和各地区在整体国家建构中的权重，就利益集团类型而言，地域型利益集团和族群型利益集团受其影响最深。

以上三个层次的权力结构安排都将对政府治理能力的高低产生直接影响，可以按照具体政治制度的差异进一步分三个层次进行分析。一是纵向的政治制度安排，最重要的制度安排是中央和地方的政治分权关系。如果中央政府没有能力维持地域、族群间利益分配的平衡，无力维护国家统一或是民族团结，国家性就会遭到挑战，各级领导者更可能倾向于使用私人物品拉拢地方权贵以确保自身的权力地位。从理论上说，中央—地方权力结构安排不外乎联邦制、邦联制、单一制等少数几种政治制度，但中央和地方之间实际的政治分权安排可能更为重要，不合理的政治分权安排可能使中央或地方政府内部出现获利者与受损者差别扩大的二元分化现象，也会增大利益集团在政治运作中的权重。二是政府—社会关系方面的政治制度。这一层次最重要的制度安排是选举制度或是任何其他能够决定领导者人选的显性或隐性制度。另外，选举制度也直接影响政党制度。在实行普选制度的民主国家，如果行政机关无法获得多数派政党的地位，就可能造成政府能力的低下。因此，不同选举制度对政府能力的政治效应存在很大差别。而对那些没有实行选举制或事实上没有完善的选举制度的国家来说，关于领袖继承权或明或暗的规定同样非常重要，缺乏这方面的制度约束，可能导致这些国家内部出现利益集团及其代理人之间激烈的争权夺利现象，由此所导致的内部混乱将大幅削弱国家治理能力。三是政府体系内部横向的政治制度安排。在政府体系内部，最重要的制度安排是立法权、行政权和司法权的关系，特别是立法权和行政权的关系。从当代各国的政治实践中不难发现，议会制、总统制抑或半总统制等各项制度都会深刻影响国家治理能力的强弱。

三个层次的权力结构安排并不是互相独立的，而是存在着内在的政治逻辑关系，符合公共权力沿国家—社会—政府这三个由外而内的层次进行聚合，最终影响政府能力的逻辑过程。从两个极端上的理想类型来说，如果纵向的制度安排不利于强化中央政府维持国家统一、平衡中央和地方各利益集团的权力和能力，如果政府—社会层面的制度安排不利于形成多数派政党或多数派政党联盟的政府、无法维系稳定的领袖继承制度，如果政府内部的横向制度安排不利于行政权、立法权和司法权之间的政治合作，国家治理能力就会被削弱至极低的水平，反之亦然，完善的各层次权力结构安排能够大幅强化国家治理能力。当然，这里的论述只是强调了两个极端的理想类型，实际的政治制度安排的组合要复杂得多。

一 中央、地方之间的纵向权力结构安排

在历史上，由地域型利益集团所引发的大规模集团腐败并不少见，这种情形一旦发生，会对一国政体的权威及合法性造成严重影响。从宏观视角来看，这种地域型利益集团的产生通常有两个互相关联的背景，首先，该国作为一个现代国家的构建尚未完成，中央政府

权力比之于旧有体制的各利益集团并未占据压倒性优势；其次，该国存在复杂的族群、宗教和文化多样性，社会严重分裂，利益分配在长期的历史发展过程中根据地区差别可能存在比较严重的不均衡现象。倘若在这些国家推行比较激进的民主改革，政治参与和政党竞争往往会演变为不同族群、宗教和文化集团的政治动员与政治对抗，甚至导致严重的分离主义运动。另外，如果中央政府相对于地方政府的政治权力和资源控制能力较强，当权者就可能无须采取私人物品分配的手段拉拢地域型利益集团，虽然作为替代，核心支持者可能由各地区集中于中央政府内部，但在巩固领导者或领导集体执政根基的同时，国家分裂和内战的风险至少会大大降低。因此，能否强化中央政府维持国家统一的能力对塑造高效的国家治理能力、遏制利益集团腐败格外重要。

一般而言，学术界比较重视联邦制和单一制这两种央地关系层面的制度安排对国家治理能力的影响。现代国家权力结构的两个基本事实是，一方面必须实行某种程度的中央集权，否则就不称其为一个国家，另一方面必须实行某种程度的地方分权，否则就无法治理。联邦制和单一制在"中央集权—地方分权"这个谱系中处于不同的位置，是关于权力层级化和权力平面化的不同选择。联邦制的基本特征是中央政府和地方政府同时从宪法中获得主权或政治权力，"在多个中心之间进行基本的权力划分……而不是由单一中心或从一座金字塔的顶端将权力下放"。[①] 而在单一制下，只有中央政府拥有主权，地方政府则依赖中央政府的授权，因此，与联邦制相比，单一制下的中央政府往往拥有更为强大的政治权力和资源控制能力。

尽管如此，与联邦制和单一制这样符号化的类型区分相比，中央和地方之间实际的政治权力配置可能更为重要。20世纪联邦制国家的一个基本趋势是中央权力日渐增强，但在提升国家治理能力方面地方政府仍掌握较强主动性，因而中央和地方之间的实际政治分权安排

---

① ［美］阿伦·利普哈特：《民主的模式：36个国家的政府形式和政府绩效》，陈琦译，北京大学出版社2006年版，第135页。

更为关键,采取联邦制的不同国家的实际政治运行状况可能存在极大差别。比如在18世纪的英格兰,虽然封建制本身并未发生根本改变,传统的地方贵族和地方政治领袖在理论上具备较强的权力,但由于议会由国王统领、由国王所信任的大臣来组织、由与王室关系密切的公司凭借王室特许权来筹资、由国家债务来协调,英格兰的政治经济权力高度集中,由此形成的以王室和大贵族为首的利益集团近乎使英格兰政府形成了事实上的一元专制体制。与此相反,在当时看似中央集权的法国,各省的议会反倒是具备更为巨大的政治影响力。而在20世纪初美国的"进步运动"期间,遏制联邦政府腐败最为关键的变革之一则是从制度上允许自州政府以下的地方政府广泛采用地方自治和授予地方政府特许权的新方法,这种地方政府的权力扩张赋予了原本处于弱势的地方选民一种新能力,使其成为地方政府的实际支持者,具备直接影响地方政府政策的可能,也使地方政策与当地多数民众的需求相适应,以此平衡中央权力的扩张。

当前,学界关于究竟是联邦制还是单一制能够更好地提升国家治理能力并未达成共识。利普哈特认为,对于一个高度分裂的社会,联邦制或权力分享的制度安排更能够包容和适应族群、宗教与文化的多样性,消弭利益分配的差异,从而提高政治适应能力。[1] 但是,霍洛维茨(Donald Horowiz)却认为联邦主义会强化或激化族群冲突,从而更容易弱化中央政府的能力,使当权者用以换取地方权贵忠诚的成本大幅增加,甚至诱发国家分裂。[2] 安德森(Lawrence M. Anderson)也赞成这一观点,他指出,联邦制会给予本地区的当政者以更多资源去支持分离主义运动,显著削弱中央政府对于地区政治的控制,从而"激发地区独立的渴望"。[3]

此外,还有一些重要却被现有研究忽视的制度变量也可能深刻影

---

[1] [美]阿伦·利普哈特:《民主的模式:36个国家的政府形式和政府绩效》,陈琦译,北京大学出版社2006年版,第135—145页。

[2] Donald Horowiz, *Ethnic Groups in Conflict*, University of California Press, 1985, p. 603.

[3] Lawrence Anderson, "Exploring the Paradox of Autonomy: Federalism and Secession in North America", *Regional and Federal Studies*, Vol. 14, No. 1, 2004, pp. 89 – 112.

响中央政府的权力和资源控制能力。例如，根据尼日利亚第一共和国（1960—1966）的经验，如果地区数量过少，每个地区的规模过大，地区政府相对于中央政府在权力结构中的地位就可能不落下风甚至反居其上。即使实行民主选举制度，联邦议会的议员也可能只会被视为地区利益在中央的代表，在这种情况下，联邦层次的国家能力会大幅弱化。历史已经证明，高度分权的地区主义是尼日利亚20世纪60年代末伊博族人奥朱古退出尼日利亚联邦、成立比夫拉共和国进而引发3年残酷内战的重要制度根源。在这场浩劫之后，尼日利亚的宪法改革明确提出要创建新州，使该国由过去的3—4个地区变为1996年的36个州，此外，尼日利亚新宪法明令禁止成立地区、族群和宗教政党，并规定当选总统必须在2/3的州赢得不低于25%的选票。[①] 这些制度安排都以强化中央政府维持国家统一的能力、遏制地方型或族群型利益集团的权力过分膨胀为目的。

因此，影响一国中央政府维持国家统一的制度安排是多方面的，实际的政治情形也非常复杂，但其中的逻辑应该能够被厘清：适度强化中央政府政治权力的制度安排，有利于维护国家统一和增强国家性；过度强化地方政府政治权力的制度安排，可能增加地域型利益集团的权势，提升国家分裂和大规模地域型利益集团腐败的风险。对社会分裂严重的国家来说，高度分权化的地区主义安排风险很大，甚至容易引发分离主义运动，严重削弱中央政府维持国家统一的能力。

二 政府—社会关系：选举、政党及其他利益表达制度

对一国政体而言，如何将政府外部的力量整合进入政府体系内部非常关键，这也是社会利益诉求能够上升为国家利益和公共利益的重要渠道。对民主国家而言，这一问题的最重要答案是选举制度，而对威权国家或独裁国家而言，通过某种方式确保利益分配能够使各类选择人集团对现政权满意同样关键，毕竟在当代，没有任何国家会否定

---

① ［美］托因·法洛拉：《尼日利亚史》，沐涛译，东方出版中心2015年版，第213—215页。

政府代表人民的原则，即使是最为独裁的国家也不例外。另外，选举制度也决定了一国的政党制度，二者共同对一国政府治理能力构成显著影响。

政党是现代政治的重要"器官"，具有代表利益、整合力量、配置权力、管理冲突、动员选民等多种功能。政党制度研究领域的权威乔万尼·萨托利将民主国家广泛存在的竞争性政党体制分为四种主要类型：主导党制、两党制、温和多党制和极化多党制，其中极化多党制最不利于政体的稳定。本质上，萨托利的这种政党体制类型划分的基础仍然是关于权力和利益的竞争。因此，在他看来，反体制政党的存在、离心激励主导、严重的意识形态冲突、不负责任的反对党，以及选举竞争中的过度承诺或所谓"抬价政治"（politic of out-bidding）都会使极化多党制难以形成有效的执政力量，严重损害国家能力。① 一套行之有效的选举制度在保证政治参与和政治竞争的同时，必须把政府能力或效能置于重要地位，需要化解的关键问题在于利益代表性及由其所导致的利益集团问题与政府能力或政府效能之间可能存在的冲突。

在强大的政党和较为集中的政党体制下——比如两党制或温和多党制——更有可能实现多数派政党或稳定的多数派政党联盟执政，因而有利于提高政府能力和强化政体稳定性；相反，在诸如极化多党制等脆弱的政党和政党体制下更有可能形成少数派政党或不稳定的少数派政党联盟执政，因而更可能提升各类利益集团的权势、削弱政府能力、弱化国家稳定性。关于这一问题最有影响力的研究成果是"迪韦尔热定律"（Ducerger's Law），其核心要素是不同的选举制度如何塑造不同的政党体制。迪韦尔热定律的完整表述是："（1）比例代表制易于形成多个独立的政党；（2）两轮绝对多数决定制易于形成多个彼此存在政治联盟关系的政党；（3）简单多数决定制易于形成两个政党的体制。"② 迪韦尔热认为，由于简单多数决定制下每个选区只

---

① ［美］乔万尼·萨托利：《政党与政党体制》，王明进译，商务印书馆 2006 年版，第 284—397 页。
② Maurice Duverger, *Political Parties: Their Organization and Activity in Modern State*, Methuen & Co. Ltd., 1978, pp. 206–280.

有一个议席,"机械"因素和"心理"因素都使得小党较难当选,选民倾向于把选票投给大党。此外,政治家也倾向于加入大党而非加入小党或组建新的政党。

就利益集团腐败的生成机理而言,发挥利益代表功能的政党在实际的政治运行过程中确实有可能蜕变为专注于维护和扩展本党既得利益的政治集团,某些政党甚至政党内部就可能出现政治权贵型利益集团。由于政党活动较为自由,政党腐败现象在民主国家表现得尤为突出。具体而言,这种以政党为主体的利益集团腐败主要发生在政党活动最为活跃的领域,即选举、议会和对公共物品分配环节。

首先,选举和竞选活动中的政党腐败。在竞争性政党体制下,政党获取公共权力的主要途径是竞选。然而,竞选需要花费大量资源,政党首先竞争的是筹集的金钱数量。在筹措巨额竞选费用的过程中,权钱交易现象很可能屡见不鲜。例如,政党或其候选人接受非法捐款,并以日后的政策倾斜或利益输送作为回报。不仅如此,政党还可能向企业勒索捐款,如韩国在1993年政党体制转型之前,从朴正熙到卢泰愚的历任总统都设有私人基金会,强迫大型企业根据它们的收入按比例以党费形式定期捐款,拒绝捐款的企业在申请政府诚信认证、许可证或企业贷款时就会遇到麻烦,长期执政的大国家党还责令受其控制的金融机构定期审计这些企业,而定期向执政党提供竞选资金的企业会得到税收方面的优惠。此外,贿选是政党在选举中经常使用的手段。在泰国,贿选现象屡禁不绝,尤其是在贫穷落后的农村地区,选票被抬升到很高的价位。1992年的泰国议会选举中,较富裕的政党候选人发放给每个选民100泰铢(约合时价4美元)以换取他们的选票,这笔钱约等于当时泰国农村一般农民家庭一个星期的收入。据官方估计,1996年前的选举中,泰国各政党用于候选人购买选票的总费用超过了10亿美元。[①]

其次,议会活动中的政党腐败。议会是政党活动的主要场所,同

---

① 李小军:《泰国政府民主转型过程中的腐败与反腐败》,《广州大学学报》(社会科学版)2010年第7期,第11页。

时也是政党腐败频繁发生的场所。在代议制政治体制中，选举产生的政党议员的主要职能是代表选民的利益，为其谋求更多福利。然而，由于公职人员本身具有自私性，身为民意代表的政治家也可能抛弃公益谋取私利，只代表向其行贿者或各类利益集团的利益以换取其支持。这些政客通常利用手中的投票权或者否决权以通过对行贿者有利的法案，或否决对其不利的法案。如果选民无法有效地监督政党及其议员在议会中的行为，或者由于缺乏竞争以致选民没有更多的选择权，政党议员在选举中连任的把握很大，政党和议员从事腐败活动的可能性就会增加。例如，由于日本自民党长期一党独大，从20世纪60年代后期到90年代初期的30多年里，仅查处的涉及国会参众两院议员的贿赂、贪污、偷漏税金的大规模集体腐败案件就多达14起。[①]

再次，在社会资源的控制和分配中的政党腐败。如果政党的权力渗透到国家和社会生活的各个领域，权力无边界，又缺乏外部力量对权力的有效制衡，政党内部就可能衍生出政治权贵型利益集团，由此所导致的大规模集团腐败也可能愈演愈烈。政党可能滥用它们对公共资源的控制和分配权来满足党员和支持者的私利，以换取某些核心支持者的忠诚。20世纪下半叶的苏联共产党就是一党高度集权衍生政党腐败的典型。当时，许多在党政机关和外贸部门工作的苏共干部依靠手中权力大量聚敛财富，他们通过在流通领域倒卖生产资料和消费品，甚至走私战略物资，包括石油、金属、核原料，大发横财。苏共党政干部还把收受贿赂作为分配紧缺商品和服务的条件，市场经济下的合法交易在这样的体制下成了非法的贿赂，除了把商品和服务销售给行贿最多者以外，他们还故意以制造更多的瓶颈为手段索取更多贿赂。正如黄苇町所指出的："利益集团绑架党和国家，让苏共屡失改革良机"，"苏联解体是既得利益集团的一种自我政变"。即使是在实行多党竞争制的国家，如果社会生活高度政治化，政治支配国家生活的各个领域，政党不仅垄断国家政治活动的正常领域，而且渗透到公

---

① 冷葆青：《战后日本的腐败与治理——以震撼政坛的四大腐败案为例》，中国方正出版社2013年版，第53页。

民社会，同样可能导致政党腐败盛行。在这种情况下，政府的更迭只意味着不同利益集团的轮换，并无法给选民提供一个替代的选择。根据"透明国际"2013年底公布的调查结果，90%的法国人认为法国公共部门存在腐败，其中政党的腐败最为严重，超过企业、媒体、议会、行政部门和警察内部的腐败。"卡于扎克海外账户丑闻""卡拉奇军售爆炸案""贝当古政治献金案"等大案曝光后，绝大部分法国人认为腐败现象充斥政界，无论哪个政党上台都可能陷入腐败泥潭。①

三 政府内部：集权和分权

关于政府的概念学界通常有两种解读，广义的政府是国家机关的总和，代表着社会公共权力，包括立法机关、行政机关和司法机关等，或者说包括一切依法享有制定法律、执行和贯彻法律，以及解释和应用法律的公共权力机构。狭义的政府是国家权力机关的执行机关，是国家政权机构中的行政机关，即一个国家政权体系中依法享有行政权力的组织体系。由于权力结构中包含不同类型的权利主体，因而本章所指涉的政府是广义政府。

如前所述，国家权力结构包括权力的横向和纵向配置两方面内容。横向配置即政府内部的权力结构安排，指国家权力按照功能的不同在同一层级国家机关进行的分配。横向的国家权力包括多种具体权力，在政治学发展过程中，学者们提出过国家权力的三分法、四分法和五分法等多种划分方法。② 在当代，三权划分模式是各国普遍采用的政府内部权力结构安排，在实践中，三分法权力结构的最典型表现

---

① "透明国际"关于2013年各国廉政状况的官方报告，http://www.eiu.com/default.aspx。

② 权力划分的种类可以有三权（立法权、行政权、司法权）、四权（行政权、立法权、司法权和军事权）、五权（以中国民国时期的行政权、立法权、司法权、考试权、监察权划分为代表）甚至更多，但根本而言，三权的划分方法最具典型意义，因为三种权力的划分以权力与规范间的关系为依据：制定规范的权力是立法权，执行法律和规范的权力是行政权，对行为的合法与非法作出判断的权力是司法权。因而在事实上，任何多于三权的权力划分方法都没有偏离权力与规范间关系这一准则，例如军事权和考试权可以被并入行政权，监察权可以被划归为司法权。

是美国联邦宪法所规定的国会、总统和联邦最高法院三权分立，它们分别行使国家的立法权、行政权和审判权。总体而言，政府内部各权力相互关系的差别可以被大致划分为以下三类主要模式：

(一) 单一模式

权力结构的单一模式是指个人或某一集团单独掌握最高权力，成为一国中单一的、最高的权力主体，政府内部不存在权力分化现象，一切权力集中归属于个人或某一集团。在此基础上，可能存在一定的按照处理事务的不同所进行的职能分工，但由此形成的不同事务机关并不构成权力主体本身，而只是最高权力主体的政治工具。单一模式的典型代表是帝制时代的中国，在那段时期，皇帝即"天子"，是中国单一的最高权力主体，普天之下莫非王土、率土之滨莫非王臣，国家本身是皇帝的私人财产，皇帝既有颁布法令、执行法令的权力，也执掌着所有臣民的生杀大权。为了更好地维护皇帝的权威和权力结构的稳定，帝制中国也在这种权力高度集中的基础上对不同官职进行了划分，例如，经典的吏、户、礼、兵、刑、工职能分权。毫无疑问，权力结构单一模式的最大特征是权力的高度集中，缺乏对最高权力主体的有效问责和约束，因而其权力运行的任意程度很高。就权力关系而言，单一模式下各级职能部门只是最高权力主体的工具，存在绝对的、单向的上下级关系和命令服从关系，下级职能部门无法形成对最高权力主体的有效牵制，但最高权力主体为了巩固自身的权力地位、消弭下级职能机关的联合威胁，很可能有意识地利用下级职能机关的横向牵制关系。无论如何，由于所有最高权力最终都被单一的权力主体，也就是个人或集团所执掌，所以很难将不同的最高权力区别开来，它们之间的边界模糊不清。

最高权力
(立法权、行政权、司法权)

图 3-1 单一模式图例

(二) 职能分工模式

权力结构的职能分工模式仍然保留了单一的最高权力主体，但与单一模式不同，职能分工模式下的立法权、行政权和司法权分别由相应机关所执掌，也就是在最高权力主体之下存在具备较强独立性的次级权力主体，这些次级权力主体有自身不相隶属的职权范围，各自相对独立地履行职权，特别是司法机关的独立性通常表现得尤为强烈。职能分工模式根据最高权力主体性质差别和其所执掌权力大小的不同，可以被进一步区分为三个亚种：假若最高权力主体对下级权力主体具备相当强大的干涉能力，那么这种职能分工模式就近似于单一模式，可以被称为集权型职能分工模式；假若最高权力主体只是虚位，只在法理层面具备对下级权力主体的优势地位而在实际操作层面这种优势地位却难以被落到实处，这种模式可被称为集权型下的权力分立型；假若立法、行政、司法三类权力主体的地位并不平等，通常是立法机关成为一国的最高权力机关，这种政治状况就可被描述为不完全分权模式。总言之，以集权的权力主体的性质和实际享有的权力的大小为尺度，职能分工模式的三个亚种可以被区分如下：

1. 集权型。

如上所述，在这一模式下，存在一个强有力的最高权力主体，这一权力主体满足权力集中的要求，能够独自行使多种权力，对下级权力主体具有较强的支配性。集权型职能分工模式区别于单一模式的关键在于最高权力主体并不能为所欲为，其与下级权力主体的关系在不同程度上受制于宪法和其他相关法律。19世纪欧洲一些君主权力强大的重商主义君主立宪制国家、德意志第二帝国和太平洋战争结束前的日本帝国都是这一模式的典型代表。这些国家确实存在着以职能划分为依据的立法权、行政权、司法权分工，但在实际操作层面，最高权力主体——无论是君主、皇帝还是天皇——都可能通过法律以外的途径对职能部门的权力运行进行有效干预。在某些极端情况下，最高权力主体甚至可以越过所有下级权力主体直接行使权力。例如，20世纪早期的日本帝国，虽然法律规定天皇和与其相关的皇室机构不得干政，但天皇仍能通过召开御前会议、直接召见大臣等方式对内阁、军方人选及其权力运行发挥至关重要的影响力。1945年8月15日，由裕仁天皇亲自宣告的《终战诏书》更是标志着日本的无条件投降和太平洋战争的终结。

2. 集权型下的权力分立型。

这种模式的典型代表是当今世界大多数设置虚位总统（君主）的议会民主制国家和君主立宪制国家，这些国家的总统或君主理论上代表国家和人民，拥有高于其他职能机构的权力，但事实上他们并不执掌具体的治权，难以直接行使权力。在这一模式下，公共权力在虚位元首之下被分散地授予各职能部门，分权具有实质意义。仍以日本为例，太平洋战争后，日本政府修订了原有的《明治宪法》，正式颁布《日本国宪法》，该宪法第1条虽然规定"天皇是日本国的象征，是日本国民统一的象征，其地位基于主权所在的日本国民之总意"，但此时的天皇已被剥除了所有政治权力，天皇有关国事的一切行为，须经内阁的建议与认可，由内阁负其责任。换言之，"二战"后日本的天皇尽管依然是国家的象征，但他在法理上既不具有传统君主的性质，也不具备国家元首的性质，与"二战"前相比其地位发生了根本转变。

3. 不完全分权模式。

这种模式被历史上和当代的社会主义国家广泛采用。在不完全分权模式下，立法权、行政权和司法权虽然被划分开，但立法机关往往在形式上或实质上成为最高国家权力机关，其地位明显高于另外两类机关，执掌行政权、司法权的权力主体需要对最高国家权力机关负责并受其监督。例如，1977年的苏联宪法规定，苏联最高苏维埃是苏联最高国家权力机关，也是唯一的立法机关，苏联最高苏维埃主席团为其常设机关，行政权力主体苏联部长会议以及司法权力主体苏联最高法院和检察机关都由苏联最高苏维埃产生，并对它负责和向它报告工作。苏联最高苏维埃通过的法律和决议，苏联部长会议必须贯彻执行。苏联部长会议的决议和命令同法律发生抵触时，苏联最高苏维埃及其主席团有权废除。苏联的各级人民代表苏维埃是地方国家权力机关，它们根据宪法、法律及上级机关的决议，有权解决本地区的一切问题。苏联的地方行政机关和司法机关也由相应的人民代表苏维埃选举产生，并对它负责和向它报告工作。当代中国（人民代表大会制度）、越南（国会制度）和其他一些国家的权力结构模式也与苏联类似。另外，还可以将不完全分权模式分为立法机关的非常设型和立法机关的常设型两种类型，前者设立执行机构（最高苏维埃主席团、人大常委会等）作为立法机关的常设机关，后者由常设的立法机关直接履行职能（如全面选举所产生的巴黎公社）。

（三）分权平衡模式

分权平衡模式的典型代表是当代西方国家特别是美国所采用的三权分立制度。这一模式的基本特点在于执掌立法、行政、司法的三类机关相互独立、各司其职，但它们的独立性又非绝对，三种权力间存在很大程度的横向制约，它们相互约束、相互牵制，每一权力主体都囿于与其他两类权力主体的法律关系而无法滥用权力。

西方国家对"平衡政府"的长期探索和实践与分权平衡模式紧密相连。早在欧洲的古典时代，亚里士多德和波里比阿就在他们的混合政体理论中对如何维持各权力主体间的平衡作出了系统论述。到了启蒙时代，英国政治思想家洛克提出了两权分立学说，将立法权和行政权划分开来，而孟德斯鸠则进一步发展了该学说，正式创设了立法、行政、司法三权分立理论，在他看来，用权者都是人民的委托人，用权者必弄权："任何拥有权力的人，都易滥用权力，这是万古不易的一条经验。有权力的人们使用权力直至有界限的地方才休止。"[①] 这也成为三权分立的理论前提。三权分立的基本假设是，人民作为代理人，将权力根据不同的职能安排划分为三种类型，然后把这三种权力分散开来，委托给不同权力主体行使，并使各个权力主体相互监督和约束。这种分权平衡模式的最终目的在于保障人民的权利和自由。值得注意的是，不同于社会主义国家中立法机关的强大权力，分权平衡

---

① ［法］孟德斯鸠：《论法的精神》（上卷），许明龙译，商务印书馆2012年版，第185页。

模式尤其注重对立法权的限制，孟德斯鸠本人就对罗马法"牵制人民（主权者）"的规定倍加赞赏，而在他之后，以汉密尔顿、麦迪逊为代表的美国联邦党人更是高度关注如何制约议会的权力，也就是防止所谓的"多数暴政"。① 联邦党人认为，作为立法机关的议会直接产生于民间，具有民意优势且更容易控制社会大众的情绪，因而需要采取有效手段牵制议会的权力。他们的办法是赋予行政机构和司法机构更大的权力和独立性，同时将立法机关一分为二，设立参众两院相互掣肘。时至今日，美国政府的这种独具匠心的分权平衡模式已被当作三权分立的经典模板。

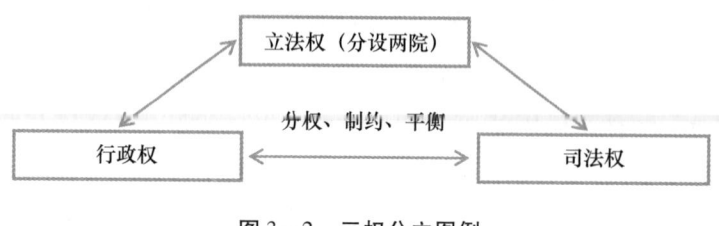

图 3-2　三权分立图例

第三节　权力结构的"4W"原则与利益集团腐败

从利益集团腐败的生成机理来看，倘若领导者或领导集团维系自身的权力地位需要依赖三类重要性不同的选择人集团，且以公共物品和私人物品为代表的利益分配方式存在不可调和的矛盾与冲突，那么作为政治工具的腐败和作为腐败主体的特殊利益集团在任何国家的任何发展阶段都可能出现。尽管从腐败的政治工具属性来看，遏制利益

---

① "多数暴政"（tyranny of the majority）最早来源于《联邦党人文集》，该书第五十一篇指出：在一个共和国里，保护社会成员不受统治者的压迫固然重要，保护某一部分社会成员不受其他成员的不正当对待，同样重要。在不同的社会成员之间一定存在不同的利益，如果大部分成员联合起来，那么少数群体的权利就会得不到保障。所以，虽然独立战争击败了来自英国的暴政，但独立而民主的美国社会却存在着多数人暴政的可能性。该论述又被法国著名政治思想家托克维尔进一步阐释，他在《论美国的民主》中将以多数人名义行使的无限权力称为"多数人的暴政"。在法国大革命的雅各宾专政时期，"多数暴政"和以人民的名义实行恐怖统治成为西方政治发展史的深刻教训。

集团腐败的首要前提是扩大核心支持者集团的规模，但事实上，无论核心支持者的规模小还是大，腐败问题都可能出现；无论一国的政治制度和国家治理能力如何，利益集团腐败都难以被根治。格莱泽和戈尔丁在奥尔森关于规制和治理体制转型的研究基础上得出了三个结论：第一，腐败盛行于公共事业，腐败总会以某种形式存在于所有规制和所有体制中；第二，在公共事业中，体制变迁并不能根除腐败，它仅仅改变了人们所能看到的腐败的类型；第三，不论何种类型的治理体制（如政府规制或市政自主），腐败都会随着时间的流逝而日趋严重，在某一时刻会使政治难以承受。[①]

然而，即使腐败难以通过制度手段被根治，腐败问题仍然存在严重程度的差别。一国权力结构和政治制度的完善与否直接关系到一定时期内的核心支持者和利益集团腐败问题能否被有效约束或得到有效治理。一套行之有效的权力结构架设和政治制度能够极大地提升国家治理能力，从而降低利益集团腐败的发生概率，约束利益集团腐败的影响范围，并在腐败产生后予以及时、有效的惩处。反之，不尽合理的权力结构和政治制度却会容忍或默许当权者将腐败作为利益交换的工具以换取核心支持者的忠诚，在貌似合法合理的框架下扩大利益分配的差别，加剧利益集团腐败问题。简言之，由一国权力结构与政治制度所造成的国家治理能力的高低在很大程度上决定了利益集团腐败的严重程度。

就导致利益集团腐败的政治逻辑而言，权力结构和政治制度架设主要从四个方面影响一国对腐败问题的治理能力，由于涉及四个关键问题，本书将其概括为"4W"原则：政治制度由谁制定（Who sets）？谁来执行该制度（Who perform）？谁从该制度中受益（Who benefits）？谁来监督或约束该制度（Who constraints）？归根结底，权力结构和政治制度设置是一个关于谁统治（Who rules）的问题，诚如西方学者所言："政治体系具有令人难以置信的多样性，主要是因为

[①] [美] 爱德华·格莱泽、克劳迪娅·戈尔丁主编：《腐败与改革——美国历史上的经验教训》，胡家勇等译，商务印书馆2012年版，第39页。

人们在操控政治以从中获益方面具有令人惊叹的创造性。"①

一 谁制定？（Who sets）

公共权力的核心目标是实现公共利益，"法无授权不可为"是公共权力运行的首要原则，因而必须有明确的规则对权力予以规范。权力规则直接约束公职人员的职务行为，防止和阻碍公权私用。权力规则的缺位或错位一方面会导致公职人员职务行为的任意性，另一方面还可能纵容相关权力主体任意制定法规、规章、决定、通知等各类规则，为自身滥用权力披上合法性的外衣。无规可循以及规则存在自由裁量权过大等缺陷为公职人员提供了充足的腐败机会，使公职人员行使职权无法可依，从而便于其滥用权力谋取私利；或者虽有法可依，但法有疏漏也会为公职人员提供可乘之机。该问题在一些经济社会处于转型期的国家表现得尤为突出，这些国家权力规则建设所存在的滞后现象和立法空白将使公共权力有大量以权谋私的机会。

毋庸置疑，权力规则的缺失是腐败生成的制度原因，但就利益集团腐败的生成机理而言，权力规则缺失问题的更深层次影响因素是权力规则由谁制定。由于权力规则主要通过与之相关的法律法规体现出来，因而这方面所涉及的关键问题是一国主权或立法权在事实上究竟归谁所有。

自16世纪法国思想家布丹最早阐释"主权"一词以来，主权或立法权的归属问题逐渐成为政治学的核心概念。在当代，人民主权已经成为绝大多数国家在权力结构设置环节所遵循的基本原则。人民主权论的核心是国家的一切权力来自人民，本质而言，人民主权即国家主权掌握在人民手中，将人民设置为凌驾于任何其他权力主体之上的最高权力主体，一切权力必须来源于并服从于这个终极意义上的权力。在政治学领域，人民主权和与其相伴相随的主权、治

---

① ［美］博·罗斯坦等：《政治质量：执政能力与腐败、社会信任和不平等》，蒋小虎译，新华出版社2012年版，第41页。

权分离理论是委托代理理论的根源。人民主权学说作为一种理论可以追溯到欧洲的古典时代。在考察了古希腊各城邦国家的政治制度之后,亚里士多德认为一切混合政体都需要具备三个要素:议事机能部分、行政机能部分、审判机能部分,而"议事机能具有最高权力"。[1] 他所论述的最高地位的议事机能部分是人民大会或公民大会。到了启蒙时代,卢梭和康德进一步发展了人民主权论。卢梭认为人民主权是不可代表的,要想真正实现人民主权,需要采用直接民主制,通过设立囊括一国所有公民的公民大会由人民群众直接掌控和行使所有权力,包括立法权、行政权和司法权等。康德则没有卢梭那样激进,他认为实行代议制的立法机关本身也可以作为主权的代表,立法机关的权力地位应当高于行政机关和司法机关。与此同时,康德也推崇分权平衡的权力结构模式,为了限制立法权的无限扩张,康德主张推行法治,特别是保障司法机关的独立性。[2] 值得注意的是,与当代许多国家设置立法机关的常设机关不同,在启蒙思想家看来立法机关是不能常设的,否则很难避免立法机关的专权问题。正因如此,人民主权理论自产生以来在实际操作层面所要面对的一直是两个关键问题:首先,在主权与治权分离的前提下,如何保证"人民"的权力不被其他的权力主体架空?其次,既然立法机关在权力结构中具备最高地位,那么如何制约立法机关——特别是立法机关的常设机构——的权力?

然而,纵使人类社会经过长期发展已具备了丰富的政治实践经验,这两个相互密切关联的问题至今仍然没有标准答案。如果立法机关的最高权力无法被有效约束,那么一旦作为权力主体的"人民"被架空,后果可能是灾难性的。

就第一问而言,主权理论本身存在一项难以被修正的固有属性,主权是一种绝对的、至高的、自我正当的、超越伦理评价的权力,因

---

[1] [古希腊]亚里士多德:《政治学》,秦典华等译,中国人民大学出版社2003年版,第114—131页。

[2] 唐士其:《西方政治思想史》,北京大学出版社2008年版,第241—254页。

而也无可避免地带上了一个潜在的负面效应：在主权真正被普通民众或公民所执掌之时（例如古希腊的直接民主制和巴黎公社的全面选举制），它的确可以起到限制权力（治权）的作用。但是，在一国政权核心支持者规模很小的情况下，例如在非民主的或伪民主的威权独裁国家，主权理论只是为治权的实际享有者建构出一个神圣的合法性光环，实际执掌权力的权力主体不但无须对人民负责，且难以受到普通民众的有效约束。换言之，主权理论原本是为了限制其他权力主体所掌握的治权，但在实现这一目标的过程中却造就了一个在理论上更为强大、更为权威的至高权力主体。无论是直接民主还是间接民主的代议制，如果有一小部分人在立法机关内部凌驾于其他人之上，真正的权力主体很可能发生蜕变，掌握无可置疑、不受制约的专制权力。即使是出于社会公益，主权理论也难以避免多数人暴政的问题。由于"人民"本身只是一个虚指的政治称谓，真正的权力享有者仍然是满足特定条件的人群，当不同人群的权力地位差别过大时，"人民"很可能成为实际权力主体为所欲为的幌子。更为严重的是，主权很容易被当权者和其核心支持者所篡夺：他们往往以主权者本身或主权者代表的名义抛开公共利益为自身谋取私利。

就第二问而言，将立法机关作为最高主权者的设计初衷在于使人民主权理论和分权理论相协调，在维护立法机关最高权威的同时将权力分散开来，从而限制其他权力主体并使人民意志能够最大限度得到贯彻。但在实际操作层面，将最高权力赋予立法机关这一权力主体的做法与分散权力、维护人民权力地位的初衷有相悖之处：如果有一个权力主体以绝对主权者的名义行使权力，毫无疑问它的地位将远高于另外两个主体——因为在主权理论中，主权是治权的合法性与正当性源泉，这就使权力结构的天平发生了倾斜。换言之，由于在当今世界，绝大多数国家并非小国寡民，召集全体人民组成人民大会并以此实现主权与治权的统一，事实上并没有可能，因而人类尚未发现适当的、能够体现主权的权力结构模式。假若使一个独立的权力主体代行权力，主权很可能成为实际权力掌控者行使排他的、无限制的权力的借口，而这必然导致权力过度集中的问题。这一集权过程可能通过两个途径来实现：首先是行政机关（名义上的与实质上的）独大，立法机关虚化或矮化（例如苏联和前苏东国家）；其次是立法机关本身通过行使行政权而行政化，这正是巴黎公社的最终归宿。

二 谁执行？（Who performs）

既然主权治权分离理论和委托代理理论是当代各国在政治权力架构中普遍遵循的基本原则，那么接下来的问题是：行政权究竟掌握在谁的手中？或者说掌权者如何运用手中的权力？事实证明，权力运行的失控是利益集团腐败的一个重要根源，其主要表现为权力运行过程封闭、权力的自由裁量空间过大和权力运行结果缺乏考核问责。

公职人员获得职务的方式有选任、聘任和考任等。在这其中，委任制的重要性不可忽视，它是指由同级或上级任免机关按照公务人员管理权限委派官员担任领导职务。实行委任制有利于统一指挥和政令贯彻，因而其通常被使用在关键领导职位的任命环节。但是，相对选举制而言，委任制官员的权力来源于委任机关及其主要负责人，裙带关系、对上负责和用人失察的问题经常出现，也使考察任免过程中的买官卖官在逻辑上成为可能，而由此所导致的更为严重的问题是公共权力裙带化和腐败的集团化。历史经验证明，如果缺乏有效的监督和制约，公共职务任免制难以避免暗箱操作，甚至会出现潜规则主导职务分配、架空公职人员选拔任用制度的局面。公职人员的任免一旦脱离了民众的主导或参与，其履职工作也会以对上负责为主，权力出自人民往往只能成为冠冕堂皇的口号。从权力制约和监督的视角来看，公共职务的上级任免也增加了同级制约监督机关的监督难度，民众难以对其职务获得以及具体的职务行为进行实质性监督。

公共权力的趋腐性使权力本身具有扩张和寻租的倾向，而权力寻租的空间在很大程度上取决于当权者的自由裁量权。在政治运行过程中，公共权力往往出现自我膨胀、逐渐扩张的趋势，包括机构扩张、职权扩张等。一些权力机关或当权者个人热衷于通过各种方式扩张自身的自由裁量权,如在主导起草或制定法律、法规的过程中使用模糊性、原则性的语言等方式为自身的权力运作预留自由空间,或通过"实施细则"等规章扩权、架空甚至篡改上位法,[①] 或在执法审批环节人为设置一些法外的门槛等。更为严重的是,较大的自由裁量空间与过于集中的权力二者相结合,可能导致权力为所欲为,造成严重的政治后果。例如,在许多处于转型期的发展中国家,政府机构不断扩充各类行政权力,包括职业资格审批、执业证照年检、企业特许经营权审批、企业经营资质认定,等等,或是采取收费培训、召开高收费的各类会议、开办各类高收费培训班、进行收费年检等各种手段变相为本单位或部门的福利开辟收入来源。更有一些政府部门根据业务不同随意设立各类临时办事机构,设立动机虽美其名曰服务于经济和社会发展,却难免为政府权力寻租设租开辟新领域,提供新机会。这些行政行为以行政执法为由,实际上往往夹带行政权力不正义、不合理扩张以谋取一己之利或本集团利益。另外,行政机关的自由裁量权还表现在行政许可的创设环节,行政许可在重大投资项目审批、业务经营许可、商品发售审核等经济领域往往意味着巨大的经济利益,对相关当事人的利益具有重大影响。此时,如果行政审批部门在审批进度、是否许可的结论等事项上具有较大自由,往往导致这些部门直接使用腐败这一政治工具维护自身的既得利益。

总而言之,权力运行的封闭性和隐蔽性为权力在私下进行腐败交易提供了方便条件。要想解决这个问题,需要把权力运行过程最大限度地置于社会和群众的监督之下,也就是迫使权力特别是行政权力在聚光灯照射的"舞台"上"起舞",以此最大限度地缩减掌权者滥用权力谋取私利的机会,即便发生了腐败,也容易发现并及时追究。正因如此,"让权力在阳光下运行"也成为遏制利益集团腐败的通识性

---

① 上位法(Host law)是一个法理学概念,它来源于法的效力位阶划分,也就是"法"在法律体系中所处的效力和等级位置,其通常由制定该法的不同立法机构或国家机关的等级地位决定。依照这一标准,"法"可分为三类,即上位法、下位法和同位法。在大多数国家的法律体系中,上位法高于下位法,后者不得与前者相抵触,同位法则具备同等效力,在各自的权限范围内施行。

原则。权力运行的透明度越高，腐败现象就越难以滋生和蔓延；相反，透明度越低，腐败现象就越容易滋生和蔓延。公职人员选任等公共权力领域的过度封闭、隐秘、保密运行是大规模政治权贵型利益集团腐败的重要条件，行政许可的封闭性加之合法的自由裁量权为权力寻租提供了充分的制度空间。理论上，权力与责任相辅相成，有权必有责、用权受监督、违法受追究，这是现代公共权力运行的逻辑思路，如果滥用权力者不能受到问责和追究，权力必将肆无忌惮地迈向腐败。

三 谁受益？（Who benefits）

权力的过度集中意味着利益分配不均衡的高风险，因此，现代政治体制的普遍原则是将权力分散开来，力图避免各类权力主体中的任意一方占据优势地位，同时通过不同权力主体之间的相互监督使各方受益相对均衡，消弭权力主体蜕变为利益集团的可能性。具体而言，所谓分散权力亦即将国家权力合理地分割成若干部分，由宪法和法律授予不同的国家机关和不同的权力主体执掌。权力分立的内容包括政府权力在机构、职能、人员三方面的分立，即各职能机构系统在组织上各自独立、职能上明确分工、人员上互不隶属，权力分立的目的则是防止权力滥用、权力专制，拓宽既有权力结构受益者的广度和深度。西方国家的三权分立制度是将立法、行政和司法权赋予三个不同的职能部门分别行使，并在相互牵制中达到权力的平衡。以三权分立的典型国家美国为例，行政机构如部、委、署、局的设立或撤销、机构编制和人员待遇均由国会确定，特别是国会实际控制了财政拨款权和人事任免权，能够直接对总统权力构成制约。另外，"参议院有权确认总统的提名"，"在参议院以出席议员的2/3多数票赞成一项条约后，总统才能批准该条约"，[1] 由此，参议院的决定也是对总统行使行政权力的一种约束。在当代，世界各国都在尝试根据本国的特殊国

---

[1] ［美］托马斯·戴伊等：《民主的反讽：美国精英政治是如何运作的》，林朝晖译，新华出版社2016年版，第52页。

情,吸收平衡政府的发展经验,构建符合本国特点的高效分权制衡政治体制,以期保障公共权力的运行效率、在公共权力的运行过程中使最大多数民众得到利益。

然而,即便设立了比较完善的权力分立体制,权力分立仍可能受到权力结构中纵向或横向的潜规则、裙带关系及其他人为因素的影响,继而使某一权力主体凌驾于其他权力主体之上,并进一步发展成强大的网络状集权群,加剧利益分配的不均衡问题。权力集中,尤其是行政权力在纵向、横向上往权力中心聚集,会相对削弱、架空权力的制约和监督机制。一旦因为裙带关系进一步形成各类利益集团,权力分立和制衡就会荡然无存,现有的不尽成熟和完善的宏观分权制衡体制将被彻底解构,大范围的群体性、集团性腐败不可避免。在这种情况下,当权者作为集权群的领袖,将腐败作为政治工具的可能性将显著增大,最终的结果很可能是手握重权者集体沦陷,也就是出现高层领导者和现政权核心支持者的大规模集团腐败。理论上,任何脱离制衡的权力都可能走向腐败。权力结构失衡包括以下几方面内容:首先,政府权力、社会权力和公民个人权力失衡。例如,政府和市场的权力关系失衡可能导致制度性的官商勾结、利益输送。其次,立法机关、行政机关、司法机关等不同职能的权力系统之间失去应有的分工和制衡。例如,在国家和地区重大事项的决策和执行权上,作为权力机关的立法机构形式上有权、实质上无权而沦为政党或行政机关的"橡皮图章",又如在实行集权型权力结构模式的独裁国家,党政最高领袖有权决定立法、行政和司法等机构的主要领导人选,因而权力失控难以避免。再次,同系统内各权力主体纵向关系和横向关系失衡。如果缺乏相应的制度或机制保障,上下级权力单元之间的领导、指导、监督关系很可能会因人际关系、利益关系等因素的侵扰而失效,导致权力结构的变异。最后,权力主体内不同职能部门之间失衡,政府机构内部的领导职务权力过大,人财物统管,独揽决策执行权,操纵监督权都是其具体体现。

从"谁受益"的角度出发,中国学者就利益集团的制度根源形成了三种不同意见:第一种意见是改革开放以来中国利益集团的生成根源可以追溯到以往的计划经济体制,既得利益和某些强势集团是长期的权力失衡状态下经济实践的产物。第二种意见认为,利益集团产生的根源主要在于转型期的"双重体制"。对此又有两种理解:一是指经济体制曾实行计划与市场相结合的双重体制或经济体制的转轨过程;二是指政治体制、行政体制滞后于经济体制的情况。比如,杨帆就认为:"双重体制长期并存,腐败难免成为联系新旧体制的一条纽带,在非规范化的利益转移中,'官'与'商'相结合的部分,获得了惊人的改革收益,形成了改革中期的'既得利益集团'。"[1] 何清涟也指出,中国的经济体制改革在将计划经济体制转变为市场经济体制的同时,就使中国社会开始了资本原始积累。于祖尧在分析暴富群体滋生的特殊环境和条件时认为,体制转型出现的双轨、多轨甚至无轨运行的状态,给某些人提供了缝隙和机遇,而行政体制改革滞后,政企合一给权钱交易提供了体制条件。[2] 第三种意见则认为,无论何种制度、体制都可能导致利益分配不均衡问题的加剧。卢现祥在讨论诺斯提出的制度变迁的"路径依赖"性时认为,路径依赖形成的深层次原因就是利益因素:一种制度形成以后,会形成某种在现存体制中有既得利益的压力集团。[3]

四 谁约束?(Who constraints)

权力制约和权力监督是两种基本的权力约束手段。在我国学界,多数学者对权力的"制约"和"监督"这两个概念并未做明确区分,通常将两者单独使用或并用,用来指称权力制约和监督制度。严格说来,"权力制约"和"权力监督"两个术语在内涵和外延方面都有所区别。

---

[1] 杨帆:《利益分化与社会整合的不平衡:改革中期危机的根源》,《首都经济杂志》1995年第9期,第84页。

[2] 于祖尧:《转型时期暴富群体的政治经济学分析》,《经济研究》1998年第2期,第73页。

[3] 王礼鑫、刘亚平:《近年来"既得利益"研究综述》,《哲学动态》1999年第7期,第15页。

权力制约是指享有制约权的国家机关依照法律规定的方式控制、约束、阻止其他国家机关行使权力的活动。权力制约是权力分化的结果和必然要求，由于出现了不同类型的权力，为了保障权力的良性运行和民众利益不受侵害，才出现了一种权力对另一种权力的制约。就表现形式而言，制约主体需要通过某种法律许可的行动达到控制、约束和阻止被制约者行使权力的目的。控制是就某一特定国家机关的整体活动而言的，它表明某权力部门的行动必须得到其他部门的配合才能发生和实施。与控制、约束相比，权力制约的阻止功能多从消极意义上来理解。一般来说，阻止权力主体的权力使用主要包括三种形式：否决，即根据法定的程序，否定某一国家机关行为的效力，如总统对国会立法的否决；撤销，即通过个案的发生，判定某项行为在法律上无效；弹劾，即对犯有罪行的高级公职人员在其任期未满的时候采取特别行动终止其职务。例如即使是在实行总统制和司法独立的美国，国会也有权弹劾总统、副总统以及联邦最高法院法官，体现了国会权力对行政权和司法权的制约。[①]

权力监督是国家机关、社会组织和个人对权力主体、权力运行、权力目的等方面的监视、督促和纠偏。[②] 从各国普遍采用的立法实践和制度规定来看，对权力的监督主要表现为三方面内容：首先是立法机关、行政机关和司法机关三者之间的监督，如立法机关有权听取和审议被监督主体的工作报告；其次，各权力主体的内部监督，如行政监察、上级法院对下级法院的监督等；最后则是社会组织、公共舆论、政党和民众对权力运行的外部监督。

作为权力约束的手段，权力制约和权力监督存在一些重要区别：首先，就控制主体和受控主体的关系而言，权力制约要求制约主体拥有与受制约权力主体对等的法律地位，是权力对权力的横向控制；权力监督则包括上级权力主体对下级权力主体、不同权力主体之间的监

[①] ［美］托马斯·戴伊等：《民主的反讽：美国精英政治是如何运作的》，林朝晖译，新华出版社2016年版，第52页。

[②] 邓杰、胡廷松：《反腐败的逻辑与制度》，北京大学出版社2015年版，第205页。

控、督促和纠偏，它是一切社会成员、社会组织的普遍性权利，因而权力监督的方向包括纵向和横向两方面。其次，就被控制主体的范围而言，权力制约发生在法律规定的特定权力主体之间，而权力监督主体和客体均具有广泛性，一切国家权力都属于被监督的对象，一切社会主体均可监督国家权力的运行。再次，就内容和目的而言，权力制约是依照法定程序对权力行使过程的控制、约束，或是对权力非法行使的纠偏，侧重于以强力制衡权力；权力监督则是对权力行使的看守、监控和质疑，更强调通过监督促使权力主体的自律和权力的合法运行。最后，就效果而言，权力制约往往是受制约的权力运行程序的必经环节，权力制约的效力一般是刚性的法律效力，而权力监督可以是对权力合法运行的无形监视，也可以是监督主体对被监督权力结果的纠偏，还可以表现为民众对被监督权力的褒奖、质疑和批评。

一般而言，权力制约多产生刚性法律效力，但如果制约机制不具备可操作性甚至根本缺失，这种制约将退化为一种形式上的制约，其制约权力的刚性效力也将大打折扣。有效的权力监督会对被监督权力产生某种程度的制约作用，从这个角度而言，亦可将权力监督视为一种柔性制约。正是权力制约和权力监督的这种密切联系，使得学界习惯于混用"制约"和"监督"两个概念。当然，由于目的相同、手段相似，在权力制约理念基础上等同使用权力制约和权力监督两个范畴并没有太大的问题。

综上所述，"谁约束"的问题本质上是权力的控制主体和受控主体的归属权及其相互关系问题。由于人民主权是当代各国普遍接受的基本权力结构原则，人民从根本上掌握国家权力，因此建立健全权力制约和监督机制很大程度上依赖于作为一切权力来源的人民是否能够对国家权力结构及其良性运行机制发挥足够的影响力。就这一意义而言，人民是构建权力制约和监督机制的原动力。西方民主国家经过长期实践，理论上的最高权力主体也就是人民通过不断进步完善的选举及与其密切相关的罢免机制确保行政首脑的廉政勤政，并通过选举组成较为廉洁并充分反映民意的代议机关，以此集中全体民众的反腐败愿望和智慧。简而言之，在现当代较为发达的民主国家，人民对权力结构的影响力能否实现及其利益诉求能否上升为国家意志，主要取决于选举、政党和制度内利益集团的影响力。

另外，在政治实践中，将权力制约和监督纳入法治框架，将"谁约束"的问题通过明文规定的法律制度体系表现出来也是各国通行的惯例。首先，各国宪法一般开宗明义地从多角度确认人民对各权力主体的监督权。例如在中国，人民代表大会制度是中国的根本政治制度，人民代表大会以民主集中制原则来建构国家机关体系，配置国家权力，在人民代表大会统一行使国家权力的前提下划分国家的立法权、行政权、军事指挥权、审判权和检察权，并在中央的统一领导下充分发挥地方主动性、积极性，在中央和地方国家机关之间分配相应的职权。宪法第2条规定："中华人民共和国的一切权力属于人民"，"人民行使国家权力的机关是全国人民代表大会和地方各级人民代表大会"；第3条规定："全国人民代表大会和地方各级人民代表大会都由民主选举产生，对人民负责，受人民监督。""国家行政机关、审判机关、检察机关都由人民代表大会产生，对它负责，受它监督。"其次，确认国家机关对下级国家机关的监管权。仍以中国为例，宪法第3条规定："中央和地方的国家机构职权的划分，遵循在中央的统一领导下，充分发挥地方的主动性、积极性的原则。"第89条还具体规定了国务院有领导和管理监察工作，依照法律规定任免、考核和奖惩行政人员，改变或撤销地方各级国家行政机关不适当的决定和命令的权力。[①] 再次，确认立法机关、行政机关和司法机关的法律地位，从而确立各权力主体的制约和监督职责。例如，澳大利亚联邦仿效英国的威斯敏斯特体系采用议会民主制，议会作为权力结构的中心，对征税、对外贸易、外交等39项权力享有制定法律之权，根据澳大利亚联邦宪法第五十二条39项，有关"联邦政府、联邦司法机关或联邦任何部或长官的任何职权的执行事项"，议会都有监督权。与此同时，考虑到议会权力过大可能造成的专权问题，宪法通过将议会划分

[①] 以上宪法内容请参看全国人大主编《中华人民共和国宪法》，法律出版社2015年版。

为参议院和众议院的方式以制约议会的总体权力,并赋予联邦政府和高等法院相对于议会的独立性(例如海陆军的最高统帅权和高等法院的初审权)以达到平衡权力结构的目的。最后,建立专门的权力制约和监督体制。出于对权力廉洁高效运行的渴求和重视,各国法律一般会确立对权力主体的各项权力的监管机制、针对政府资产的审计监督体制及专门的廉政法律机制体系。

总之,就遏制利益集团腐败而言,权力结构和具体的权力规则应当是一个逻辑严密的完整体系,既要赋予权力,更要限制权力;既有权力启动、运行的实体规则,也有权力运行的程序规则;既有权力运行规则的框架原则,又有权力运行的刚性细则;既有权力行为的标准设定,又有违法违纪的惩罚设置;既有责任设置,也有问责追究机制,还有保障问责追究机制能够有效运行的政治制度。权力结构架设问题本质上是一个关乎"谁统治"(who rules)的问题,任何一个环节出现纰漏都可能在事实上动摇该权力结构的效力,使对腐败政治工具属性的治理成为天方夜谭。无论如何,在一段限定的历史时期内,制度是死的,人却是活的,无论何种制度的落实都需要依赖现实中的人,正因如此,作为预防和惩治利益集团腐败重要手段的权力结构设置和政治制度建设殊为不易,法网恢恢疏而不漏也成为人类政治法律生活的长久追求。

第四章 美国镀金时代的利益集团腐败

美利坚合众国（United States of America，简称USA）是一个由50个州和1个联邦直辖特区组成的宪政联邦共和制国家，东濒大西洋、西临太平洋、北靠加拿大、南接墨西哥，面积为937.2614万平方公里（不包括领海），位居世界第四，仅次于俄罗斯、加拿大和中国。美国是个多文化和多民族的国家，人口总数超过3亿，位居世界第三，仅次于中国和印度。1776年7月4日，大陆会议在费城正式通过《独立宣言》，宣告美国诞生。虽然成立时间并不长，但自19世纪后半期开始，美国国民经济就高居全球第一位，2014年，美国国内生产总值达17.42万亿美元，超过全球总体国内生产总值的10%，[1] 其在经济、政治、科技、军事、娱乐等诸多领域的巨大影响力均领衔全球，是当代联合国安理会5个常任理事国之一，也是目前世界上唯一的超级大国。

美国拥有当今世界上最为完善的民主制度和三权分立制度，虽然建国时间短暂，但它是现存历史最悠久的宪政共和国，有世界上最早制定并仍在运作的成文宪法。1776年7月4日，美国制定了宪法性文件《联邦条例》；1787年5月制定了宪法草案；1789年3月第一届国会宣布宪法草案生效。这是世界上第一部独立、统一国家的成文宪法，成文至今虽未做根本改动，但也经历了一个不断持续完善的过

---

[1] ［美］卡罗尔·帕金等：《美国史》（第三卷），葛腾飞等译，东方出版中心2013年版，第326页。

程。该宪法主要包括两方面内容：首先，建立联邦制的国家，规定各州拥有较大的自主权，甚至包括立法权；其次，实行三权分立的政治体制，立法、行政、司法三足鼎立，相互制衡。另外，宪法规定行政权属于总统，国家元首和政府首脑职权集中于总统一人，总统兼任武装部队总司令，不对国会负责而直接对选民负责，总统的行政命令与法律有同等效力。宪法内关于总统职位的规定也使美国成为当今世界总统制国家的典范。

从权力结构角度来看，美国的国家组织正是依据宪法的三权分立与联邦制度这两大政治理念而确立的。当初在起草宪法时因恐权力过分集中于个人、某一部门或某一类人群将危害人民的自由，所以将立法、司法、行政三种权力分别独立，互相制衡，以避免政府滥权。根据宪法，美国的立法机关是参议院与众议院并设的二院制议会；司法机关以联邦最高法院为首，下设11个控诉法院，95个地方法院及4个特别法庭；行政机关以由人民直接选举的总统为最高行政首长，并以副总统辅之，下设几个行政部门，政府权力有联邦政府、州政府和其他地方政府之分。

美国政府是由12个部门及根据法律设立的60余个独立机关组成。美国总统是国家的元首，政府的最高行政首长，陆海空等各军种之最高司令官。总统任期4年，其间除了受到议会之弹劾，不会因反对势力的影响而去职，任期满后可以连任1届。总统和副总统领导的行政分支设有15个部和多个专门机构，它们构成通常意义上的"政府部门"。[①] 这些部门负责贯彻执行法律，提供各种政府服务。每一位联邦政府行政部门首长，均是受政治任命的美国内阁部长，从1792年起，联邦法例规定内阁部长为美国总统继任顺序合要求的成员之一。美国的司法权力赋予唯一的最高法院和国会可以随时设立的次等法院。司法机关的职责是对向国会的立法提出异议或要求予以解释的司法案件作出裁决，以及审理涉及触犯联邦法的刑事案。在涉

---

① [美] 卡罗尔·帕金等：《美国史》（第三卷），葛腾飞等译，东方出版中心2013年版，第391—401页。

宪法的诉案中，联邦法院具有超越州法的上诉管辖权。联邦法院还负责审理涉及一个州以上的或关系到一个州以上公民的案件以及涉外案件。宪法为保障司法独立，规定联邦法官可在行为良好期间始终任职，实际上是直至他们死亡、退休或辞职之前都能担任该职务，但在职期间的法官犯法会像总统或其他联邦政府官员一样受到弹劾。美国法官由总统任命并由参议院批准，法官的薪水也由国会核定。根据美国宪法第一条，联邦政府将所有立法权力赋予参议院及众议院组成的国会。美利坚合众国众议院（United States House of Representatives）为美国国会两院之一。美国各州在众议院中拥有的席位比例以人口为基准，但各州至少会有1名议员，院内议员总数经法律明定为435名。众议员任期2年，无连任限制。众议院议长由议员选举产生，传统上为多数党之领导人，然而多数党领袖另由该多数党于院内之第二重要议员担任。据美国总统继位条例，众议院议长继任总统之顺序仅次于兼任参议院议长的副总统，为政坛上第三重要的领袖人物。美利坚合众国参议院（United States Senate）是美国国会两院之一。美国每一州于联邦参议院中均有2位议员作为代表，与各州人口无关，所以全院员额为100名议员。参议员任期6年，相互交错，故每隔2年改选约1/3的席位。美国副总统任参议院议长，无参议员资格，除非是为了在表决平手时打破僵局，一般情况下不得投票。

　　1776年至1787年的美国为邦联制国家，1787年制定的《美利坚合众国宪法》改美国国家结构形式为联邦制，但地方政府的独立性原则始终未变。宪法起草人根据政府必须接近人民才不致剥夺人民自由的理念，将各州自治权留给州政府，因而在建立统一的联邦政权的基础上，各州仍保有相当广泛的自主权。联邦设有最高的立法、行政和司法机关，是国际交往的主体，各州也有自己的宪法、法律和政府机构，但假如各州的宪法和法律与联邦宪法和法律发生冲突，联邦宪法和法律优于州的宪法和法律。美国宪法列举了联邦政府享有的权力，如征税、举债、铸币、维持军队、主持外交、管理州际和国际贸易等，而不经宪法列举的其他权力，除非宪法明文禁止各州行使外，一概为州政府保留。州的权力主要是处理本州范围内的事务，如以地方政府名义征税，管理州内工商业发展，组织警卫力量维持治安，等等。联邦中央和地方的具体权限自建国后 200 年来不断变化完善。美国现有州、郡、市、村镇这四种基本政府层级，但也有大大小小超过 8 万个其他地方政府单位。①

美国的民主选举制度可以被划分为中央层面的总统选举、议员选举和地方层面的州行政长官选举、州议员选举两部分内容。美国总统选举实行间接选举制，首先由各州选民投票选出本州选举人（人数与本州国会议员人数相等），再由各州选举人同时在各州首府投票选举正、副总统。国会议员选举实行直接选举制，众议员由各州选民直接选举，参议员最初由各州议会选举，而自 1913 年第 17 条宪法修正案生效后，参议员也由各州选民直接选举。在地方层面，州长、州议员和某些州的法官、重要行政官员都由选民选举产生。在美国，各级选举一般都由共和党和民主党两党包办，为了保证两党的统治地位，一般实行单名选区制和多数代表制。美国选举还可以被进一步划分为大选年选举、中期选举和补选等。

美国有多个党派，但在国内政治及社会生活中起重大作用的只有共和党（Republican Party）和民主党（Democratic Party），前者成立于 1854 年，在 1861 年林肯就任总统后首次上台执政，在此后 70 年中的大部分时期，共和党实际主宰了白宫。美国民主党的前身是 1792 年开国元勋杰斐逊创立的民主共和党，19 世纪初民主共和党分裂，以安德鲁·杰克逊为代表的一派于 1828 年建立民主党，1840 年正式将本党定名为民主党。在此后的 100 年时间里，美国逐渐形成共和党和民主党分庭抗礼、轮流执政的稳定两党制。1847 年，美国著名画家汤姆斯·纳斯特绘制了一幅象与驴压跷跷板游戏的漫画，"象"代表共和党，"驴"代表民主党，漫画的寓意是美国由两个政党一上一下轮流执政。这幅漫画一经问世不但未受到两党的反对，相反还得到了广泛好评。两党认为，大象稳重、毛驴倔强，从此共和党

---

① ［美］理查特·霍夫施塔特：《美国政治传统及其缔造者》，崔永禄等译，商务印书馆 2010 年版，第 25 页。

和民主党的党徽便分别使用象和驴的形象。每逢大选之年，两党的支持者也常常举着"象""驴"的标牌进行竞选宣传，美国两大政党的所谓"象驴之争"便由此而来。在20世纪初之前，相较于共和党，民主党处于一个比较弱势的地位，长期在野，但自1933年开始，民主党人罗斯福、杜鲁门、肯尼迪、约翰逊、卡特、克林顿、奥巴马先后当选总统执政。

从廉政建设角度来看，今日的美国政府总体较为廉洁。根据"透明国际"（Transparency International）自2000年开始每年公布的"清廉指数"（CPI）排行榜，美国多年来始终稳定在全球170多个国家清廉排名的第17位，在2000年至2013年所得分值稳定在7.6分左右（满分为10分，分值越高越廉洁），而从2013年清廉指数改制至2015年，美国的得分也基本保持在74分上下（满分为100分，分值越高越廉洁）。2015年数据显示，美国得到76分，排第16位，在全球范围内廉政情况较为理想。同时，根据这一数据，美国在西方七大国中的排位相对居中，低于加拿大（稳定在前10位）、德国和英国（稳定在第10—15位），略高于法国（稳定在第20位左右），与日本（稳定在第15—20位）不分伯仲。①

当代美国的腐败状况能够长期稳定在一个较低的水平，与其完善的权力分立制度、高效的廉政机构设置、健全的廉政法律法规体系和严密的全方位监督密不可分。美国的廉政机构具有很强的独立性，除了司法机关和联邦调查局等机构具备反腐职能外，美国还设立了审计总署、廉政公署和监察长办公室等其他机构，这些机构独立运作，分别对国会和总统负责，但又能相互补充和配合，在实际运行中收到了良好效果。美国的廉政法律法规体系也相当完备，主要代表有《政府官员及雇员道德操行准则》《海外反腐败法》《政府道德改革法》《政府工作人员道德准则》《行政部门雇员道德行为准则》《信息披露法》《阳光政府法》等。这些法律法规对政府内部的会计制度、官员及其

---

① "透明国际"官方网站，历年清廉指数报告，http://cpi.transparency.org/cpi2015/results/.

家人的财产申报和兼职、权力运行的全面公开性等各方面做了详尽规定，构成了对美国政府包括相关企业的全方位约束。另外，来自媒体、公众和相关非营利机构的政府外部监督也非常严格。例如，美国公众诚信中心①2012年发布的国家廉政报告对50个州政府的问责制度和道德问题进行了严格审查，以14个类别、330个单独指标对各州进行评分，分数从100到1，等级对应分别为A、B、C、D、E、F，结果美国没有一个州得到A，也就是优秀。只有5个州得到B，19个州得到C，18个州得到D，有8个州在透明度、责任职能以及廉政建设中不及格，只得到了F。报告显示这些不及格的州主要存在的问题是缺乏公众获取信息的渠道，缺乏强有力的监督机构。美国的非营利性评判之严格由此可见一斑。

但是，当前美国较为优良的廉政状态并非一蹴而就，相关廉政体系也曾经历长期完善的过程。事实上，在美国历史发展相当长的一段时期内，腐败，特别是利益集团腐败曾经非常严重，官商勾结、权力寻租屡见不鲜，从联邦政府到州、市政府，大大小小的政治、经济、社会集团深刻影响了美国的发展进程，这段时期因而也被世人戏谑地称为"镀金时代"。

第一节 "镀金时代"及其起源

1873年，马克·吐温的著作《镀金时代》（*The Gilded Age*）出版，该书通过对一位企业家兼政客的描写，揭露了西部投机家、东部企业家和政府官吏三位一体掠夺国家和人民财富的黑幕，深刻阐释了美国在那一时期前所未有的高速发展所掩盖的种种丑陋不堪的社会现实。《镀金时代》这一绝佳书名精辟地概括了台前幕后的一切：一方

---

① 美国公众诚信中心于1990年由著名自由记者查尔斯·刘易斯创办，对美国乃至全球各国的公共政策领域进行调查和报道。截至2013年，该中心已经发表了250多篇调研报告。为了保证这些调查的独立性，该中心从不接受任何广告以及大公司、政党、劳工组织的捐助。该中心的调查报告成果卓著，已在美国国内促成了很多立法，也让一大批官员锒铛入狱，如新泽西州老牌政客梅嫩德斯。

面，美国正处在经济腾飞的"黄金时代"，第二次工业革命、西进运动、大量海外移民的涌入使这个时代"遍地黄金"；但另一方面，又有为数众多的"大人物"，包括道貌岸然的议员、政客们，借此机会与垄断资本家勾结、假公济私、投机取巧、行贿受贿、贪污腐化、中饱私囊。表面的繁荣掩盖着腐败的风气、道德的沦丧、贫富差距极化及其他潜在的危机，所谓"黄金时代"，只不过是个内里虚空、矛盾重重的"镀金时代"。

正是因为"镀金时代"一词的生动形象，后世的历史学家们也沿用了这一称呼来指称从南北战争结束到19世纪末20世纪初的那一段美国历史。这一时期也是美国历史上唯一一个因贬称而著名的时代。19世纪60年代的南北战争为美国资本主义发展扫清了道路，加上不断涌入的移民和西部新发现的矿藏，这一切使得美国的工业化极速发展，国家财富迅速增长。到20世纪初，美国业已由一个尾大不掉、中央权力衰弱的初始工业化国家成长为世界上最强的工业国了。在这一时期，商业上的投机风气猖獗，政治上腐败严重，不少人以不正当手段发财致富，并以炫耀财富为荣，从中央政府到地方政府，官商勾结、任人唯亲导致政府内外的利益集团不断涌现。内战结束后，1869—1877年格兰特总统执政的8年更被公认为美国历史上最为腐败的时期，[①] 甚至总统本人也深陷与各垄断资本家的腐败关系中。随着1873年经济危机的爆发，政府高层的腐败丑闻相继被揭发，最著名的是1869年杰伊·古尔德和詹姆斯·菲斯克哄抬黄金价格案、1874年财政部长威廉·理查森辞职案和联合太平洋铁路公司股票丑闻。不但围绕白宫的政治丑闻接连不断，州政府和地方政府的丑闻也是此起彼伏。在当时，人们对花钱"购买"各级政府公职的情形司空见惯，如1880年纽约的"行情"是：一个法官职位需要1.5万美元；国会议席需4000美元；市参议员席位需1500美元；入选州参议院需要600—1500美元。[②]

[①] [美]埃里克·方纳：《给我自由！一部美国的历史》（下卷），王希译，商务印书馆2010年版，第238页。

[②] 高波：《走出腐败高发期——大国兴亡的三个样本》，新华出版社2012年版，第167页。

一 "遍地黄金"的时代

美国"镀金时代"的出现有着深刻的历史根源。从内战结束到 20 世纪初，美国可以说经历了世界国家发展史中最迅速和最深刻的经济革命，引领了第二次工业革命的世界大潮。促成这种巨大经济增长发生的原因是多方面的：美国拥有丰富的自然资源、不断壮大的劳工队伍、日益扩大的制造业商品市场和雄厚的用于投资的资本。此外，内战后的联邦政府积极推动工业和农业发展，政府实施的高关税为美国工业与外国竞争提供了保护，政府也用土地赠予的方式鼓励铁路公司修建铁路，并使用军队将印第安原住民从那些农场主和矿业公司希望获取的土地上强行驱离。

从工业经济方面来看，工厂生产、采矿和铁路建设在除南部之外的所有地区都迅速扩大，这标志着美国从林肯时代的美国——一个由小农场和手工匠人的小店铺构成的世界——转型为一个成熟的工业社会。19 世纪末的美国人为新经济创造的奇迹赞叹不已，"人们难以相信"，著名实用主义哲学家杜威写道："历史上曾经发生过这样一场如此迅速、如此广泛和如此彻底的革命。"[①] 内战前夕，以纺织业为基础的第一次工业革命将新英格兰变成了制造业中心，但除此以外，当时的美国基本上仍然是一个农业国家。1880 年，人口普查局第一次调查发现，从事非农业生产的人在全国劳动人口中成为多数；1890 年，2/3 的美国人的收入来源是工资，而非之前依靠农场、小商业，新型的工人阶级队伍已经形成；而到了 1913 年，美国的工业产值占世界总产值的 1/3，超过了英国、法国和德国工业产值的总和。尽管小规模手工生产仍然在许多行业盛行，但 20 世纪初，一半以上的产业工人在至少拥有 250 人的工厂里工作。1870 年至 1920 年的 50 年间，约有 1100 万美国人从农村移居到城市，另有 2500 万海外移民来到美国。[②]

[①] [美] 保罗·约翰逊：《美国人的历史》（第二卷），秦传安译，中央编译出版社 2015 年版，第 412 页。

[②] [美] 埃里克·方纳：《给我自由！一部美国的历史》（下卷），王希译，商务印书馆 2010 年版，第 241 页。

各种类型的制造业此刻在工业城市中紧锣密鼓地进行生产，纽约市区到处可见的摩天大楼以及在各式工厂中忙碌的无数工人，象征着都市正在充满活力地发展。1898年，纽约市和布鲁克林市合并之后，纽约市人口上升至340万人，这个城市为工业化和庞大的西进运动提供了源源不断的资金支持，它的银行和证券交易所将资本持续输送到铁路、矿山和工厂。第二次工业革命的核心地区在五大湖附近，那里的工厂生产出钢铁、机械、化工材料和各类食品，匹兹堡一跃成为世界钢铁生产的中心。1900年，芝加哥成为美国第二大城市，拥有170万人口，也是许多钢铁和农用机械的生产工厂所在地。小型工业城市也如雨后春笋般大量涌现，典型代表是以铸铁业闻名的纽约州特洛伊市、以丝绸业闻名的新泽西帕特森城和遍布家具制造工厂的密歇根大急流城。铁路也使美国工业经济的迅速上行成为可能，在私人投资及联邦、州和其他地方政府提供的土地和资金的推动下，美国铁路里程从1860年到1880年增长了3倍，至1920年时又增加了3倍。[①] 铁路不仅为商业性农业开辟了巨大的新天地，还为制造业产品创造出一个实实在在的全国性市场。19世纪90年代，5条横跨北美大陆的铁路线将西部矿山、农场、牧场和森林的产品运往东部市场，又将东部和中部的工业产品运往西部。此外，一系列科学技术发明刺激了通讯、交通和生产方式的急剧变革。1866年开通的大西洋电缆线使美国和欧洲之间发送电报成为可能；19世纪七八十年代，电话、打字机和手持相机相继问世，这一时代最伟大，也是最为家喻户晓的发明家是托马斯·爱迪生，他用自己的发明创造建立起包括留声机、电灯泡、电影和发电设备在内的一系列崭新工业，电力的广泛使用也给人类社会的总体发展带来了不可胜数的宝贵财富。

二 "金玉其外败絮其中"：垄断、利益分配失衡和阶级冲突

经济增长虽然极为引人注目，但也是非常不稳定的。美国经济在

---

① 王莹、李荣健：《美国的"拿来主义"与早期工业革命》，《武汉大学学报》（人文科学版）2007年第1期，第103页。

19世纪70年代和90年代遭受了长期的紧缩,史无前例的财富积累也使得阶级分化和利益分配不均问题越来越严重,权力受到严格规制的小规模联邦政府和其所奉行的自由主义原则使这一问题持续恶化。商业处于残酷的竞争之中,各种类型的公司使出浑身解数,试图在混乱无序的市场中建立秩序,它们组成了"联营体",也就是有可能展开竞争的公司合作将市场进行划分,并固定价格,由此也产生了"托拉斯"(trust)这一资本主义垄断组织形式,将几个相互竞争公司的事务交由一个单独的董事长来统一管理。但是,这些尝试在独立公司之间进行经济协调的活动往往由于各个企业的逐利特征归于失败。为了防止严酷无情的恶性竞争,越来越多的企业竭力想控制整个产业。这种经济集中化在1897—1904年达到了高潮,4000家公司被大企业吞并,少数规模庞大的垄断企业控制了全国市场,对市场行使着前所未见的强大控制权。① 类似于1901年由美国金融巨头J. P. 摩根创立的美国钢铁公司、标准石油公司和国际收割机公司这样的庞然大物控制了美国经济的主要部分,诸如J. P. 摩根、约翰·洛克菲勒、安德鲁·卡内基这样妇孺皆知的垄断资本家依靠买低卖高、投机收购的手段赚取大量财富,这些垄断资本家凭借组织化手段和制度漏洞甚至有能力操控联邦议员、左右联邦政府的政策制定,因而也被舆论和民众称为"强盗大亨"。

　　利益分配严重不均,在光谱的另一端,第二次工业革命所造就的大部分工人始终处于极度贫困的状态。"流浪工人"成为社会景观,许多产业工人每周工作长达60个小时,享受不到任何退休金、工伤补偿或失业保障,尽管美国工人的平均工资高于欧洲工人,但他们的工作环境却更加危险。1880—1900年,美国平均每年有35000名工人死于工厂和矿山的生产事故,这一数据在工业世界名列榜首。② 罢工运动和其他社会主义运动此起彼伏,但大部分都失败,因为雇主很

---

① [美]艾伦·维恩斯坦等:《彩色美国史》(中卷),胡炜等译,中国友谊出版社2008年版,第314页。

② J. M. Murrin, *Beyond Confederation: Origins of the Constitution and of American National Identity*, Chapel Hill, 1987, p. 346.

容易就能找到失业工人来顶替罢工者，并能非常便利地动用政府的警察队伍和私人安保力量来驱散工人。1890年，占美国人口1%的最富有者的收入总和相当于美国底层一半人的收入总和，他们所拥有的财产超过其余99%的美国人所拥有的全部财产。1868年，马修·史密斯初版的畅销书《纽约的阳光与阴影》以一幅版画作为开头，将百货公司大亨亚历山大·斯图亚特价值200万美元（约合现价6000万美元）的豪宅与纽约贫民窟的简陋居所进行了鲜明对比，引起了极大反响；1888年，雅各布·里斯出版了《另一半人如何生活》，揭示了令人震惊的都市贫困阶级的居住环境；1899年，社会历史学家索尔斯坦·维布伦出版了《有闲阶级论》一书，对上流社会那种专注于"炫耀式消费"的文化进行了深刻批判。

三 "镀金时代"的美国利益集团

（一）阶层型利益集团

在"镀金时代"，掌握美国经济命脉的垄断财团是美国影响力最强的利益集团。虽然与19世纪早期一样，镀金时代的美国人仍然把自己的国家看成是一个矗立在为非民主国家所充斥的世界中的政治民主的孤岛——在那个时候，欧洲只有法国和瑞士的男性拥有选举权，即使是在一向以其政治自由传统自豪的英国，工人阶级中的大多数人在1884年议会改革法通过之前也不能参加投票。直到第一次世界大战前夕，英国上院这个不经选举产生的、由世袭贵族组成的立法机构还可以否决任何由下院提出的法案。但是，镀金时代新出现的规模庞大的垄断公司和寡头企业所拥有的权力基本不受民主制度的约束，法律缺失、政府治理缺位的问题在当时非常严重，因而也使垄断资本家有机会寻求运用各种手段勾结政府为自身谋利。在当时，政治腐败非常盛行。"每个立法机构的大厅和走廊里"，一位伊利诺伊州共和党领袖观察到，"都挤满了前来为这个或那个大公司获取某种好处拉关系的人"。[1] 在宾

---

[1] Samuel Morison and Henry Commager, *The Growth of the American Republic*, New York: Oxford University Press, 1976, p.654.

夕法尼亚州立法机构，由铁路公司游说者组成的"第三院"被认为可以发挥与由选举产生的其他两院同等效果的影响力。在西部地区，许多立法者都拥有那些接受公共财政支持的木材和铁路公司的股票，或者在它们的董事会中占有一席之地。①

穷者愈穷、富者愈富的"马太效应"②和政府治理缺位使得阶级矛盾和阶级冲突在镀金时代日趋激烈。1877年，美国爆发了历史上第一次全国范围的工人大罢工——铁路大罢工。工人们抗议削减工资的罢工活动使全国大部分地区的铁路运输瘫痪，州国民警卫队企图强迫工人们返回工作场所，当军队在匹兹堡向罢工工人开枪并打死20人之后，工人们放火焚烧了该城的铁路工厂，摧毁了数百万美元的财产。大罢工使芝加哥和圣路易斯陷入瘫痪状态，显示了工人内部坚强的团结精神，也暴露出共和党政府和由垄断工业大资本家组成的权贵阶层的密切关系。③时任总统拉瑟福德·海斯前不久才命令在南部的联邦军队停止对地方政治的介入，此刻却命令军队进入北部地区，总统在他的日记中写道："必须用武力（把工人们）镇压下去。"④ 1877年之后，联邦政府在主要城市建立了军营，以保证再次发生劳工骚乱时军队可以随时调动。在1886年声势更为浩大的芝加哥大罢工中，联邦和地方政府又一次站在了厂方一边，4名罢工工人被警察开枪打死，4名无政府主义者在证据明显不足的情况下被以预谋和实施爆炸的罪名判处死刑。这一系列严重的阶级冲突表明美国的国家力量不是用来保护处于困境中的弱势群体的，反倒是被用来保障各大资本家的财产权。在这种情况下，谁是镀金时代占据主导地位的强势集团不言而喻。

---

① 黄贤全、王孝询：《美国政治与政府调控》，中国社会科学出版社2008年版，第118页。

② 马太效应（Matthew Effect），指强者愈强、弱者愈弱的现象，广泛应用于政治学、社会心理学、教育、金融以及其他领域。该名来自圣经《新约·马太福音》的一则寓言："凡有的，还要加倍给他叫他多余；没有的，连他所有的也要夺过来。"

③ ［德］W. 桑巴特：《为什么美国没有社会主义？》，赖海榕译，社会科学文献出版社2003年版，第59页。

④ 徐玮：《略论美国第二次工业革命》，《世界历史》1989年第6期，第20页。

(二) 政治权贵型利益集团

在联邦一级，政治权贵型利益集团不断涌现，官商勾结、权钱交易屡见不鲜。许多立法者和政客积极支持那些他们在其中拥有股票的公司和企业，或为他们提供债券或工资的公司。被揭露的最为臭名昭著的腐败产生于格兰特政府时期，也就是所谓的"莫比利尔信用公司案"（Credit Mobilier）。莫比利尔信用公司是由联邦太平洋铁路公司股份持有者中的核心集团人士组成的一个股份公司，负责监管铁路公司接受政府资助的铁路建设项目。简言之，公司所做的事就是帮助其成员为自己签订可以带来超出预期利润回报的修建新线的合同。这种安排得到了政府的保护，因为公司将自己的股票塞进了有影响力的政治人物的腰包，包括当时的众议院议长、1868 年当选为副总统的斯凯勒·科尔法克斯。在另一桩腐败大案中，格兰特政府的所谓"威士忌集团"（Whiskey Ring）与共和党的官员、税收官和威士忌生产者联手进行大规模欺诈活动，以逃税漏税的方式骗取了联邦政府数百万美元的税收。

城市政治也为类似于纽约"特威德帮"（Tweed Ring），也就是坦慕尼协会（Tammany Society）这样的腐败政治机器所控制。这个集团侵吞了纽约市数百万美元的公款。人称"老板"的威廉·特威德（"Boss" William M. Tweed）掌握的组织分布和延伸到了纽约市的每个社区。他打造了与铁路公司和劳工工会之间的特殊关系；还通过提供私人性质的社会救济服务，如为处于困难中的人提供食物、燃料和工作机会等，赢得了外来贫困移民的支持。19 世纪 70 年代早期，一些政治改良人士与那些不愿再向"特威德帮"进贡的商界人士联合起来，推翻了这个集团的统治，但特威德在纽约的穷人中间仍然很受欢迎。

(三) 其他类型的利益集团

由于美国经济的腾飞和镀金时代紧随南北战争的时间次序，在镀金时代的全国选举中，政党政治带有鲜明的内战印记。在当时，共和党控制着工业化的北部和中西部以及农业化的西部，以联邦老兵为主体的北方州的各类政治组织构成了共和党支持者的主要堡垒，北方各州也在接下来的经济发展中从共和党政府手里获取了极大利益，其发展速度远较战败的南方州为快。地域型利益集团在美国总统选举中有着突出表现，从 1868 年到 1900 年，共和党的每一位总统候选人都曾在内战时期的联邦军队中服役，因而也与北方各州关系密切。无论是第 18 任总统尤利西斯·格兰特、第 19 任总统拉瑟福德·海斯还是第 20 任总统詹姆斯·加菲尔德都来自北方州且在联邦军中担任过高级将领。到 1893 年，为北方的联邦士兵和他们的遗孀与子女提供养老金和抚恤金的开支计划占了联邦政府财政预算的 40% 以上。[①] 与此同时，自 1877 年以后，民主党控制了南部，也吸引了不少天主教选民，尤其是莫比尔、新奥尔良、圣路易斯等各城市中广泛存在的爱尔兰裔美国人，使地域型利益集团与宗教型、族群型利益集团交织在一起难以区分。

第二节 镀金时代作为政治工具的利益集团腐败

一 镀金时代的美国政府及其核心支持者——以格兰特政府为例

根据利益集团腐败的生成机理，对当权者而言，公共物品和私人物品的分配在实际操作层面需要考虑很多问题，也可能面对很多困难。因此，领导者或领导集体规避征收资源和进行资源再分配中的技术难题还可以采取另一种更加简单的方式，亦即允许支持者直接进行自我回报，这实际上是授予核心支持者的一种特权。对这些领导者而言，腐败并不是什么需要根除的坏事，反而是一种巩固自身执政基础的关键政治工具。腐败的这一政治工具属性在美国镀金时代的格兰特总统任期内（1869—1877）表现得淋漓尽致。

1870 年，美国历史学家亨利·亚当斯在《威斯敏斯特评论》上发表了轰动一时的揭露文章《纽约黄金密谋》（The New York Gold Conspiracy），攻击时任总统格兰特腐败无能。[②] 亨利·亚当斯是开国

[①] Paul Riper, History of the United States Civil Service, Peterson and Co., 1958, p. 74.

[②] ［美］爱德华·格莱泽、克劳迪娅·戈尔丁主编：《腐败与改革——美国历史上的经验教训》，胡家勇等译，商务印书馆 2012 年版，第 103 页。

元勋约翰·亚当斯总统的曾孙,美国第八任国务卿和第六任总统约翰·昆西·亚当斯的孙子。之所以前总统后人会公开声讨现任总统,是因为格兰特总统在政治操守方面的问题确实非常严重。

既然领导者维护自身政治生存的核心是掌握权力和利用权力,那么首先需要对格兰特政府的执政基础特别是核心支持者有一个明晰的认识。作为南北战争中的英雄人物、第一位从西点军校毕业的军人总统,尤利西斯·格兰特在南北战争后入主白宫可谓众望所归,连没有投票选他的人也敬他三分。可惜,他的军事才能没有很好地转化成管理才能,在他入主白宫的8年间,恰逢美国经济进入高速发展的轨道,美国崛起势头正猛。然而,格兰特执政的8年也被公认为美国历史上最为腐败的时期。格兰特正是以腐败作为政治工具换取大资本家、党内外要员和其他各类权贵阶层的忠诚,也使大大小小的经济、政治集团主导了美国的发展进程。

为了巩固自身权力,格兰特总统所采取的策略,也是他最令人诟病之处,就是任人唯亲、灾难性地扩张裙带关系,让不称职者和贪腐分子窃据高位,例如,他选择退出政坛20年的汉密尔顿·菲什为国务卿。格兰特的阁员几乎都是他的好友,他还喜欢向国会提名由经济界巨头担任政府部长,而这些人在历史上几乎全都被认为不合格,如他选拔的3任财政部长,要么不合法,要么是贪污犯,要么是行贿受贿能手,唯一优秀的战争部长约翰·罗林斯却英年早逝。① 由于对政治无知,缺乏行政才能,面对共和党领袖的反对,格兰特的应对手段就是收买。在总统带头下,新一届共和党议员把政治分赃、权钱交易、私相授受和党同异伐等政治陋习发挥到了极致。从政府到国会,华盛顿满是各路"带着钱袋子和支票本"的捐客。格兰特不仅把很多重要职位给了他从前在军队的同僚,甚至还应夫人要求,任命她的亲友为政府高官,如格兰特夫人的家人朱莉娅·登特就掌管了就业管理局的大权,收受贿赂肆无忌惮,登特家族的其他几名成员也通过格

---

① 杨家祺:《通往白宫的角逐——美国历届总统竞选实录》(格兰特卷),北京国际文化出版公司1997年版,第392页。

兰特的帮助在公共机构担任要职。格兰特的两个儿子分别在军队和银行任重要职务。毫不夸张地说，格兰特家族及其亲信本身就蜕变成了一个庞大的特殊利益集团。1874年，共和党议员、下一任总统詹姆斯·加菲尔德在评价格兰特的用人风格时说："他根据军事参谋的模式挑选内阁官员，选中他们不是因为他们的全国性声誉和公众的需要，而是他们与他愉快的私人关系，因此，在降低内阁官员的素质方面，他的所作所为超过了其他任何一位总统。"①

在格兰特任职期间，政府的腐败丑闻数不胜数。其中最著名的是五大腐败案：第一，"黑色星期五"事件。两个投机商詹姆斯和杰伊计划垄断黄金市场，为了确保政府不会通过抛售黄金来挫败他们的计划，他们雇佣总统的妹夫贝尔·科尔宾对白宫施加影响，而事件的最终曝光也使金价暴跌。人们称这一天为黑色星期五，因为在星期五这天，许多投资者和一些企业因大量购入黄金而破产。第二，联合太平洋铁路公司腐败案。一家信贷公司的官员曾在联邦资助建造联合太平洋铁路的过程中非法掠取超额利润，为了阻止对他们非法活动的调查，他们把股票以大大低于市场的价格出售给一些有影响的国会议员，在这个行贿案中充当该公司代理人的是共和党议员奥克斯·埃姆斯，被指控接受股票的人中有众议院议长后来任副总统的斯凯勒·科尔法克斯和当时的众议员后来成为总统的加菲尔德。第三，拖欠税款舞弊案。当时财政部长威廉指定约翰·桑伯恩为特别代理人，负责征收拖欠税款，根据私下的协议，桑伯恩所收取的手续费高达所征税款的50%。众议院在1864年进行的调查表明，桑伯恩共收取了40多万美元的欠款，而他个人得到了其中的一半左右，这一事件直接导致财政部长威廉辞职。第四，"威士忌酒集团"案。1875年，财政部长本杰明·布里斯发现有近百名酿酒商和联邦官员根据一个秘密协定把数百万美元的酒税装进了自己的腰包。格兰特得知此事后立刻命令检察官们要迅速查处，不让一个有罪的人逃掉，可是不久格兰特的私人秘

---

① 周琪、袁征：《美国的政治腐败与反腐败》，中国社会科学出版社2009年版，第26—27页。

书奥威尔·巴布科克被证明卷进了这个丑闻,格兰特的态度很快发生转变,并且开始给巴布科克求情,让他的私人秘书逃脱了罪责。在这一桩大丑闻中有 110 名参与密谋者被证明有罪。第五,陆军部长贿赂案。1876 年,陆军部长贝尔纳普被指控每年接受许多印第安贸易商人的酬金。开始还是他的妻子来收取酬金,在他的妻子死后,贝尔纳普干脆开始自己收钱,在参议院的审判开始之前,他知趣地辞去了部长职务,这才避免了弹劾。① 在格兰特的两届任期内,联邦政府出现这么多大规模集团腐败案,这在美国历史上也是鲜见的。

就总统个人而言,半辈子戎马倥偬的格兰特不懂经济、不通政治,为了确保自身执政地位,他更加需要核心支持者的忠诚。一方面,他利用总统权威亲自为各大财团非法牟利大开方便之门,例如他曾亲自为"诈骗王子"费迪南德·沃德撰写担保信,证明沃德所运营的诈骗公司的诚信,讽刺的是,这个诈骗公司的名字就是"格兰特·沃德公司"。事情败露后,沃德大言不惭地声称:"总统习惯于签我交给他签的文件,而并不注意它们的具体内容。"② 另一方面,格兰特包庇具有重要政治影响力的腐败政客以换取他们的支持。1872 年的总统大选竞争激烈异常,为了谋求连任,确保共和党在宾夕法尼亚州选举中获胜至关重要,该州的 29 张选举人票尤其关键,它们将决定总统选举的最终结果。但问题在于,共和党宾州州长候选人哈特兰夫特曾与私人银行家耶基斯和州财政部长罗伯特·麦基结成挪用、盗窃公共资金的"腐败铁三角"。此时,耶基斯因铁证如山已被费城地方法院判刑,且曾为谋求特赦而愿意充当"污点证人",立下了指控其前委托人麦基及哈特兰夫特挪用公共资金进行非法投机的宣誓书。此事一旦曝光,被激怒的投票者很可能把选票投给同样竞选州长的民主党候选人查尔斯·巴卡柳。为此,格兰特总统不惜于 1872 年 9 月 26 日亲临费城,在富丽堂皇的大陆酒店安营扎寨,就当地政治局

---

① 张国庆:《总统们:美国崛起的"秘密武器"》,上海人民出版社 2008 年版,第 105 页。
② [美] 亨利·克卢斯:《华尔街风云 50 年》,袁悦等译,法律出版社 2011 年版,第 217 页。

势与宾州政治大佬西蒙·卡梅伦和匹兹堡市律师兼联邦官员布赫·斯沃普密商好几个小时。最终，为了确保宾州10月竞选成功和11月的总统大选获胜，斯沃普"带着一个要求释放两名人犯的总统指示"赶往宾州首府哈里斯堡。很快，耶基斯这名在押犯被赦免，腐败丑闻不了了之，哈特兰夫特如愿当上州长。而在格兰特总统选举获胜的第二年，费城议会宣布解除了耶基斯所欠该市的47.8万美元巨额债务。1873年10月，法官又宣布解除了破产法庭对耶基斯的管制，使他彻底获得自由。①

不仅如此，在以腐败作为政治工具拉拢大财团和政治权贵的同时，格兰特又不断将威胁到这些核心支持者利益的官员扫地出门。如1869—1870年在职的司法部长埃比尼泽·霍尔以业绩而非对长官的忠诚来评定下属，并任用了9位正直能干的新人出任新创设的联邦法官职务。这引起了希望把自己的人安插其位的政要和议员们的不满，由于得不到总统的支持，霍尔最终只得黯然辞职。内政部长雅各布·考克斯推行按功绩奖励的制度，抵制了任意封官许愿的做法，但也与格兰特发生了激烈冲突，上任不到一年便愤然离职。1870—1871年在职的司法部长阿莫斯·阿克曼本是反对铁路大亨不法行为的正直官员，但在铁路方面的游说下，不久便被格兰特解职。内阁成员的更替乱象对格兰特的威信造成了极大的伤害，使得这位战功卓著的将军成了美国历史上最不称职的总统之一。加菲尔德对此失望地评论说："这是总统一方向政治蛀虫投降，这群蛀虫败坏着政府，永远使它龌龊不堪。"曾经支持西沃德收购阿拉斯加的参议员查尔斯·萨姆纳愤怒地说："美国正在遭受着一种像水肿病似的困扰着人们的裙带关系的折磨。"② 当然，即使遭受反对派和民众的广泛质疑，确保核心支持者的忠诚仍然让格兰特的总统生涯高枕无忧。

---

① ［美］约翰·弗兰奇：《强盗资本家：轨道车大亨的创富传奇》，陈小白译，华夏出版社2009年版，第74—90页。
② ［美］弗雷德里克·艾伦：《美国的崛起》，高国伟译，京华出版社2011年版，第58页。

二 "威士忌酒集团"案和联合太平洋铁路公司腐败案

就联邦政府层面的腐败而言,"威士忌酒集团"案和"联合太平洋铁路公司"腐败案影响最为深远。在轰动一时的"威士忌酒集团"(Whiskey Ring)案中,格兰特总统的私人秘书奥威尔·巴布科克成了权力"异化"和公权私用的典型。巴布科克出身行伍,作为格兰特在南北战争中的参谋,曾经在战斗中救过格兰特的命,当格兰特入主白宫,他也迅速成为总统的私人秘书。然而,他并不是一个安于职守的官僚,而是利用与总统的密切关系不断扩大自身权力。时任国务卿的菲什发现有的内阁部长连一些小小的开支都征求巴布科克的同意,于是在日记中写道:"事实是,巴布科克把他自己想象为美国总统。"[1]

所谓的"威士忌酒集团"是酿酒商人和政府税收官员狼狈为奸的庞大组织,中心设在圣路易斯,每年都能骗取政府几百万美元的税款。财政部长本杰明·布里斯托是揭露这个集团的工作的主要负责人,他在1874年上任后,就着手组织一批官员深入调查,不久便查封了数家酒厂和几个国内税务所。随着调查的深入,布里斯托发现问题越来越严重,每当布里斯托派秘密调查员取证时,"威士忌酒集团"好像总能事先得到消息,罪证总是突然消失。布里斯托意识到,这个犯罪集团在政府高层可能有内线。不久,调查组截获了一些来自华盛顿的电报,上面写着"整顿家务""朋友来看你"等暗语。追根溯源,这些底稿竟然出自格兰特的秘书巴布科克之手。后来的证据表明,巴布科克不仅收受了"威士忌酒集团"的大量贿赂,还半推半就地接纳了"威士忌酒集团"提供的性贿赂———一个号称"西拉菲仙女"的名妓。

格兰特得悉内情后,虽然指示布里斯托"不要放过任何一个有罪之人",[2] 但却亲自出面为巴布科克开脱罪责。在众目睽睽之下,格兰特于1876年2月写了一份赞扬巴布科克诚实品格的呈堂证供,陪

---

[1] Paul Riper, *History of the United States Civil Service*, Peterson and Co., 1958, p. 74.
[2] 周琪、袁征:《美国的政治腐败与反腐败》,中国社会科学出版社2009年版,第33页。

审员不愿与美国总统公然对抗，只得无奈地宣布巴布科克无罪，而格兰特没有为之求情的其他110人则被定了罪。

联合太平洋铁路公司腐败案更是内幕重重、牵连甚广。南北战争时期，联邦政府为了建设横贯大陆的铁路线，授权成立了联合太平洋铁路公司（Union Pacific Railroad Company，简称UP）。政府为计划中的铁路以及沿线项目划拨了2千万英亩国有土地，同时视施工难易程度的不同，为每英里的线路提供16000—48000美元的贷款，总额超过6千万美元。[①] 这在当时是一项投资巨大的基础设施建设工程，一些涉足该项目的企业家和有关联的政府官员利欲熏心，打起了鲸吞联邦拨款的主意。

他们算计到，一旦铁路建成投入运营，由于沿线地处荒漠和山区，运营成本会很高，再加上途经许多印第安人的领地，他们因为无辜失去自己的家园而可能对铁路进行骚扰和破坏，将进一步提高成本。总之这家公司未来在一段时间内的运营目标仅是不赔钱而已，盈利的可能性微乎其微。既然联合太平洋铁路公司将来很难赚到钱，公司的部分高管就开始另辟蹊径，试图拉拢政府内部的高级官员另外成立一家公司，通过UP承包铁路的建设和供应原材料，在这当中虚报成本以谋取巨额利润，至于铁路实际运行的盈亏则与他们毫无关系。在这一集体腐败过程中，资本家借助政府的公共权力大肆获利，政府官员也能够借助财团的帮助提升自己的政治威望，扩充政治资本。

于是，极力推动建设横贯大陆铁路线的马萨诸塞州联邦众议员艾姆斯，还有UP的副总裁杜兰特、公司高管布什内尔和阿雷加上他们的同伙，买下了一家有政府背景的公司，它是由宾夕法尼亚州政府在1859年授权成立的，从事贷款与合同承包等业务，当时已经奄奄一息。杜兰特和艾姆斯等人入主之后，将其改名为"美国动产信贷公司"（Crédit Mobilier of America），这家公司摇身一变成为联合太平洋铁路公司业务的独家承包商。

该公司在承包过程中，向UP出具大大超过实际成本的各项开支

[①] 孙立勇：《美国西部开发与腐败》，《正气》2008年第12期，第45页。

发票，而 UP 只加上少许合理的管理开支和利润，向联邦政府报销。这些表面上看起来合理合法的财务运作，往往是出自同一个人之手。联邦政府的这一项目大大超过预算，两年内投入了 9465 万美元，其中 5000 多万美元成了美国动产信贷公司的收益，而公司公布的利润远远低于实际收益，有 2300 多万美元流入了这一伙人的钱包。①

这种圈钱手法本来不难揭穿，但是经过艾姆斯的运作，联邦议会中的大量议员也与财团勾结起来，联合太平洋铁路公司/美国动产信贷公司得到了议会授权，可以在铁路建设过程中，以每 100 英里为阶段，提前发行与联邦铁路债券等量的股票。该股票很快被狂炒，股值翻了几乎百倍。这伙人就把公司的股票以发行价卖给有关的议员和政府高官，同时还在联合太平洋铁路公司本身没有多少收益的情况下，给这些官员股东配发超额红利。通过这些手法，他们暂时规避了议会和行政当局的调查。

这一骗局在总统大选年的 1872 年被捅破，原因并非政治家们良心发现，而是分赃不均。一个被贿赂的对象认为自己的得益太少，隐忍了 4 年之后，将他所获得的受贿名单通过纽约《太阳报》公布出来，引起了轩然大波。议会与司法部据此分别展开调查，发现美国动产信贷公司曾经将公司股票以超低价卖给共和党与民主党两党的 30 多位成员，包括时任副总统的科尔法克斯和加菲尔德。但是，比起民众和媒体的制约和问责，这种官商结合的大型利益集团无疑对当权者获取支持更为关键，在这起腐败大案中，被指控的高官大多数以自己并不知情或并未参与利益输送为由摆脱了制裁，其中加菲尔德甚至还在 1881 年当选总统。只有少数几个人，包括艾姆斯受到议会的申诫处分。

接二连三的大规模利益集团腐败丑闻使格兰特和联邦政府名声大损，在这些方面格兰特有不可推卸的责任，他对经济一窍不通，行政能力更是不行。然而，很大程度上也正因为他的无能，各大财阀和政府高官非常希望他当选总统。无论有意无意，格兰特政府都在事实上容忍了官商勾结和权钱交易，使各大财阀和达官显贵大发横财。在这

---

① 孙立勇：《美国西部开发与腐败》，《正气》2008 年第 12 期，第 45 页。

些经济、政治利益集团的支持下，1872年选举使得格兰特的腐败统治得以继续维持。然而，其后4年的执政情况比前4年更加不堪，积聚已久的1873年经济危机终于爆发，美国陷入有史以来最长久的经济衰退中。内战以来一直蓬勃发展的铁路业首当其冲，1/4的企业倒闭、失业率上升到14%。① 这次衰退时间长达6年。以至于在1874年的国会选举中，尽管格兰特的支持者还想推举他第三次当总统候选人，但格兰特本人已决计不再参加总统竞选。在最后一次给国会的咨文中，他坦率地承认："没有任何搞政治的经验就被选为总统，这是我的幸运，也是我的不幸。"②

第三节 镀金时代美国的制度短板

格兰特政府任期内此起彼伏的大规模利益集团腐败只不过是镀金时代美国政治腐败的缩影，除了执政党领导集团将腐败作为政治工具以换取权贵阶层的支持，更深层次的原因在于当时美国权力结构和政治制度存在缺陷。更确切地说，很大程度上正是美国民主政治中两党制的出现和与之相关的权力结构安排、政治制度的不完善，导致美国在镀金时代孱弱的国家治理能力和严重的利益集团腐败问题，并以此在美国历史上留下了令人印象深刻的一页。

事实上，官商勾结的利益集团腐败问题自美国建国初期开始就已经有所显露。1829年亚当斯总统当政时，其密友拜厄斯·沃特金斯在担任财政部审计官时就被查出贪污挪用公款超过7000美元，参议员尼尔·韦伯斯特也接受了银行家和制造商的现金贿赂。③ 更早的独立战争年代——即使是在1780年战争处于最为艰难的转折关头，"费城大陆会议和各州的代表纷纷在土地投机和军需供应中腐化"，一位

---

① ［美］霍华德·津恩：《美国人民的历史》，许先春译，上海人民出版社2000年版，第421页。
② 杨家祺：《通往白宫的角逐——美国历届总统竞选实录》（格兰特卷），北京国际文化出版公司1997年版，第397页。
③ 李颜伟：《美国改革的故事》，北京大学出版社2009年版，第53页。

军人在当年 8 月的大陆会议上指控说:"这场争取自由的战争已经堕落为一场汲汲于金钱的闹剧!"① 到了镀金时代,美国的国家治理能力毫无疑问处于一个历史低谷,它的政治结构和权力分配显然不足以面对经济快速增长所带来的一系列问题,日益泛滥的利益集团腐败只是这一治理能力缺失的缩影。尽管联邦政府的规模和权力通过内战都得到了扩大,但就现代标准而言,它仍然是一个很小的政府。由于秉持自由放任理念、满足于充当国家发展的"守门人"角色,美国从教育到医疗卫生保障、商业管制、民事和刑事案件的审理以及其他的许多职能的行使几乎都在州和地方政府的控制之下或为私人机制管理,1880 年的联邦政府雇员人数仅为 10 万人②(2016 年这个数字接近 420 万,就美国国土面积而言仍然相对较少)。

总而言之,镀金时代美国政府的权力结构和制度安排存在的弊端主要有以下几方面内容:肆无忌惮的政党分赃和党阀政治、不完善的财政制度和"公弱私强"的衰弱政府权力。需要注意的是,这三者并非相互独立、不相隶属,而是环环相扣、互为前提。

一 衰弱的政府和政党分赃

在美国历史上,三权分立的运行通常比较顺畅,但两大党派争权夺利所导致的零和博弈问题对美国政府实际权力的影响往往更为深远,美国政党竞争制度鲜明的党派主义色彩在镀金时代所引发的问题与当今时代并无本质区别。③ 如前所述,在镀金时代的全国性选举中,

---

① J. M. Murrin, *Beyond Confederation: Origins of the Constitution and of American National Identity*, Chapel Hill, 1987, p. 65.

② [美]埃里克·方纳:《给我自由!一部美国的历史》(下卷),王希译,商务印书馆 2010 年版,第 266 页。

③ 美国历史上经常出现因两党不和导致的政府"关门"危机。奥巴马政府仍长期受困于党派争端,早在 2008 年奥巴马总统大选获胜后的演讲中,他就呼吁两党摒弃分歧,通力合作,打破两党极化的政治怪圈。然而,数年之后,美国政治的党派色彩不仅没有缓和,反而更加严重。他在 2016 年最新的国情咨文中也坦承道:"我在任期间的诸多遗憾之一,就是两党的积怨和怀疑并未减弱,而是变得更深。"毫无疑问,根深蒂固的党派争端给美国的内政和外交造成了深远的负面影响。针对这个问题,奥巴马也指出:美国所憧憬的美好未来需要通过共同努力,需要"经过理性,且富有建设性的辩论"才能实现,而这一切皆取决于政治问题的解决。

政党政治带有鲜明的内战印记。共和党控制着工业化的北部和中西部以及农业化的西部,联邦老兵的各种组织构成了共和党支持者的主要堡垒。从1868年到1900年,共和党的每一位总统候选人都曾在内战时期的联邦军队中服役,例如,在1880年总统选举中,所有4名候选人都曾是内战时期的北方将领。到1893年,为联邦士兵和他们的遗孀与子女所提供的养老金和抚恤金的开支计划占了联邦政府财政预算的40%以上。① 1877年以后,民主党控制了南部,也吸引了不少天主教选民,尤其是各城市中广泛存在的爱尔兰裔美国人。

在那段时期,政党对选票的分割非常接近。从1876年到1892年举行的5次总统选举中,主要候选人之间的选票差距在其中的3次不到1%。1874年的国会选举中,民主党人赢得了众议院的控制权,也开始了长达20年的政治僵局时代。在这个时期出现了一连串一届任期总统的情形:拉瑟福德·海斯(1876年当选)、詹姆斯·加菲尔德(遇刺后由切斯特·阿瑟继任)、格洛弗·克利夫兰(1884年当选)、本杰明·哈里森(1888年当选)和于1892年第二次当选的克利夫兰。只有在很短的时间内,同一个政党能够同时控制白宫和议会的两院。类似于今天美国政府的内政困境,议会在讨论重要议案时不止一次地因为议案在参议院和众议院之间被像皮球一样地来回踢而瘫痪,最后不得不诉诸特别会期来完成必要的立法工作。镀金时代的总统在动员公众舆论和发挥行政领导作用方面几乎无所作为,他们的政府班子规模很小,据说克利夫兰担任总统时,遇到有人敲门,他还得亲自去开门。②

美国的政党制度所导致的更为严重的问题是"政党分赃"(spoils system)大行其道和严重的党阀政治。美国权力结构的这一问题自建国初便长期存在,但镀金时代社会财富的急剧增长使得这一问题在当时被无限放大,使特定政党和政党集团成为资本家和金融寡头在政府

---

① Paul Riper, *History of the United States Civil Service*, Peterson and Co., 1958, p.74.
② [美]詹姆斯·伯恩斯:《领袖》,常健等译,中国人民大学出版社2016年版,第218页。

内部的代言人。两党内部的利益集团与经济界大鳄相勾结，在巩固自身权位的同时也能够通过腐败手段谋取私利。

美国的政党分赃制有其深刻的历史根源，正如美国历史学家艾伦所指出的：

> 在美国，1787年宪法的制定和一个新的国家政府的建立，对社会结构产生了深刻的影响。不仅建立了一个类似于英国的两院立法制度，而且还有一个潜力巨大的行政与国家司法制度，他们带来了大量的政治机会……与不列颠那种狭窄的政治渠道相反，合众国的官员太多了且太容易得到了。①

在接下来的政治进程中，美国宪法的这一弊端很快就显露无遗。1800年是美国的一个大选年，这次人选进行得十分激烈，最后民主共和党人托马斯·杰斐逊经众议院投票以1票多数当选美国第3任总统。1801年3月，即将卸任的总统联邦党人亚当斯在离任前夜，仍试图把许多本党人士紧急塞进政府和法院以削弱对方势力。当时这批官员的任命书已经签署，但尚未发出，因此在历史上留下了"星夜受命人"的典故。杰斐逊入主白宫后，发现在600个总统直属文官中，只有6个人是民主共和党人。因此，他不得不在就职演说中以"我们都是共和党人，我们都是联邦党人"为说辞，并将自己的官员任命原则确定为两党成员"适当分享"，由此也开启了"政党分赃"的先河，②并使之在相当长时期内成为美国政治录用的基本方式。

1829年第7任总统安德鲁·杰克逊就职后更公开倡导这种做法，在美国联邦政府实行官职"轮换制"，排斥异己，为党派亲信封官，使政党分赃制得以确立。据《环球报》当时的统计，到杰克逊上任第二年（1830年），在联邦政府10093名官员中有919人被撤职或更

---

① ［美］弗雷德里克·艾伦：《美国的崛起》，高国伟译，京华出版社2011年版，第47页。
② 涂象钧：《美国的政党分赃现象浅谈》，《世界经济与政治》1989年第10期，第59页。

换职务。在他的 8 年任期中，共罢免总统直属文官 612 人中的 252 人，而在联邦政府所有官员中，有 10% 的人被免职。① 替换那些被罢黜的"杰斐逊派"官员的杰克逊党人，大都不是随意挑选的普通官员，而是上流社会人士及其子弟，也不乏无能的贪腐分子。如由杰克逊直接任命的纽约港税务官塞缪尔·斯沃特伍特，就是一个盗窃国家公款 120 万美元的贪污犯。有学者指出："杰克逊使分赃制度牢牢地附着于联邦政府，从此以后，尽管行政部门屡加改革，却一直未能彻底根除该制度。"② 这种公职人员的任命惯例在 1832 年正式定名，那一年，纽约州参议员威廉·马西说了一句经典的名言："在政治上要像在爱情上、战争上一样公平，战利品属于胜利者所有。"③ 政党分赃制（spoils system）由此正式得名。作为一种选拔官员的人事制度，政党分赃制强调的是政治立场即对所属政党的忠诚。在这一权力规则下，从 19 世纪 30 年代开始，公职人员在获得公职后需要按照惯例向本党"捐献"薪水的 2% 至 7% 作为政党的活动经费。④ 对这种借助公共职位谋取一党私利的最经典批判来自于伟大的无产阶级和劳动人民导师弗里德里希·恩格斯：

> 正是在美国……两个轮流执政的大政党中的每一个政党，都是由这样一些人操纵的，这些人把政治变成一种收入丰厚的生意，拿合众国国会和各州议会的议席来投机牟利，或是以替本党鼓动为生，而在本党胜利后取得相当职位作为报酬……在那里可以看到两大帮政治投机家，他们轮流执掌政权，用最肮脏的手段为最卑鄙的目的运用这个政权，而国民却无力对付这两个大的政

---

① 涂象钧：《美国的政党分赃现象浅谈》，《世界经济与政治》1989 年第 10 期，第 59 页。
② ［美］理查特·霍夫施塔特：《美国政治传统及其缔造者》，崔永禄等译，商务印书馆 2010 年版，第 167 页。
③ 孙哲、赵可金：《美国国会对腐败问题的治理》，《清华大学学报》（哲学社会科学版）2009 年第 2 期，第 98 页。
④ R. Andreano, *Economic Impact of the American Civil War*, Shenkman Publishing Co., 1962, p. 3.

客集团，这些人表面上是替国民服务，实际上却是统治和掠夺国民的。①

在分赃制下，官职是用来"作为商品和动产付旧账和施行新恩惠的"。② 既然官职是致富的手段，而且任期有限，于是在有限的任期中大肆为个人和本党牟利也就成为一种习惯。如果说商人追求利润最大化，那么政治分赃也使得政治规则进入商业化时代。在任命政府官员时，当权者主要考虑党派或私人利益，而非履行公职的能力。每当新总统上台，政坛变动便愈发激烈。1841年，辉格党人威廉·哈里逊入主白宫后，立刻把民主党人都赶下台；1845年，民主党人詹姆斯·波尔克当选总统后，又把辉格党人撤换殆尽。

南北战争结束后，政治老板或曰"党魁"势力的崛起是一道独特的政坛风景。这些党魁控制着各级政党组织，并利用自己所掌握的公共职位来笼络党羽，培植了一个以自己为中心的政党核心集团。党魁及其亲信开动专司分赃的政治机器，收获的是选票和选举获胜的结果，左右的是地方乃至全国的政局。这种政党分赃制度的最大特点在于获胜的执政党和党魁任命公职不以能力高低为准，而以效忠程度为依据，也就是所谓的"党同伐异"。由此，美国的公职人员腐败问题愈发严重，出钱购买联邦政府公职的现象比比皆是。布莱斯勋爵发现美国政治中的内聚力是"渴望公职，并把它作为一种获利的手段"。③ 国会议员们手里有几百个可任命的联邦职务，他们拿这些职务来对政治上的支持者论功行赏。大量联邦、州和地方政府官员用权力来交换填满钱袋的机会，强大的利益集团能够轻而易举地收买政府官员。更为不利的是，公众对官员腐败的容忍度越来越高，对腐败政府习以为常。美国历史学家对这一现象的评价是："几乎在所有的地方，旧道德标准都被破坏了，对于许多人来说，诚信

---

① 《马克思恩格斯全集》（第二十二卷），人民出版社1965年版，第227—228页。
② 林畅、施雪华：《论美国现代文官制度的形成及其核心价值体系》，《湖北社会科学》2009年第4期，第21页。
③ 肖华锋：《美国黑幕运动研究》，上海三联书店2007年版，第44页。

似乎离开了公共生活。"①

与政党分赃制相联系，为了给对手制造执政障碍，美国两党开始了公职扩容竞赛。每当执政党即将下台之时，为了使本党人马冻结在下任政府的重要公职上，不惜以增设大批闲职的方式扩大文官队伍，既扩大本党的政治版图，又使下届政府束手束脚，即使是各州政府和各县、市政府的用人，也全为分赃制所笼罩，结果出现了职位虚设、机构臃肿不堪、尸位素餐、公职人员素质下降等问题。尽管美国政府在镀金时代规模仍然很小，但相比建国初，其规模的增长速度却远快于美国人口的同期增速，1792—1861年，美国人口增长了近10倍，但联邦文官增长了50倍②（从1792年到1861年，文官职位增加了62倍多，从780人增加到49020人，到1881年更是增长到10.7万人）。

以纽约海关为例，由于纽约港是美国3/4进出口货物的集散地，又是大批商旅必经之所，两党竞相把党羽亲信安插其间，使纽约海关成了一个规模庞大、效率低下的机构。1877年，当海斯总统迫于压力不得不派出委员会对纽约海关进行调查时，发现贿赂和贪污司空见惯，民众对纽约海关人浮于事、服务恶劣的问题也是见怪不怪。为此，调查委员会所提出的建议是至少裁员20%以提高效能。在其后的5年中，纽约海关平均每天罢免人数超过1人，罢免总数相当于雇员总数的两倍。③

二 制度缺失和国家治理能力低下

就镀金时代的联邦一级政治而言，两大政党都是由那些权力强大的、与大型商业利益集团保持密切关系的政治经纪人所控制，这也加剧了利益分配不均的问题。在当时，共和党人坚决支持高关税政策以

---

① 肖华锋：《美国黑幕运动研究》，上海三联书店2007年版，第44页。
② [美] 弗雷德里克·艾伦：《美国的崛起》，高国伟译，京华出版社2011年版，第168页。
③ [美] 威廉·多姆霍夫：《谁统治美国：权力、政治和社会变迁》，吕鹏等译，译林出版社2009年版，第324页。

保护美国的工业，在整个19世纪70年代，他们所追求的金融政策包含的内容是：减少联邦政府的开支，偿还大部分联邦债务，让内战时期发行的"绿背纸币"①退出流通领域。民主党人则反对高关税，该党高层领导集团与纽约市银行家和金融家之间保持着密切的联系，一直拒绝接受债务沉重的农业地区提出的增加流通货币供应的要求。1879年，美国自内战之后第一次回归金本位制，通过减少外国制造业商品相对于本国制造品的竞争力和让银行取代政府来控制货币的发放。如此，共和党的经济政策明显偏向于东部工业和银行业的利益。这些政策给南部和西部农场主带来了诸多不利，他们不得不忍受制造业的商品的加价，而他们自己产品的价格却在持续跌落。

　　公共财政制度是国家政治制度中最重要的组成部分，其重要性不亚于选举制度、议会制度和政党制度。然而，19世纪的美国各级政府是没有预算的政府，这种"看不见的政府"（invisible government）也时常成为"不负责任的政府"（irresponsible government）。②财政预算是政治控制和行政管理的决定性因素，预算文件和审计报告的质量反映的是民主政治的程度。但早期美国宪法对政府预算制度并未作出明确规定，直到1800年才开始规定财政部要向国会报告政府的财政收支，但也不过是报告财政收支总的情况而已。到了20世纪初，这一问题仍未得到根本解决。在1909年，也就是镀金时代的末期，城市审计员梅茨在美国统计联合会的一次演讲中，明确指出了4年来他所发现的城市预算中的七大基本缺陷：预算数据弄虚作假，缺乏具体的统计证明材料；预算统计资料多为单栏登记，做到最好的也仅仅是双栏登记；预算的分类未能适应工作的需要；预算补贴并未依据功能进行分离；预算审定程序极不规范；预算抵押支离破碎；预算执行者

---

　　① 所谓"绿背纸币"（greenback）是美国政府在南北战争时期为了提供战争经费所发行的不兑换纸币，因背面为绿色得名。发行于1862年，至1863年3月止，前后共发行三次，共批准发行4.5亿美元，由于发行额过多，绿背纸币在市场贬值流通，其最低的市值曾为1864年面值的35%。这种非正规纸币在南北战争后曾收回一小部分，1879年后逐步退出流通领域，为此还引发了"绿背纸币运动"。
　　② ［美］玛格丽特·利瓦伊：《统治与岁人》，周华军译，上海人民出版社2010年版，第2页。

极端无知。[①]

　　从根本上来说,在政府活动中,财政支出与为民谋利应当是相对应的。预算体现了国家在生活中的作用,既是政府用以保持或改变行动的重点,也是协调政府各领域行动和提高政府效能的重要手段。但在19世纪的美国,各级政府并没有一份详尽统一的预算。民众和国会很难对政府及其各部门进行有效监管,也为贪污腐败留下了无数机会。镀金时代的美国政府预算不过是一堆杂乱无章的事后报账单,对政府某部门的拨款只是一个不准确、不完整的总数,没有开支分类,也没有具体细目。在这种情况下,美国虽然号称民主,但民众实际上根本无法对政府行为进行有效监督。

　　制度缺失所导致的中央政府治理能力衰弱的现象在镀金时代表现得非常突出。1887年,为了回应公众对一些铁路运营项目的强烈不满,国会建立了州际商务委员会(ICC)以保障铁路公司在为农场主和商人运送产品时收取合理的费用,且不会为一些客户提供排他性好处。这个委员会是美国政府建立的第一个企图管制经济活动的联邦机构,但因为它只能监管在法院被起诉违规的公司,缺乏制定运费比率的权力,该委员会对改变铁路运营现状——各大利益集团随意征收运费——的影响力微乎其微。1890年,国会通过了谢尔曼反托拉斯法,该法禁止了限制自由贸易的企业合并和与之相关的其他商业做法。但是,因为使用的语言非常模糊,所以该法几乎无法执行。在当时,关于政府管制的一个关键问题在于:为了推进公共福利,联邦政府是否有权管制经济?这个问题放在当今不言自明,可是在镀金时代,崇尚自由主义信条的美国政府却迟疑不决。

　　国家治理能力的缺位也表现为州一级和其他地方政府的政治冲突。在镀金时代的美国,各地区政府不得不在缺乏联邦政府领导的情况下,承受剧烈经济变化和经常性经济危机带来的冲击。在州和地方一级,镀金时代是一个政治激烈动荡的时代,充满了关于如何正当使用政府权威的争论和冲突。内战结束后不久,北部的州政府如重建时

[①] 吴肇基:《公共部门预算与财务原理》,中国戏剧出版社2001年版,第150页。

期的南部一样，扩大了其在公共卫生、社会福利和教育方面的职能；城市政府在修建公园、改善饮水和燃气等公用设施方面大量投资。那些在经济变革中遭受损失的人也呼吁因内战创立的具备更大权威的政府能够出面解决他们所面临的困境。

在当时的地方选举中，除共和党和民主党之外的第三党有时会获得虽然短暂但极为重要的成功。例如，绿背纸币—劳工党（Greenback-Labor Party）认为联邦政府应当停止"绿背纸币"退出流通领域，该党认为通过这一方法可以给投资者带来更多的资金，同时将资金供应的权力交给政府而非银行家，该党同时反对动用州国民警卫队和私人保安力量来镇压罢工。19世纪70年代后期，这个名不见经传的小党控制了一些工业和矿业地区的地方政府，并向国会输送了21名独立于两大政党的国会议员。[①]

镀金时代美国市级政府的权力更加薄弱，甚至难以管制公共产品的分配过程。例如，从公共事业规制演变角度来看，在煤气和电力行业，镀金时代是明显的弱市政控制时期，煤气和电力公司只能通过市政特许权加以规制。市政特许权赋予公共事业公司在特定城市开挖街道和从事经营的权利，作为获取权利的回报，这些公共事业公司有义务提供相应的公共事业服务。这类特许权一般要签署长达25年至50年的长期合同，合同同时规定了价格上限和最低服务标准。特许权通常以名义美元表示价格上限，然而，由于煤气和电的整体价格水平在19世纪后期稳步下降，煤气和电的生产技术迅速进步，名义价格[②]上限实际无法发挥作用。结果在市政特许合同签署后不久，价格上限通常就会失去约束力，对垄断企业来说更是如此。在有些情况下，市政府也会鼓励竞争以补充对公共事业公司的规制。在大城市，多达六七家公司相互竞争的情形并不少见，例如19世纪80年代末的芝加哥市，城西多家煤气公司之间的竞争使煤气价格大幅下降。然而，除了

---

① John Garraty, *Historical Viewpoints: Notable Artcles from American Heritage since 1865*, Vol. 2, New York, 1987, p. 113.

② 所谓的"名义价格"（nominal prices）是一个经济学概念，指以某些货币表示的、未经过通货膨胀调整的初始价格。

像芝加哥和纽约这样的特大城市外，大多数市场不足以承载竞争，竞争性价格战的结果往往是大型既得利集团的产生、公司合并、垄断和涨价——正如亚特兰大、巴尔的摩、克利夫兰和其他大城市所表现的那样。

需要特别注意的是，市政特许权是一种市场经济下的合同，它规定了市政府和私人公共事业公司双方的义务，同时要求获得当事双方的一致同意。① 市政当局无权单方面规定特许权条款。在美国大多数地区，除非有明确的立法许可，否则州宪法禁止市政府直接、单方面地对煤气公司和其他公共事业公司的费率进行规制。正如联邦法庭的解释："对煤气公司向消费者收取的费用进行规制，并不是市政府必不可少的一种权力，也不包含在赋予市政府的一般权力之内。"② 联邦法庭继续解释说，除非州议会明确将规制权力授予市政府，否则只有州才能对煤气收费进行规制。正因为制度缺陷所导致的市级政府治理能力缺失，类似于坦慕尼协会这样的利益集团才能够在事实上主导城市发展进程，腐败问题迟迟无法得到有效解决。

更为严重的是，上文论述的公共财政制度缺失和政府的治理能力缺陷在地方政府层面甚至表现得更为突出。城市政府作为联邦政府的缩影，其财政状况和财政管理处于明显的低端管理水准。一方面，随着城市化加速、城市规模扩大、城市经济繁荣、城市人口密集，城市政府所掌控的公共资金也成倍增加。但在亚当·斯密经典的关于"看不见的手"的自由放任思潮影响下，市政府没有配套的资金预算制度和财政监管制度，例如公共事业特许权的授予和市政补贴的发放就完全是一笔糊涂账，那些合谋起来窃取市政资金的腐败官员和不法商人很难得到有效监管。

19世纪最后20年到20世纪30年代是欧洲向美国大量移民的高峰期。近50年里，进入美国的欧洲移民多达1000万人。纽约地区仅

---

① [美]爱德华·格莱泽、克劳迪娅·戈尔丁主编：《腐败与改革——美国历史上的经验教训》，胡家勇等译，商务印书馆2012年版，第400—439页。

② 同上书，第411页。

1870年至1900年人口就翻了一番,达到343.72万人。人口的大量增加和经济的快速发展使纽约市迅速膨胀。1898年,纽约市的规模已与今日不相上下,其财政支出相当于整个纽约州的5倍,超过全美所有州支出的1.33倍,是美国联邦政府支出的1.14倍,其债务超过了所有州的总和。而在1898年至1900年的两年间,纽约市的财政支出又增长了17%,到20世纪初成为美国最大的单一公共财政支出机构。[1] 然而如前所述,与城市化快速发展极不相称的是,城市财政体系存在巨大漏洞,充满着政界与商界相互勾结抢劫公共资金的"城市之耻"。城市历史学家亚历山大·卡劳曾形象地指出,当时美国的城市政府拥有的是"一堆破烂和补丁",是毫不协调的支离破碎的权力拼凑起来的烂棉被。[2] 以纽约市为例,市政府的工作由16个相互独立的部门分别承担,有的部门下设多达18个局,关键问题在于,每个局都有自己的预算,都直接和州议会协商其财政来源。[3]

美国在镀金时代,城市老板全面控制市议会,通过市议员这些投票机器堂而皇之地窃取国库、骗取预算并不困难,特别是美国会计制度缺位在早期美国城市是相当普遍的现象,它导致城市行政当局在城市管理和发展方面的诸多失败。当时,市政府的雇员发工资都是现金支付,不记账。城市维修工程没有开支记录,市政府也没有公共财产记录,公有资产的流失屡见不鲜。贪污受贿最严重的领域包括土地批租、公共服务、公共工程和政府采购。最重要的是,"对政府的财政政策的反应中逐渐形成所有权结构,只鼓励那些不受国家影响也对社会没有产出的活动,而阻止个人去从事各种生产性活动"。[4]

其实,18世纪苏格兰哲学家大卫·休谟已经提出了类似于"公用地悲剧"的公共产品供给问题,他写下了一个著名的"公共草地

---

[1] [美]玛格丽特·利瓦伊:《统治与岁入》,周华军译,上海人民出版社2010年版,第6页。
[2] 张定河:《美国政治制度的起源与演变》,中国社会科学出版社1998年版,第146页。
[3] 高新军:《预算民主:重塑美国政府》,《中国改革》2008年第10期,第31页。
[4] [美]亨利·乔治:《进步与贫困》,吴良健等译,商务印书馆1995年版,第341页。

排水问题"的故事：两个邻人同意去排掉他们所共有的一片草地的积水，虽然每个人"不执行自己的任务的直接后果就是整个计划泡汤"，但每个人又都想找借口"使自己省却麻烦和开支，而把全部负担加在他人身上"。① 以休谟的理论视之，当时的美国城市财政恰如一片谁都不负责任的"公共草地"。从理论来看，当时的纽约市应当是一个公共公司，但其实际管理方式却类似于一个私人商业公司——前者是指它行使着传统的政治权力来维护公共安全、稳定和防疫，并且通过立法来规范地方事务；后者则类似于私人法人实体，从事许多与财产权有关的活动，包括获得或出租公用设施和运输系统、发放债券、用合同管理商品和服务。于是，"焊接政府各部分产生了大量的腐败，支撑所有政府形式的支出立即压到了所有国民身上，最终成了一个委员会式的政府；其中，政策建议人、执行人、赞成者、证立者、负责的人和不负责的人都是一伙的"。② 会计和预算的不完整、不准确使得城市债务及支出大量增加，让利益集团所主导的市政腐败有了充足的来源。镀金时代美国政府深陷腐败高发期的原因并非公职人员为满足一己私欲公权私用，而是腐败的政治属性和权力结构层面的失位或错位——大规模既得利集团腐败不仅是权力趋腐、人性自私的集中表现，更是镀金时代美国政治运作不可或缺的"润滑剂"。

---

① ［英］大卫·休谟：《人性论》，关文运译，商务印书馆1980年版，第578—579页。
② ［美］道格拉斯·诺思：《经济史上的结构和变革》，厉以平译，商务印书馆1992年版，第149—150页。

第五章　纳粹德国的利益集团腐败

　　德意志联邦共和国（The Federal Republic of Germany）是当今全球第4大经济体，人口接近8200万，也是欧盟人口最多的国家。德国被公认为在全球范围内具有重要影响力，在过去数百年间为人类社会的发展贡献了数不胜数的思想家、科学家、文学家和艺术家，作为第二次工业革命的领军国，德国至今在工业和技术方面居于全球领先地位。2014年，德国人均国民收入约为4.76万美元，是全球经济最发达的国家之一。[①] 但正是这样一个代表欧洲文明先进发展的国家，过去200多年在政治发展过程中却历经坎坷，经历了从分裂到统一，再次分裂到再次统一的曲折过程。单就民主政治发展而言，德国也经历了从集权色彩较为浓重的德意志第二帝国的君主立宪制向魏玛共和国的民主共和制的转型，而后民主制度又迅速地被德意志第三帝国，也就是纳粹德国的独裁极权制所替代；"二战"结束后，德国重新实现了民主转型并维系至今。在这一长期的历史演变中，德国成为两次世界大战的策源地，给本国、欧洲和世界人民带来了深重灾难。

　　在整个20世纪，德国国内政治最重要的事件之一就是纳粹德国的兴起。当代德国问题专家雷纳·莱普修斯有言："'国家社会主义德国工人党'[②] 的掌权和阿道夫·希特勒的独裁统治证明了一个现代

[①] 关于当代德国的基本国情数据，参考世界银行官方发展报告，http://data.worldbank.org/country/germany.

[②] "国家社会主义德国工人党"的另一种译法是"民族社会主义德国工人党"，它的德文全称为National Sozialistische Deutsche Arbeiterpartei，缩写是NSDAP，也就是纳粹党。

第五章　纳粹德国的利益集团腐败 | 153

社会自我毁灭的可能性。"[1] 纳粹德国是指在 1933—1945 年由阿道夫·希特勒和其所领导的纳粹党统治的德国。纳粹德国有两个官方国名，分别为 1933—1939 年使用的德意志第三帝国（Drittes Reich）与 1939—1945 年的大德意志帝国（Großdeutsches Reich）[2]。毫无疑问，纳粹党上台和希特勒独裁统治的政治影响超出了国界，使得第二次世界大战成为可能，也因此，德国的政体变迁不仅影响了本国的政治发展，且造成了深远的国际政治影响。

"二战"爆发前，在阿道夫·希特勒的统治下，纳粹德国一扫魏玛共和国的颓势，不仅克服了经济危机，使失业率降低至近乎为零，而且在外交领域取得巨大突破，成功废除了《凡尔赛条约》加之于德国的种种限制。在所谓的"元首体制"下，纳粹德国又在短时间内通过外交和战争占领了大半个欧洲：奥地利与捷克斯洛伐克分别在 1938 年与 1939 年被纳粹德国吞并（其中捷克被直接吞并，斯洛伐克则成为纳粹德国的傀儡）；1939 年 9 月，纳粹德国挑起第二次世界大战，与苏联共同瓜分了波兰第二共和国；至 1941 年，纳粹德国占领了北欧、西欧和南欧的大多数国家，其占领区内的"不受欢迎的人"和另外一些民族亦不断受到迫害；1941 年 6 月，纳粹德国对苏联宣战，发动苏德战争，德军一度兵临莫斯科；1941 年 12 月，轴心国集团的另一重要成员日本偷袭珍珠港，德国也对美国宣战；在 1942 年和 1943 年轴心国遭到一连串的失败后，战争的天平开始向以英、美、苏为代

---

[1] M. Rainer Lepsius, "From Fragmented Party Democracy to Government by Emergency Decree and National Socialist Takeover: Germany", in *The breakdown of Democratic Regimes: Europe*, Vol. 2, Baltimore: The Johns Hopkins University Press, 1978, p. 78.

[2] "第三帝国"（The third Reich）一词源于意大利末世神学家、佛罗伦萨教派创始人尤阿兴姆·菲奥雷斯与其他中古世纪神学家对圣经经文的解释，原初意义是指"圣父之国"（Reich des Vaters）、"圣子之国"（Reich des Sohnes）之后的"圣灵之国"（Reich des heiligen Geistes），即上帝拯救世界后，完美、无尽止，由圣父、圣子、圣灵统治，以基督为王的第三阶段神国（Reich）。到了近代，"第三帝国"的概念已脱离神学领域，而被运用在浪漫主义文学甚至保守政治革命中。1923 年阿图·莫勒·凡登布鲁克（Arthur Moeller van den Bruck）在《第三帝国》一书中主张创建一个取代魏玛共和国，同时在传统上与神圣罗马帝国（962—1806，第一帝国）以及由普鲁士主导建立的德意志帝国（1871—1918，第二帝国）一脉相承的新国家，为德国重夺荣耀。这个概念在魏玛共和国时代被反民主分子与激进右派团体（包括纳粹）广为引用。

表的同盟国倾斜；1945年初，西方盟国自西向东，而苏联则自东向西不断推进，同年4月，苏军攻入柏林，4月30日希特勒自杀；1945年5月8日，德国无条件投降并签署投降书，纳粹德国正式宣告灭亡。

后世的历史学家创造出各种繁复的概念试图阐明纳粹德国的国家性质，如"法西斯主义"或"种族国家"，就其根本，这些描述性的标签都试图表明纳粹德国的集权主义色彩，尤为特殊的是，这种集权主义建构于纳粹党的种族理论之上。纳粹德国宣传部部长约瑟夫·戈培尔曾说过："国家社会主义革命的目标必然是一个集权主义的国家，它将渗透到公共生活的所有方面。"[1] 而在希特勒本人看来，纳粹德国的目标是制造一种新的、上帝般的人类。

乍一看，腐败并未过多地困扰纳粹德国。在希特勒的冷血统治下，前所未有的经济、内政、外交和军事成就使纳粹德国的总体国家能力维持在一个较高的水平，强人政权、铁腕经济政策和高速经济发展也使纳粹德国成了一台近乎完美的战争机器。但事实上，利益集团腐败问题在纳粹德国——无论是战前还是战时——司空见惯，从上台执政直到战败覆亡，纳粹政府的大规模集体腐败问题始终未能得到有效治理。纳粹德国的腐败之所以特殊，不仅在于纳粹党本身作为第三帝国最大的利益集团以权谋私、行贿受贿、结党营私、任人唯亲，而且在于这种集体腐败实质上是受到专制制度保护的。在这样的既有体制下反腐，除了统治集团自上而下的限制政策，不存在任何来自其他政党、组织、媒体或民众的监督。如此，即使纳粹党有心反腐，但仍然无力回天。

第一节　纳粹德国的政府与政治

一　纳粹德国的组织原则：元首至上和纳粹党专权

（一）元首原则

纳粹德国的权力结构大致可以被视为一个三角形，作为元首的希

---

[1]　[美] 克劳斯·费舍尔：《纳粹德国：一部新的历史》（上卷），佘江涛译，译林出版社2012年版，第3页。

特勒处于三角形的顶端，政府和纳粹党构成了三角形的两边，当然，这个三角形的三条边很少相等，国家和党的权力界限也难以清晰勾画。纳粹党和国家的官员有时是相互重叠的，从而制造了由权责并不清晰、相互钩心斗角的机构所组成的体系。尽管后世历史学家对纳粹的整套体制大加批判，但是客观地看，这一近乎完全意义上的人治体系在纳粹德国的短暂历史中运行得倒是相对流畅，其中一个重要原因在于整个德国领导层和几乎所有德国普通民众都将自己的一切奉献给了国家领袖，也就是希特勒本人。

美国历史学家威廉·夏伊勒在名著《第三帝国的兴亡》中对希特勒的评价是：

> 如果没有阿道夫·希特勒，那就几乎可以肯定绝不会有第三帝国。因为阿道夫·希特勒有着恶魔般的性格、花岗石般的意志、不可思议的本能、无情的冷酷、杰出的智力、驰骋的奇想以及惊人的判断人和局势的本领。只是到最后由于权力和胜利冲昏了头脑，他才做出了不自量力的事情。①

希特勒是纳粹德国，纳粹德国也是希特勒，这种元首至上精神体现在希特勒的言论中，在纳粹德国的历史中以不同的形式一再重复。在1934年8月2日保罗·冯·兴登堡死后，希特勒顺理成章地控制了德国，宣布他自己为纳粹德国的帝国总理并代行总统职权，接下来，他又废除总统制，立法成为德国元首，宣布自己是德国的最高统治者。

自此以后，在纳粹德国只能有一个人的意志，那就是希特勒的意志，其余的人必须对他完全服从，"德国只有一个权威，这就是元首的权威"。纳粹德国的绝大多数达官显贵和普通民众都相信："元首在所有政治问题以及其他影响人民的国家和社会利益问题上都显然是

---

① 〔美〕威廉·夏伊勒：《第三帝国的兴亡》（上卷），世界知识出版社2012年版，第25页。

没有错误的。"① 希特勒经常会在没有书面指示的情况下用口头的方式传达自己的命令，而这些命令实际具备法律的力量。在司法界，希特勒虽不直接介入法律程序，但保留了干预的权力；在教育界，希特勒的著述《我的奋斗》被奉为圣经，希特勒青年团控制了几乎所有德国青年；就经济发展而言，希特勒本人虽然不懂经济，但他牢牢地将相关领域重要官员的任命权抓在自己手中。

元首原则在纳粹德国实在太显而易见，已经不需要过多论述，这一纳粹德国铁一般的原则在人们日常行为中最典型的体现便是世人皆知的纳粹礼。这种"纳粹礼"（Nazi salutes）又称"德意志礼"（der Deutscher Grueszlig），方式为高抬右臂45度，手指并拢向前。与敬礼相匹配的是，1933—1945年的德国，在纳粹党员之间、政府公职人员之间、平民之间或军队之间②经常使用"希特勒万岁!"（Heil Hitler）作为向他人致意的方式。希特勒自己则喜欢别人称呼他"我的元首万岁!"（Heil, mein Führer）或简单的"万岁!"（Heil）。这种独特的纳粹礼由古罗马敬礼手势（Roman salute）演变而来，右手伸直，手掌朝下。希特勒推崇举手礼，反对见面握手，并认为那样会让德国人变得市侩继而毫无斗志。这套纳粹礼象征着"德意志及其人民和利益高于一切"，配合"希特勒万岁"的致意方式，同时包含以下几层意思：其一，表示希特勒拥有至高无上的权威；其二，表示纳粹党党员和民众对希特勒的无限崇拜和绝对服从；其三，表示决心沿着希特勒指引的争取雅利安人胜利斗争的方向前进。

总之，在纳粹德国，希特勒的权力是不容侵犯的，纳粹德国的公职人员、军人和所有在纳粹组织中工作的人员以及绝大多数德国人民都宣誓忠于阿道夫·希特勒本人。纳粹德国党卫队成员的入队誓词如下：

---

① ［德］托尔斯腾·克尔讷：《纳粹德国的兴亡》，湖南人民出版社2010年版，第46页。

② 1944年"7·20"事件后，纳粹元首希特勒以"军队必须忠于其元首和加强与党之间的关系"为名，下令国防军在全部场合以德意志礼取代军礼。在此之前国防军一直以标准军礼为主。

我向你 阿道夫·希特勒宣誓，
忠诚、勇敢的德国元首和总理。
我向你和你任命的上级宣誓，
至死服从命令，
上帝保佑。①

正如夏洛伊所言："在纳粹德国，一切都开始于也终结于希特勒。"②

（二）纳粹党专权

1933年，纳粹党经过民主选举上台执政，正式执掌国家大权，开启了一个前所未见的专制集权时代。作为纳粹德国的统治集团，纳粹党也成了当时德国最有权势的政治集团，它在获得权力之后具备双重功能：一方面，它是一个试图代表所有德国人民的大众党——到1939年，纳粹党拥有170万党员，其中绝大多数是下层中产阶级，但在这之后，成员数量不再有限制，1945年党员数量最终增长到800万人（1939年，德国人口总数为6500万）。③ 另一方面，纳粹党坚持精英主义意识形态和领导风格，它的理想是充当德意志民族复兴的先锋，它至少在理论上按照严格的等级方式组建自己的机构。

纳粹党在国家权力结构的三个层面上运作：首先是政治组织或管辖一定领域的干部组织；其次是纳粹党的分支；最后则是纳粹党的附属组织。政治组织由它的领导干部，也就是由18名国家党部领导人（Reichsleiter）组成，元首是党和国家的首脑，在这些党政大员之下是34名区党部领导人（Gauleiter），他们是纳粹党的地方领导人，管理着特定区域的纳粹党，直接对希特勒负责；党的分支包括希特勒青年团、国家社会主义妇女联盟、国家社会主义德国学生联盟和国家社

---

① ［美］时代生活编辑部：《党卫队》，孙逊译，海南出版社2015年版，第13页。
② ［美］威廉·夏伊勒：《第三帝国的兴亡》（上卷），世界知识出版社2012年版，第41页。
③ ［美］克劳斯·费舍尔：《纳粹德国：一部新的历史》（下卷），佘江涛译，译林出版社2012年版，第86页。

会主义汽车协会等各类纳粹党领导下的社团机构；纳粹党权力结构的第三层次则包括与专业团体或者利益团体相关的各种附属组织，其中最为重要的是纳粹党的工会组织德意志劳工阵线（Deutsche Arbeits Front，缩写为 DAF），在 1939 年它的成员数量超过 2000 万。①

　　作为一个党政不分的极权国家，纳粹党的相关机构在事实上与国家机关平行且相互交织。一边是手握特权的纳粹党国，其中希特勒和纳粹党高级官员有权对国家事务作出特别决策；另一边则是从魏玛共和国延续的、合法的国家机构，执行着日常政府事务。从政治运作的实际状况来看，纳粹政府被一些不仅属于党，而且在党和国家两处都拥有性质相似的职位和管理职务的达官显贵操纵。例如，保罗·戈培尔是纳粹党党部领导人和纳粹党宣传主管，但他也占据了国家公共启蒙和宣传部部长的职位；汉斯·弗兰克是纳粹党负责法律事务的国家党部领导人，同时也拥有国家司法部长、国家不管部部长和波兰总督等多个政府头衔。与此同时，因为纳粹党高层对德国传统的科层制政府缓慢谨慎的政治运行状态不满，希特勒鼓励创建一些特殊的职位或组织以加快关键政治进程，例如弗里茨·托德博士被任命为德国公路总监，但他的职位并没有被安排在运输部，而是直接隶属于国家总理办公室和希特勒。党卫队（Schutzstaffel，简称 SS）的设置更是给既存的国家权力结构增添了混乱因素。党卫队在纳粹党和国家制度中都具有很强的独立性，它在纳粹德国的权力结构中影响很大。这个组织最初是一个规模很小的纳粹党精英护卫队，负责保护元首的安全，后来发展成为纳粹党的警察部队，再其后又成了国家警察部队，控制着广大的集中营系统，还在军队中特别安排了武装党卫队。不仅如此，党卫队也与德国大企业、占领区的经济管制有着千丝万缕的联系。

　　总而言之，纳粹德国拥有一个高度科层化的、党政关系混乱不清的体制，它以"元首原则"作为纳粹党和国家组织的根本原则，最终目标是全面控制公民生活，其惯常形态是集权主义的，由纳粹党和

---

① ［美］克劳斯·费舍尔：《纳粹德国：一部新的历史》（下卷），佘江涛译，译林出版社 2012 年版，第 88 页。

其所主导的国家机器在不同层面上对国家加以控制。

二 纳粹德国的国家机构设置

(一) 纳粹德国的立法和行政架构

虽然纳粹德国在国家性质上根本不同于在它之前的魏玛共和国,但实际上魏玛宪法却从未被希特勒正式废除,希特勒正是以这个遭到他轻视的共和国宪法作为他统治的合法性来源。纳粹德国数以千计的法令是明白无误地以前总统兴登堡于1933年2月28日根据宪法第四十八条所签署的保护人民和国家这个总统紧急法令作为基础的——这项法令在国会纵火案(1933年2月27日)发生后第二天签署实施,时任总理的希特勒使老迈的兴登堡相信德国有发生共产主义革命的危险。这项停止一切公民权利的法令在纳粹党执政期间始终有效,使得元首能够以一种长期戒严令式的方式进行统治。

纳粹德国所谓"合乎宪法"的第二大合法性支柱是德国国会在1933年3月24日通过的授权法,这项法令把国会的立法职能交给了纳粹政府。以后每过4年,一个橡皮图章似的国会就恭顺地再把这项法案延长4年,纳粹党从来没有取消这个曾一度民主的机构,因为在民主的大旗下进行独裁对纳粹党无疑更为有利。从1933年纳粹党上台执政到1939年第二次世界大战爆发为止,德国国会一共只举行过12次会议,"制定"过4项法律,没有进行过辩论或表决,而且除了希特勒发表的演说外从未有过其他任何发言。[1]

在1933年的头几个月之后,内阁中就不再有认真的国事讨论了;而在1934年8月兴登堡逝世以后,内阁举行会议的次数更是大为减少;在1938年2月后,内阁再也没有召开过任何会议。然而,担任内阁阁员的纳粹党政治巨头却拥有很大权力,可以直接颁布法令,这些法令在经过元首的批准后就自动变成了法律。或许是为了给当时访问德国的英国首相张伯伦留下一个德国内政良好的印象,1938年纳

---

[1] Martin Broszat, *Hitler and the Collapse of Weimar Germany*, trans. V. R. Berghahn, 1987, p. 189.

粹德国曾大张旗鼓地设立了秘密内阁会议（Geheimer Kabinettstrat），实际上这个机构仍然只是空有其名，从未举行过会议。德国国防会议（Reichsverteidigungstrat）是在纳粹德国建立初期成立的，由希特勒担任主席，作为一个策划战争的机构，它也只正式举行过两次会议，虽然它的某些工作委员会表现得相当活跃。①

在中央层面，作为替代内阁的行政手段，许多内阁职能都交给了一些特设机构，诸如元首代表（先是赫斯，后来是马丁·鲍曼）办公室、战争经济全权代表（沙赫特）办公室、行政全权代表（弗里克）办公室和四年计划代表（戈林）办公室。此外，还有所谓的"最高政府机构"和"全国行政机构"，等等，其中许多机构沿袭魏玛共和国的旧制。在元首直接管辖下的中央政府执行机构大约有42个。②

在地方层面，德国各邦的议会和政府实际上在纳粹党于1933年上台执政的第一年就被取消了。在德国历史上一直具备较强独立性的邦已经沦为省的性质，邦长由希特勒任命。地方自治原本是德国在民主制度建设方面唯一真正进步的地方，现在也被完全取消。1933—1935年发布的一连串法律法规剥夺了各城市的地方自治权，把它们置于全国内政部长的直接控制下。如果城市人口在10万人以上，那么内政部长直接任命它的市长；对于人口不足10万的城市，则由邦长任命市长；至于柏林、汉堡和维也纳（在纳粹德国1938年占领奥地利之后成为德国城市），希特勒保留了直接任命这些城市市长的权力。③

从维护自身权力地位的角度来看，很显然希特勒并非仅依靠个人之力独自统治，他主要借助4个办公室行使他的独裁大权：总统（虽然这个称号在1934年后不再存在）府、总理（这个称号在1939年被

---

① [美] 克劳斯·费舍尔：《纳粹德国：一部新的历史》（下卷），佘江涛译，译林出版社2012年版，第98页。

② [英] 理查德·奥弗里：《第三帝国图文史：纳粹德国浮沉实录》，朱鸿飞译，金城出版社2015年版，第240页。

③ 同上书，第241页。

摒弃)府、党部和元首府,最后一个机构的主要职能是照料他的私人事务和执行特别任务。纳粹德国的最高领袖希特勒虽然执掌内政外交的最高决策权,但他对直接处理烦琐的日常政府事务兴趣匮乏,在兴登堡去世且巩固了自己的执政地位后,他就把大部分例行公事交给了他的忠诚追随者和助手们去处理,让戈林、戈培尔、希姆莱、莱伊和席腊赫这样的纳粹党领导核心自由地分割各自的权力范围和利益范围。即使是党外人员,只要他是纳粹党的坚定支持者,也可能被授予大权,例如银行家亚尔马·沙赫特在纳粹德国建立之初担任经济部部长,可以自由地用他能想到的任何手段为不断增长的政府开支筹措款项。而当这些党内外的核心支持者为了争权夺利或分赃不均而发生冲突时,希特勒就会充当最高仲裁者——事实上,他对这些争执并不十分在意,且常常有意地促成这些争执,因为这有助于他保持最高领袖的地位,而且还可以防止党内大员联合起来反对自己。最好的案例莫过于纳粹德国内部关于外交领导权的争端,争端的当事人有3个:1932—1938年担任德国外交部部长的康斯坦丁·牛赖特、在同一时期担任党的外交事务部首脑的罗森堡和里宾特洛甫,里宾特洛甫通过完全独立的"里宾特洛甫办事处"直接执行外交政策。这3名政府要员的权责划分模糊不清、互相干涉、互相倾轧,而希特勒则让他们的这种互为抵触的职位一直存在,以此确保他们的不和并最终保障自己在外交领域的最高决策权。

(二)纳粹德国的司法机构

在1933年纳粹党上台执政后的最初几个星期,当执政集团开始进行大规模的任意逮捕和杀害时,纳粹党治下的德国就已经不再是一个法治社会了。纳粹德国的司法界公然宣称:"希特勒就是法律。"戈林强调了这一点,他在1934年7月对普鲁士的检察官们说:"法律和元首的意志是一回事。"①

在魏玛共和国的宪法下,法官们是独立的,只受法律的管辖,不

---

① John Breuilly, "Nationalism and the First Unification", in *Germany's Two Unifications: Anticipations, Experiences, Responses*, New York: Palgarve Macmillan, 2005, p. 101.

会被任意撤职,且至少在理论上有宪法第一百零九条的约束,限定任何法官必须保障所有人在法律面前一律平等。但是,随着纳粹党上台执政,民主和自由烟消云散。1933年4月出台的公务员法适用于一切司法机关,该法案清除了司法界中的犹太人,还清除了那些对纳粹主义的信仰不坚定的——这项法律的原文是:"那些有迹象表明不再准备在一切时候为国家社会主义国家利益执言的人"①——法官和检察官。为了保障纳粹党对司法系统的全面控制,司法专员兼全国法律工作领袖汉斯·弗朗克博士在1936年告诉法律工作者:"国家社会主义思想,特别是党纲和元首在一些演说中所解释的,是一切根本法律的基础。"他接着解释说:

> 没有不合国家社会主义的法律独立。你们在作出每一次决定时都要想一想:"如果元首处在我的地位会怎样决定?"对于每一项决定,都要自问:"这个决定是否符合德国人民的国家社会主义良心?"然后你们就会有一种极为坚实的基础,把这种基础同国家社会主义人民国家的一致性和你们对阿道夫·希特勒意志的不朽性质的认识结合起来,就会使你们在做出决定时具有第三帝国的权威,而且这是永远的。②

1937年1月,新的公务员法又规定要撤换一切"政治上不可靠"的官员,包括法官在内。此外,所有法官都被迫加入德国国家社会主义法律工作者联合会。

最初,德国司法机构对纳粹党并非百依百顺,少数法官仍企图根据法律原则作出判断。1934年3月,在最高法院对震惊德国的国会纵火案的审判中,4名共产党被告中的3人因证据不足被释放。这一判罚使希特勒和纳粹党高层大为光火,于是不到1个月,也就是在

---

① [美]科佩尔·平森:《德国近现代史:它的历史和文化》(下卷),范德一译,商务印书馆1987年版,第53页
② 同上书,第53—54页。

1934年4月底，只有最高法院才能审理叛国案的权力被转移给了新设立的"人民法庭"（Volksgerichshof）。这一新的司法机构由两名专职法官和5名纳粹党官员、党卫队和武装部队中选出的人组成，后者在表决时占有多数。对人民法庭的判决不得上诉，而且它的审讯通常秘密进行。比这个可怕的人民法庭设立更早的是"特别法庭"（Sondergericht），它从普通法院那里接管了涉及政治罪行的案件，这个法庭由3名法官组成，他们必须是可靠的纳粹党员，且在审判时不设置陪审团。在实际操作层面，纳粹检察官有权选择把所谓"阴险地攻击政府"的案件提交到普通法院或是特别法庭，很显然，他们总是选择后者。这个法庭的辩护律师和人民法庭的辩护律师一样得由纳粹官员认可，违反纳粹党意志的律师很可能被直接关押到集中营。最高领袖希特勒本人有权直接干涉司法程序，使刑事诉讼程序中止，在一段时期，纳粹党内二号人物戈林也有权这样做。法院对犯有攻击党、元首或者国家的罪行的审判记录都需要呈交给元首代表鲁道夫·赫斯（1941年之后是马丁·鲍曼），赫斯有权对他认为判处太轻的被告采取"无情的措施"——通常是将被告送入集中营或直接杀害。

另外，纳粹德国的司法机关也受到纳粹党卫队很大的影响，例如，令人谈虎色变的"秘密国家警察"（Geheime Staatspolizei，简称GESTAPO，也就是家喻户晓的"盖世太保"），1936年2月纳粹德国颁布的《秘密警察根本法》把这个机构置于法律之上，法院绝对不得干涉它的活动。盖世太保凭借所谓"保护性看管"（Schutzhaft）的权力任意逮捕人和把受难者拘禁于集中营，这些集中营（仅仅在1933年年底就已经存在大约50个）由党卫队直接控制，守卫的责任专门交给臭名昭著的骷髅部队（Totenkopfverbaende）。与秘密警察相关联的还有党卫队保安处（Sicherheitsdienst，首字母缩写是S. D.），这也是令所有德国人和被占领区民众望而生畏的机构。这一机构和盖世太保一样由党卫队领导，具体负责人莱因哈德·海因里希（也是盖世太保的直接负责人）更是以外号"刽子手海德里希"闻名于世。保安处起初的任务是暗中监视党员和报告任何可疑活动，1934年成为盖世太保的情报单位，到了1938年，一项新的法律赋予它在全国范围内进行情报工作的权力。另外，1936年6月，一支全国性的统一警察队伍在德国首次建立起来①，党卫队头子希姆莱被任命为德国警察总监。由此，第三帝国已经成为一个警察国家，这也是一切极权独裁政体无法避免的发展结果。在完全垄断司法权的基础上，纳粹政府可以肆无忌惮地处罚敌人、威吓民众，使他们根本不敢反抗纳粹统治。

三 纳粹德国的利益集团和腐败顽疾

"元首体制"、党政不分和权力结构混乱使得利益集团腐败问题在纳粹德国表现得尤为突出，反过来，这种大规模集体腐败对纳粹党及其各级组织机构也造成了严重损害。侵吞党费和捐款的现象如此猖獗，以至于纳粹党总财务官不得不在每个工作日平均向普通法庭提起5项针对腐败官员的刑事诉讼。除了所谓"下层腐败"之外，纳粹党内部的精英集团更是腐化堕落，作为纳粹政权的核心支持者，他们通过滥用职权和各种特权谋私、拉帮结派，维持着骄奢淫逸的生活，并借此突出自己在纳粹统治集团中的地位。另外，纳粹德国的腐败也蔓延到那些受到纳粹种族主义②影响的地区，被德国占领的欧洲（尤其是东欧）各国的日常行政和经济事务甚至集中营系统中都存在着各类腐败现象：占领区行政机关的很多成员的"主宰种族"态度以及行政监管的缺失导致占领区的腐败现象非常严重。而在纳粹集中营系统，集中营管理者的"绝对权力"更是诱使当权者想尽一切办法中饱私囊。总体而言，纳粹德国的主要利益集团可以被大致划分为以下几种类型：

（一）阶层型利益集团

秉持所谓"国家社会主义"发展理念的纳粹德国并不存在严格意义上的阶层型利益集团，对比魏玛共和国时期由于国际经济危机冲击所引发的社会崩溃，纳粹政府在经济发展方面确实取得了一些成效，在纳粹党统治下社会各阶层的生活状态可以说有了重大转变。但是，

---

① 在此之前，德国的警察由各邦分别设立，德意志第二帝国和魏玛共和国都是如此。
② ［英］F. H. 欣斯利编：《新编剑桥世界近代史》（第11卷），中国社会科学院世界历史研究所译，中国社会科学出版社1999年版，第364页。

不同阶层所掌握的经济发展话语权和对纳粹政府的影响力仍然存在明显的差别，在这其中，垄断资本集团无疑占据了优势地位，使这一阶层比其他群体相对而言能够获得更多利益。

在争夺政权时期，纳粹党之所以能够在短时间内得到迅速发展并最终上台执政，其中的一个重要原因在于它的党纲——"25 条纲领"①——得到了工人、职员、农民、自由职业者等各阶层大量群众的支持。从 1932 年纳粹党员的阶级构成看，在全部纳粹党员中，工人占 28.1%、职员占 25.6%、自由职业者占 20.7%、农民占 14.1%、官吏占 8.3%，其他成分占 3.3%。② 1933 年 2 月 1 日上台伊始，希特勒对德国民众进行了第一次广播讲话，他许诺在未来 4 年里救济农民、恢复就业并改革公众服务体系和稳定物价，许诺扫除这个共和国的混乱与苦难，他向所有人许诺了一切，许诺给所有的人面包、金钱和民族自尊。③ 而在接下来的 4 年内，除了犹太人和其他少数民族遭到无情迫害以外，大多数社会阶层的生活水平相比魏玛政府时期确实得到了改善。

然而，进入 30 年代后，为了获取大资本家的支持，希特勒对纳粹党纲进行了修改，声称"对于私人大企业，民族社会主义绝不因其违背集团的利益而加以反对"。④ 1932 年 1 月 27 日，希特勒应邀出席

---

① 1920 年 4 月，纳粹党把自己的前身——德国工人党宣布的"25 条纲领"作为其正式纲领。该党纲有反对资本主义和主张社会改革的条款，既迎合了工人、农民和其他小资产阶级群众的需要，也使资本家能够接受，可以说是一种民族主义和社会主义思想的混合物，打破阶级的差别，提高普通劳动者地位一直是国家社会主义的核心理念。在具体内容方面，"25 条纲领"提出取缔不劳而获的收入，废除"利息的奴隶制"；毫无保留地没收战争利润；一切托拉斯收归国有，分配大企业的盈利；建立并且维护一个健全的中产阶级，立即将大百货公司地方国有化，将它们廉价租赁给小商业经营者，在分配国家定货单时，坚决照顾小商业经营者；大规模改组养老设施，废除地租，制止土地投机；严厉镇压那些危害公共利益的人、高利贷者和投机者等。

② Jane Caplan, *Nazi Germany* (*Short Oxford History of Germany*), Oxford University Press, USA, July 15, 2008, p.169.

③ Danp Silvennan, *Hitel's Economy/Nazi Work Creation Programs*, *1933–1936*, Harvard University Press, Cambridge, Massachusetts London, England, 1998, Preface Ⅶ.

④ 齐世荣、钱乘旦、张宏毅主编：《15 世纪以来世界九强兴衰史》（上卷），人民出版社 2009 年版，第 444 页。

在杜塞尔多夫秘密举行的垄断资本家大会,该会议的参加人员是当时德国最有权势的300名垄断资本家。希特勒在会上作了长篇演说,向与会各企业领导和代表保证,"如果他们支持他取得政权,他将向他们提供空前庞大的军事订货"。[1] 这些垄断资本主义的最典型代表是广泛存在于工业、商业、运输业、银行业和保险业等各经济领域的托拉斯巨头、康采恩巨头与卡特尔巨头。[2] 例如德国通用电力公司(A. E. G)、联合钢铁公司、I. G. 法本公司分别控制了德国的电力、钢铁和化工行业,也把控着德国的工业命脉。到1937年,联合钢铁和I. G. 法本生产的爆炸物加起来占全国总量的95%,著名的克虏伯军火公司也在其控制之下。[3] 希特勒领导纳粹党上台执政后,对纳粹党中要求对经济界和大资本家采取革命攻击行动,也就是发动所谓"二次革命"的观点进行了驳斥。他强调:"决不要排斥一个好的企业家,即使他还不是一个国社党人。"[4] 他还下令除经济部外,任何纳粹政府的领导人都不得插手经济。实际上,纳粹党在夺取政权后不断地巩固垄断资本的地位。例如,效仿纳粹政府的"元首原则"而在企业中被广泛推行的"领袖原则"规定了大资本家与工人的主从关系;强制中小企业卡特尔化和进行股份公司的大规模整顿使各类中小企业被淘汰出局或是不得不屈从于垄断资本,同时也使得德国的经济力量日益集中于少数垄断巨头;将在经济危机期间被国有化的大银行和大企业重新私有化,将其交还给垄断巨头。相关数据显示,纳粹德国的垄断组织对经济的控制在一般部门达60%—70%,在一些关

---

[1] Tiln Kirk, *Nazi Germany*, Palgrave Macmillan, 2007, p. 56.

[2] 垄断资本在德国有着非常悠久的历史,或者说德国正是世界上出现垄断资本组织最早的国家。例如"卡特尔"(cartel)这种垄断形式最早就源于德国(德语:Kartell),指的是把小生产厂家由统一定价限量的协议联合起来,控制某一种行业的整个市场。早在汉萨同盟时期(14世纪—17世纪),德国就有了悠久的生产商信用传统。现代意义的卡特尔1865年最早产生于德国,第一次世界大战后在各资本主义国家迅速发展。

[3] 齐世荣、钱乘旦、张宏毅主编:《15世纪以来世界九强兴衰史》(上卷),人民出版社2009年版,第444页。

[4] R. J. Overy, *The Nazi Economic Recovery 1932 – 1938* (New Studies in Economic and Social History), Second Edition, Cambridge University Press, 1996, p. 41.

键部门最高可达 95%—100%。①

(二) 政治权贵型利益集团

纳粹党核心领导、第三帝国军备部长（1942—1945 年任职）阿尔伯特·施佩尔在他的回忆录《第三帝国内幕》中如此描绘纳粹领导层的生活方式：

> 在统治了九年后，领导层已经极度腐化，甚至在战争的关键阶段也不肯放弃自己已经习惯的骄奢淫逸的生活方式，他们全都需要豪门广厦、狩猎小屋、地产宫殿、前呼后拥的扈从、摆满山珍海味的餐桌、储藏高档红酒的地窖。②

但是这样的一个抨击腐败的"正人君子"，在他所谓"谦逊的理想主义者"的背后，却蕴藏着更多腐败。施佩尔在 1932 年的全年收入仅 1600 马克，到 1943 年申报时就达到了 211933 马克，他收入的大部分并非部长薪水，而是他的副业建筑设计，由于享有免税特权（这种特权只有纳粹党高级领导人才能享受），施佩尔每年避税 1.5 万到 2 万帝国马克。根据他自己申报的数字，他在 1940 年的私人财产为 142.3 万帝国马克，除了家境富裕的冯·里宾特洛甫之外，没有任何一位帝国部长或者纳粹党领袖拥有如此丰厚的财产。③ 由此可见，这位军备部长绝不是纳粹德国腐败的利益集团圈子之外的无辜者，而是这个集团的典型代表。

毫无疑问，纳粹党及其组织机构是腐败体制的最大受益者，但同时也是主要的受害者。通过国家财政的丰厚拨款、捐款、募资以及党费，党的金库收到了数额巨大的款项，然而众多政工干部却为了一己

---

① Danp Silvennan, *Hitel's Economy/Nazi Work Creation Programs, 1933 – 1936*, Harvard University Press, Cambridge, Massachusetts London, England, 1998, Preface Vll, p. 8.

② ［德］阿尔贝特·施佩尔：《第三帝国内幕》，邓蜀生等译，生活·读书·新知三联书店 1982 年版，第 275 页。

③ ［英］玛丽·弗尔布鲁克：《德国史：1918—2008》，卿文君译，上海人民出版社 2011 年版，第 142 页。

私利而将这些款项据为己有。

从 1934 年 1 月 1 日至 1941 年 12 月 31 日，纳粹党总财务官在普通法庭对"犯有侵害党产"罪行的纳粹党员提起了 10887 项诉讼，这个数字高得惊人，既然贪污党产的人都这么多，那么侵吞公款的人肯定更多。在每个工作日，纳粹党总财务官平均向普通法庭提起 4—5 项刑事诉讼。因为在提起每项诉讼之前必然要经过深度的审核和调查，由此可见总财务官及其审计人员的很大一部分精力都花在与腐化的党内干部作斗争以及追踪被侵吞的党产上。当然，这些提起公诉的案件只是冰山一角，因为很多贪污案件在党的内部就被处理完毕。贪污腐化行为绝不仅限于纳粹党，在其下属组织机构中甚至更为普遍。例如在汉堡，所有在最宽泛的意义上与纳粹党相关的刑事诉讼中，只有约 15% 与纳粹党本身直接相关，而"国家社会主义人民福利行动"（NSV）与德意志劳工阵线（DAF）的贪污案件却占到了总数的将近三分之二。可以说，贪污腐败植根于纳粹运动的结构和社会心理深处，事实上，早在 1931 年纳粹党势力刚刚兴起时，就有反对派党员如此指责汉堡的纳粹党领导层："几乎没有一个纳粹党社区不曾发生过一起腐败或贪污事件。"①

（三）族群型利益集团

纳粹主义的核心内容是种族主义，这也是它与意大利法西斯主义以及其他右翼极端势力的重要区别。纳粹德国的族群型利益集团主要指所谓的"雅利安种族"，②他们相对国内的犹太人等其他少数族群

---

① ［德］弗兰克·巴约尔：《纳粹德国的腐败与反腐》，陆大鹏译，译林出版社 2015 年版，第 55 页。

② 雅利安人是 19 世纪西方人设想的操原始印欧语的古代民族。希特勒相信雅利安种族（所有真正的日耳曼人都属于）——以北欧的金发碧眼白种人血统最纯正——是拥有最优秀血液的主宰种族，他们被上帝创造成不论在身体上还是精神上都是最为杰出的人群。"所有的人类文化，以及目前为止所有的艺术、科学、文化成就，几乎都是雅利安人的创造性产物。"雅利安人由于其血统高贵和能力超群，天然地拥有统治其他劣等民族的权力。人类文明的衰亡，不是因为经济或物质原因，而是统治民族的血液受到玷污的结果。雅利安人的血液遭到劣等民族的玷污，因此逐渐丧失统治地位。为了改变这种衰退，当代的雅利安人就必须纯洁自己的血液，通过恢复种族纯洁而达到复兴雅利安人文明的目的。

和各占领地区民族占据着压倒性支配地位。

从纳粹德国的宣传和实践来看，族群型利益集团产生的根源包括以下相互联系的内容：种族史观和雅利安种族优越论、族民共同体理论、生存空间理论和反犹主义理论。遵循这些理论，纳粹党试图大幅提高雅利安种族在国内政治、经济、文化等各领域的地位，甚至不惜发动战争，排挤其他民族，最终目的是在世界范围内建立一个雅利安人居于统治地位的种族乌托邦。就种族史观和雅利安种族优越论而言，反犹主义是它们的直接后果。在纳粹种族主义理论中，犹太人是最邪恶卑劣的民族，是导致雅利安人血液遭到玷污的罪魁祸首。犹太人与雅利安人是两个不同的、截然对立种族的代表。犹太人不仅拥有不同的宗教文化，而且属于不同的种族，他们是非上帝的、非人类的，是所有罪恶的化身。他们的目的是统治全世界，并使用经济、政治等各种手段使世界陷入混乱。纳粹党认为，雅利安人和犹太人之间的斗争是世界的主要矛盾，为了恢复雅利安人的统治种族地位，首先需要将所有日耳曼人都统一到一个国家。这个国家以推动雅利安文明为己任，其首要任务就是消灭犹太人威胁。只有如此，雅利安人才能纯洁血液，重新强大。

反犹主义是纳粹种族主义的重要内容，它导致人类历史罕见的严重暴行。它很难用极端民族主义或阶级冲突来解释，而是种族主义的恶果。另外，族民共同体（Volkisch Community）是纳粹德国的发展目标。德意志地区在历史上长期处于分裂状态，俾斯麦完成统一后宗教冲突、文化冲突、阶级斗争仍然在分裂着这个国家。族民共同体是纳粹党针对德国的这种分裂状况描绘的蓝图，并在执政后加以实施。族民（Volk）相当于种族，族民共同体是指所有日耳曼人不分阶级、宗教、文化、地域，基于共同的血统而紧密联结成的统一体。这个共同体不同于议会民主制或君主制国家，而是"一个国家、一个民族、一个元首"的集权国家。它排斥所有非雅利安人，力图在本民族内部消除各种差别，它的种族主义色彩主要体现在以血统作为共同体成员的资格基础，以提升本族人民的种族地位并统治其他劣等种族为目的。生存空间理论是族民共同体理论的进一步延伸，夺取生存空间是纳粹德国对外政策的核心目标，甚至是整个纳粹政策的核心目标。希特勒认为，种族与空间不可区分，优秀种族必须获得足够的生存空间。纳粹上台后对内对外的政策都是直接或间接为此目的服务的。通过夺取生存空间，而不是帝国主义国家通常选择的海外殖民地，可以获得雅利安人复兴所需的地理基础，供养规模越来越大的人口（希特勒希望到1980年能有1.2亿雅利安人）。夺取生存空间的战争，按照纳粹所信奉的社会达尔文主义理论，又可以起到优化种族的目的。即在生存斗争中淘汰不适应者，提高种族品质。因此，夺取生存空间的战争不论在目标上还是战争本身，都是种族主义政策的要求。

第二节　作为政治工具的纳粹党腐败

在1933年初的纳粹夺权阶段，纳粹党人大力煽动了一场反腐斗争，这与右翼分子对魏玛共和国腐败现象的宣传鼓动有关，他们称当时的魏玛共和国的民主体制"腐败透顶"。在这一斗争中，新官上任的普鲁士司法部长汉斯·凯尔特别活跃，他不仅发布了很多反腐命令，还在国家检察官系统内设立了专门的反贪局。仅在普鲁士，反贪局就调查了超过1500起案件，尤其偏好针对民主党派的著名政治家展开调查。除了确凿的渎职和越轨行为以外，调查结果绝大多数只是鸡毛蒜皮的小事件，电台和报纸却把这些事情夸大成骇人听闻的丑闻。1933年5月，纳粹政府对欺诈和贪腐的量刑标准予以提高，"情节严重的"可以判处最高10年监禁，"情节严重"指所谓"人民的利益受到损害"，[①] 这是典型的纳粹法学概念——弹性极大，可以随心所欲地加以解释。总体而言，纳粹党人对于反腐败的利用非常政治化，其目的是打击民主派，美化纳粹党的一党专政，改造政治环境以利于独裁统治。

到了1933年初夏，纳粹政权已经基本巩固，不需要利用反腐来

[①] ［美］克劳斯·费舍尔：《纳粹德国：一部新的历史》（下卷），佘江涛译，译林出版社2012年版，第103页。

将自己的某些行为合法化了。于是，在同年 5 月 31 日，希特勒向各省总督发布通令："在最近几周内出现了一种过激倾向，即对过去发生的违法违规行为穷追不舍，时隔多年还要把人拉出来控告，这些行为必须立即停止。"① 经济界利益的代言人委托刑法专家弗里德里希·格林起草了一份备忘录："对过往的腐败犯罪行为实施大赦。"② 于是，1933 年秋，纳粹的反腐热情迅速消退；同年 9 月 11 日，普鲁士司法部长就解散了反贪局，且没有建立任何新组织机构来接替它的职能。纳粹党在当政前后对腐败的两种截然相反的态度证明：腐败和反腐败只不过是纳粹党为了夺取或巩固权力所任意使用的政治工具而已，因此，纳粹德国的利益集团腐败频发丝毫不令人感到奇怪。

一　纳粹德国腐败的基本形式

关于纳粹德国的腐败问题，英国历史学家理查德·格伦伯格曾精辟地指出："腐败实际上是第三帝国的组织原则。但是当时的大多数德国公民们却不仅忽视了这个事实，而且还确实把新政权的人物当作是在严格地奉行道德廉洁。"③ 从利益集团腐败的生成机理来看，纳粹德国的利益集团腐败主要可以被划分为国家和纳粹党促进和实施的腐败、受到纳粹政府默许和容忍的腐败和纳粹政府明令禁止的腐败这三种类型，可以说，这些腐败甚至反腐败都是纳粹政府为巩固自身权力有意识使用的政治工具。

（一）纳粹党促进和实施的腐败

纳粹党促进和实施的腐败并非若干个人的滥用职权，而是一种有组织的滥用权力；它并非促进个人私利，而是有助于纳粹极权体制的

---

① Carl Schmitt, "On the Contradiction between Parliamentarianism and Democracy", in *The Weimar Republic Sourcebook*, Berkeley: University of California Press, 1994, pp. 334 – 337.
② ［美］兰德尔·彼特沃克：《弯曲的脊梁：纳粹德国与民主德国时期的宣传活动》，张洪译，上海三联书店 2012 年版，第 41 页。
③ ［美］查理斯·怀汀：《纳粹帝国的兴亡·帝国梦》，熊婷婷译，中国社会科学出版社 2005 年版，第 7 页。

功能稳定。这种体制化的腐败包括：劳工部门采取所谓"特别行动"，有组织地对纳粹党员，尤其是"老战士"们，进行特别的优待照顾，赋予其某些特权；或者希特勒和其他纳粹政府高层向军事、政治、科学或文化界精英人物的直接馈赠。

尽管国家财政在相当大的程度上被用于供养纳粹党员，纳粹德国的财政结构仍然决定了纳粹党无法随心所欲地对其加以利用。但是，纳粹党人想方设法越过财政监管的框架，使得各种特别和特设基金、晦暗不明的基金会和小金库越来越多，它们受纳粹党的某些权贵直接控制，资金来源不同。帝国审计总署的副署长埃米尔·施腾格尔将基金称为"各级行政机关根深蒂固的倾向"。[1] 特别基金可以用来为五花八门的名目提供资金，不受到任何开支检查和金融监管，因而特别适合用来供养私人亲信和追随者，也因此，各式各样巧立名目的特别基金成为第三帝国腐败的一个核心来源。

（二）受到纳粹政府默许和容忍的腐败

第三帝国权力结构的基本格局导致某些腐败行为特别猖獗，当局无奈之下（或是有意识地）只得容忍这些腐败行为。这种腐败行为包括：黑市交易（战争爆发后在占领区表现得尤为明显）和纳粹党各个省部书记通过巧立名目对国家财政的侵蚀和瓦解，这些地方要员事实上凌驾于财政监管机制之上。

虽然纳粹党中央原则上反对公职人员的腐败行为，但纳粹政府山头林立、叠床架屋，具体的权力结构混乱不清，各种机关如野草般蔓生，权力监管一度陷入近乎荒谬的地步。党和国家机关之间的区别日趋模糊，不仅是统一的国家结构，甚至统一的国家财政结构也在逐渐瓦解。各种特别基金蛀空了国家财政，在这一过程中表现最突出的是那些与元首有着直接关系的机构和个人，比如各省部书记和总督。另外，很多机构非常规的办事方式也让人很难对其进行监管。如果一个机构或公职人员不受法律规章的约束，自然就没有人能够对其进行问

---

[1] ［德］弗兰克·巴约尔：《纳粹德国的腐败与反腐》，陆大鹏译，译林出版社2015年版，第31页。

责。那些仍然存在的监管机构,比如司法部门,在纳粹统治系统中丧失了独立性,蜕变成"元首国家"的依赖性很强的功能性组成部分。帝国审计总署作为监管机构的一个典型代表,在纳粹党治下却再也无力对行政部门实施监管,在纳粹统治体系中被贬为次要机构,这个曾经非常强势的财政监管机构就这样被剥夺了独立性,只能从事一些顾问工作。

(三) 纳粹政府明令禁止的腐败

纳粹统治下也开展了一系列反腐斗争,试图打击特定类型的腐败行为,即遵循某些规则和手段,根据实际状况对腐败行为进行刑事处罚。这种受到打击的腐败五花八门,给纳粹党及其组织造成了沉重负担,比如非常猖獗的侵吞党费和捐款的行为。但是,由于纳粹德国政府内部的朋党相交、门阀统治和官官相护,即使是对某些腐败行为的明令禁止也难以在实际的执行过程中被落到实处。纳粹德国内部的强势集团一方面提携和扶助党羽,形成了腐败的一个重要来源;另一方面通过官官相护,以多种手段保护腐败官员免受处罚,使嫌疑犯得到自己上司的庇护,批评者则遭到公开的威吓。纳粹统治系统的基本特征使其系统性地阻挠各种反腐尝试。

总的来看,体制化的腐败,受到容忍的腐败和遭到打击的腐败这三者的界限并不是一成不变的,而是具有流动性,总是非常模糊、难以界定。那些没有强大的政治靠山的政府官员和公职人员往往仅仅因为微小的过失(比如"缺乏捐款的积极性"或者"亲犹太人行为")就遭到纪律审查,甚至受到刑事处罚。但对于纳粹党官员来说,除非他们在自己的靠山和保护人眼中失去了利用价值,或者卷入了体制内部的权力斗争,一般不必害怕自己的腐败行为受到检举控诉。随着时间流逝,有些腐败违法行为,比如黑市交易,既受到官方的推动,也会被容忍,有时也受到打击。换言之,对于逐渐摒弃了传统的义务和责任的纳粹体制来说,这种政策界限流动不定的现象具有代表性。在第三帝国的反腐斗争中,是否要遵循现存的正常法规,首先取决于一些机缘的因素,比如涉案贪官的权力地位如何,他背后是否有一个纳粹党的小圈子作为靠山,他对体制是否有用，或者假如成了公开的丑闻，对纳粹党和群众的关系会造成怎样的影响，等等，归根结底，腐败在纳粹德国常常被用来作为一项有用的政治工具，而权力结构的缺陷使得这种有意识的组织化集团腐败难以被有效制约。

二 以腐败换取忠诚

（一）收买党政军高官的忠诚

在纳粹德国，各种晦暗不明的特设基金和基金会是腐败的重要来源。希特勒本人就利用特别基金来建立自己广泛的私人圈子，馈赠、资助亲信们，以此换取他们的政治忠诚。这位大独裁者的经费来源五花八门：国家财政、"德国经济界向阿道夫·希特勒捐款基金会"从德国经济界获取的募款（至1945年，高达7亿帝国马克），等等。另外，希特勒在德尔布吕克—席克勒尔银行还拥有一个"援助基金"账户，其资金来自已经去世的、制定希特勒为继承人的纳粹党追随者。希特勒获取这些财产，却不曾缴纳过遗产税，就像他的律师吕迪格·戈尔茨伯爵所言："众所周知，元首、党和国家是一回事。"[1] 从希特勒的收入情况可以看出，公家和私人的财产被危险地掺在了一起，甚至有些收入很难清楚地界定究竟是私人收入还是公共收入。希特勒利用特别基金来收藏艺术品，但主要的开支还是馈赠他人，而且这种馈赠是免税的。

一方面，军事精英们每月都能领到免税的数额相当巨大的职务津贴，更重要的还有直接来自希特勒的礼金——陆军将帅们得到的礼金平均在25万帝国马克。陆军元帅凯特尔收到过约76.4万帝国马克的礼金，古德里安大将甚至收受了价值124万帝国马克的地产。[2] 希特勒向将帅们赠送如此巨额的财产，不仅是为了向他们的服务表示感激，更是在有意识地对他们进行腐蚀，加强他们与元首的联系。按照

---

[1] 邢来顺：《工业化过程中德国诸种利益集团的出现和各政党力量的消长》，《华中师范大学学报》2001年第3期，第132—137页。

[2] ［德］卡尔·埃尔德曼：《德意志史》（第四卷上册），华明等译，商务印书馆1986年版，第149—153页。

"7.20事件"①的密谋者法比安·施拉不伦多夫的说法，"用一根黄金的，非常有效的缰绳驾驭他们"。②另一方面，国家机关和党内的精英们同样接受了元首本人慷慨大方的馈赠，例如外交部长里宾特洛甫在50岁生日时收到100万帝国马克的礼金。给党和国家高官的类似礼金一般为10万到25万帝国马克，而这种馈赠的一个重要动机就是保证受馈赠者的忠诚可靠。自上而下的通过腐败手段进行的控制和拉拢的目标绝非仅限于政治、军事领域的领导阶层。希特勒还赞助了很多科学家、作家和艺术家，仅雕塑家阿尔诺·布雷克尔一人就从希特勒手里拿到了总计80万帝国马克的财产。

早在1932年，社会学家特奥多尔·盖格尔就指出：

在纳粹党人的理想主义宣传的光辉外表背后，藏匿着一种没有理想的理想主义，并没有把物质上的贪婪掩饰好。纳粹党人的基本态度绝非理想主义的，而是极端的经济和物质主义：他们没有克服经济的、物质主义的心态，而是遮蔽着自己的物质主义。③

在希特勒本人的"表率"下，第三帝国的高级官员通过来源可疑的特别基金进行馈赠和赏赐成了一种普遍的统治原则。这些党政领袖效仿元首，试图通过物质赞助来收买人心，特别重视对党员和亲信的资助，同时也扶持那些被政府认为值得赞助的各界精英。例如，萨尔茨堡省部书记兼总督就控制着大量价值连城、风景秀丽的地产，并慷慨地拿这些地产来赠送他人，享受他的好处的纳粹高官包括外交部长里宾特洛甫、帝国部长伯恩哈德·鲁斯特、党卫军上将赛普·迪特里

---

① "7.20事件"是1944年7月20日发生的，由纳粹德国内部的反战秘密集团所采取的刺杀希特勒行动，他们企图推翻希特勒、成立新政府及与美英议和，这次刺杀行动代号为"女武神"，由陆军上校克劳斯·冯·施陶芬贝格具体实施，但刺杀行动以失败告终。

② [德] 卡尔·埃尔德曼：《德意志史》（第四卷上册），华明等译，商务印书馆1986年版，第155页。

③ [美] 威廉·夏伊勒：《第三帝国的兴亡》（上卷），世界知识出版社2012年版，第48页。

希，等等。①

就利益集团腐败的生成机理而言，希特勒和纳粹政府高层的礼物和馈赠代表了纳粹政权的一个重要的统治工具：并非通过恐怖和强迫，而是借助系统性的诱惑、赠礼和奖赏的策略。在纳粹体制的各个层面，人们都通过物质资助的方式来巩固自己的私人关系网，这已然成为一项核心统治原则。

纳粹党的很多达官显贵在财务和政治上的这种伎俩自然瞒不过纳粹政府高层，但高层却避免与这些飞扬跋扈的封疆大吏们发生冲突，党中央办公室关于这个问题最直白的说法是："根本不存在有效的财务监管。"纳粹党的达官显贵们通过基金会和特别基金，绕过了纳粹党总财务官施瓦茨的财务监管，在给党中央办公室主任鲍曼的一份报告中，施瓦茨声称：

> 根本谈不上廉洁和健康的财务预算，因为各省部书记作为党的大员或者总督、省长或部长，通过基金会、社团或企业，以不受监管的方式自行筹款，建立所谓的小金库，擅自支配这些款项。②

（二）收买普通党员

在魏玛共和国时期，纳粹党人的社会流动性非常惊人，其中大多数人都曾受过挫折，这也使他们难以在社会中找到明确属于自己的环境，而是在一定程度上生存在"不同社会阶层的夹缝中"，③ 大量纳粹党人觉得因为自己是纳粹党员而在职场或工作单位受到了歧视。克里斯托弗·施密特在对纳粹党"老战士"④ 的生平所做的调查中发

---

① ［德］弗兰克·巴约尔：《纳粹德国的腐败与反腐》，陆大鹏译，译林出版社2015年版，第55—57页。
② 同上书，第58页。
③ ［法］夏尔·贝特兰：《纳粹德国经济史》，刘法智等译，商务印书馆1990年版，第35页。
④ "老战士"指1933年纳粹党上台执政以前就加入纳粹党的老党员们。

现，有约 30% 的人认为，自己曾遭遇到的经济危机是他们的纳粹党员身份造成的。

在所谓的"斗争年代"，这种对纳粹党员遭受迫害的描述促进了纳粹运动中同志们的和衷共济，党员们感觉到因为自己的政治活动而在共和国时期受到了不公正待遇，而在纳粹党掌权后，政府采取各种措施对这些党员蒙受的"冤屈和苦难"进行补偿，对他们精神上的投入给予物质上的奖励，这也是纳粹党提携同党和任人唯亲的一个重要原因。在 1933 年 9 月纳粹党全国代表大会上，希特勒谈及纳粹党人为了万字旗做出的所谓"牺牲"："成百上千人为了这旗帜，献出了自己的生命。几万人在斗争中负伤，几十万人因此失去了职位和工作。"① 这种对"斗争年代"纳粹党人受到的苦难、做出的牺牲和遭受的迫害的强调并不新鲜，任何一个纳粹党演说家都时不时会谈起。

当然，1933 年之后大量的任人唯亲现象并非仅仅源自纳粹党人做出的牺牲，更重要的原因在于纳粹党运动的深层次结构。纳粹党没有体制化的利益表达和利益平衡机制，尤其是完全缺乏党内民主和选举，因此纳粹党运动实际上由各种派系和门阀掺杂完成，政治决策就是在各派系的制度外博弈中做出的。对一个纳粹党员而言，他与直接上级的交情以及他在党内人际关系网中的地位至关重要，私交和派系组成的党的次级结构比正式的组织隶属关系和等级制更能决定党员之间的关系。这种"人治"关系特别容易滋生任人唯亲的腐败问题。在党内，谁忠于自己所在的小集体，就能得到资助和救济，从而对上级感恩戴德，于是纳粹党的政治领导人乐于向下属分配工作岗位和职位，在 1933 年之后则主要是提供物质资助，以便更好地驾驭下属，并借此强化自己在党内的权力地位。

早在 1933 年初，第三帝国的就业政策就暴露出猖獗的自私利己苗头。1933 年 5 月，普鲁士省议会内的纳粹党派别就要求其成员努

---

① [美] 约翰·托兰：《希特勒传》，郭伟强译，国际文化出版公司 2010 年版，第 204 页。

力安置党号在100000以下的所有党员。1933年7月，副元首鲁道夫·赫斯在一份公文中将受到照顾的群体范围扩大到了所有失业的"老党员"，即在1933年1月30日前加入纳粹党的人。① 即使有这些对党员接受优待的限定条件，相关部门仍在实际操作中将这一政策视为大包大揽的特许，趁机将所有党员都安排到油水充足的岗位和职位上，而根本不管他们的党号是否符合优待的条件或者他们的生活是否存在困难。在纳粹党统治的最初几年内，几十万纳粹党人在这种政治庇护下挤进了公共事业单位的新岗位，仅德意志帝国邮局在1933—1937年就接纳了3万多名纳粹党员。帝国战争部长也指出，在1936年1月1日以前被安排到他的部门的中层和下层干部岗位上的3023名纳粹党员中，只有369人此前是失业人员，有超过80%的人是从现有的工作关系中转到国家机关的。② 这无疑是大规模、有组织的任人唯亲，然而，甚至帝国内政部长威廉·弗里克也支持这种行为，他一纸公文就将公共事业单位中原本应当用"即将退休人员"来填补的空缺岗位的比例从90%缩减到了50%，以便给"老战士"们腾出空间。于是，在汉堡，90%的空缺雇员岗位都被"老战士占据"，③ 临退休人员的利益遭到粗暴的践踏。无论如何，在就业分配上根本就不存在哪怕是表面上公正的规则，因为人员安置的权力被下放给了纳粹党组织，纳粹党有组织的任人唯亲完全公开且具有系统性。

根据1934年6月纳粹政府发布的通令文件，纳粹党作为一个法人团体，虽然无权从市或镇级的国家财政获取资金，但很多特许命令和限制性条件却为纳粹党从国家财政提款打开了方便之门，纳粹党巧立名目，通过各种方式让党员们中饱私囊。比如国家财政以"促进祖国的机构设施发展"为名给党员提供"还债津贴"；党员缴纳的社会福利费用比非党员低；纳粹党员在圣诞节还能从国家财政那里取得礼金。纳粹党下属的各种组织机构也被加以利用，"国家社

---

① [法]夏尔·贝特兰：《纳粹德国经济史》，刘法智等译，商务印书馆1990年版，第41页。
② 同上。
③ 同上书，第46页。

会主义人民福利行动"（NSV）、"欢乐造就力量"、"德意志人民冬季救济行动"等下属组织为了给党员腾出位置，都把普通民众排挤出去。党务办公室曾指出："县级党部的全职人员总是最先享受这些福利。"[①]

（三）收买民众

需要特别注意的是，纳粹的种族主义意识形态——也就是雅利安人中心论——和假借意识形态正当性之名以犹太人和占领区为主要对象所进行的抢劫和掠夺，使纳粹政府的腐败扩展为普通德国人的集体腐败。纳粹利用国民的反犹仇恨宣传，把雅利安种族视为被犹太人盘剥压榨的苦大仇深的受害者，因此，大规模抢夺和瓜分犹太人的"不义之财"便成了正义的事业。正如后世历史学家所言：

> 仇恨宣传让人失去了道德上的顾虑，再加上政治权力给了人自信，于是很多纳粹活跃分子早在1933年2月就开始"寻找战利品"。在汉堡，冲锋队员们借助伪造的搜查令劫掠犹太人房屋内的首饰和金钱，殴打犹太社区的代表，飞扬跋扈地要求这些代表人交出保险箱钥匙。这种打劫愈演愈烈，直至将犹太人送进死亡集中营。奥斯维辛集中营的犹太囚犯流传这样一个黑色笑话："他们拿回家许多黄金和值钱的物品，从来都不清点数目——反正是飞来的横财。"[②]

德国人——无论是上层权贵还是普通民众——以劫掠、压迫和屠杀犹太人为手段直接或间接得到好处，这本身就是一种腐败。这种腐败使纳粹治下的普通民众，也就是所谓"纯种雅利安人"，在事实上蜕变为纳粹德国的族群型利益集团，这种族群认知还会鼓动更多人加入到所谓"雅利安化"、大屠杀和剥削占领区的活动中。虽然德国民

---

① ［法］夏尔·贝特兰：《纳粹德国经济史》，刘法智等译，商务印书馆1990年版，第20页。

② ［美］索尔·弗里德兰德尔《灭绝的年代：纳粹德国与犹太人，1939—1945》，卢彦名等译，中国青年出版社2015年版，第74页。

众对纳粹党腐败确实进行过口诛笔伐,但德国社会也通过腐败获得了很多好处,并通过掠夺犹太人使普通民众与现政权紧密联系在一起。因此,纳粹统治不仅是自上而下的独裁统治,而且是"一种有着德国社会以各种方式广泛参与的社会行为……腐败将纳粹统治和德国社会紧密交织起来,很多'正常的德国人'通过中饱私囊参与到了纳粹的压迫和灭绝政策中来"。①

极权统治对国民的良心道德有极大的腐蚀和破坏作用,"国家权力的压迫和对党的霸道的恐惧给(德国人的)集体良心造成禁忌,迫使他们不敢违背这些禁忌"。由于严酷禁忌的存在和对禁忌的无可奈何,人不仅会感到恐惧还会感到绝望。因此,许多恐惧而又绝望的德国人对纳粹的各种腐败恶行采取犬儒主义、淡然处之的态度。更为病态的是,许多德国人由于"本来就不喜欢第三帝国的一些敌人(比如犹太人)",②所以,当纳粹加害这些"敌人"的时候,他们在感情和情绪上反倒是站在加害者一边。尽管纳粹迫害犹太人使用了民众看不惯的手段,但许多人感到自己不喜欢的犹太人倒霉受罪,还是暗暗高兴、幸灾乐祸。根源于这种纳粹德国的集体道德沦丧,许多德国人对官员腐败不满只是出于嫉妒心而不是道义原则,他们"批评的并不是提携施恩这种体制本身,而仅仅是抱怨为什么自己没受到照顾"。③

第三节 "元首体制"的腐败困境

一 独裁体制的腐败短板

如前所述,纳粹党和纳粹政府构成了一整套权力结构混淆不清的政治体系,也就是所谓的"元首体制"。就纳粹党的党组织而言,

---

① 单世联:《黑暗时刻:希特勒、大屠杀与纳粹文化》(上卷),广东人民出版社2015年版,第302页。
② [美]索尔·弗里德兰德尔:《灭绝的年代:纳粹德国与犹太人,1939—1945》,卢彦名等译,中国青年出版社2015年版,第78—81页。
③ 同上。

它并非通过政治协商和党内利益均衡的方式缔造成员和支持者的政治融合，恰恰相反，在希特勒和他的核心支持者，包括所谓"慕尼黑集团"①的有意操纵下，集体商讨的所有要素以及与之相关的所有机构化的党的组织都被系统消除，并为新的在任何层面都有效的"元首原则"所取代。换而言之，将纳粹党团结在一起的是与富有魅力的元首的同志情谊和由他所确定的对获得无限权力这一最终目标的空想。由于纳粹党政治意愿的统一，政治讨论和协商在希特勒看来就是多余的了，并且可能还是向着议会制度的某种"倒退"。②因此，在纳粹党成立之初还允许的某些集会和社会利益组织化表达方式很快就蜕变为对纳粹党的陪衬和喝彩活动。可以说，希特勒本能地拒绝任何集体委员会的约束，也不希望有人使用组织化手段获得利益、威胁自身的权力地位。

在所谓"斗争时期"所采取的这一政治手段施行于纳粹党上台执政之后。一个能够代表党的集体委员会从未形成，尽管纳粹党的实际领导班子早已确定。事实上，纳粹高层确实一再要求希特勒至少邀请他们当中的一部分人定期进行磋商，但参与者发起的区党部领导人会议却最终被禁止，这也意味着即便是体制内的真正权力承载者也没有进行机构化的政治协商的可能性。由于帝国内阁在1938年之后就不再召开会议，第三帝国完全不存在任何必要时能发挥制衡希特勒绝对权力的组织和机构。③

吊诡的是，纳粹党并非一个团结的组织，它从严格意义上而言也没有等级制度化，更多的是作为一个由马丁·鲍曼负责的党务办公室仅仅进行着有限控制的联盟存在，也依赖不断增多的下属机构维持，

---

① 1923年11月，由希特勒和德国前陆军总参谋长鲁登道夫等人在慕尼黑发动了史称"啤酒馆暴动"的未遂政变。希特勒试图利用魏玛共和国的危机发动政变，建立民族主义的独裁统治，最终政变失败，希特勒等数位纳粹党领袖遭逮捕，一同参加此次暴动的纳粹党核心领导人包括赫斯、戈林等，日后他们和希特勒一同被称为纳粹党内的"慕尼黑集团"。
② ［德］汉斯·莫姆森：《希特勒与20世纪德国》，赵涟译，社会科学文献出版社2013年版，第85页。
③ ［美］克劳斯·费舍尔：《纳粹德国：一部新的历史》（下卷），佘江涛译，译林出版社2012年版，第107页。

因为希特勒一直习惯于用这种方式保障自身的最高仲裁权。"斗争时期"体现为各省党部头目之间持续不断的激烈争斗到了纳粹制度下则以地方官员之间不断升温的竞争形式延续下来，这种党内争斗一直持续到纳粹倒台为止，而希特勒有意实行的高层官员对相关职位和特权的私自瓜分也是纳粹权力结构的关键特征。元首本人乐于见到这些纳粹要员和帝国行政长官相互之间进行激烈的政治博弈，因为最终决定竞争结果的只能是希特勒个人的仲裁。这些官员不能指望自己的权力和地位受到相关机构和机制的保障，他们的权力大小只能取决于上级领导乃至希特勒本人的意愿。正如后世的历史学家所评论的，纳粹德国政府实际上是一个"封建化"的政府。

这种纳粹德国政府内部的封建关系基本等同于政治荫庇关系，构成了事实上的"恩主—门客"权力结构，所谓"元首体制"也正是这一结构的放大。这个结构的顶端就是希特勒，它"将身边的人的道德败坏作为犬儒主义统治手段的基础"。[①]"元首体制"并非凌驾于数量众多的恩主—门客结构之上，而是与其在同一层面上共存，这些结构在纳粹体制中是横向发展的。在这方面最突出的是各省的党政要员们，他们一般都控制着完善的小金库和基金会的系统，这系统既不受纳粹党总财务官的监管，也不受国家中央权力的控制。抛弃一切民主约束的极权化专制提拔制度必然产生这样畸形的政治权力结构，它成了一个复杂的权力与利益结合的网络，使得纳粹政府的任何反腐努力只能取得暂时的效果，甚至反腐人员自身也经常陷入腐败泥潭，第三帝国腐败的特征就是层出不穷的体制化腐败现象和越反越腐。

纳粹德国的这种"恩主—门客"权力结构是当代腐败研究领域的核心范式，也就是"委托—代理困境"（principle-agent dilemma）的一个典型案例。"委托—代理困境"模式被用来解释不同形态的腐败，用它来分析极权体制下的腐败和反腐败同样有效。纳粹德国的最

---

① [德]阿尔贝特·施佩尔：《第三帝国内幕》，邓蜀生等译，生活·读书·新知三联书店1982年版，第15页。

高委托人是希特勒和他代表的"党国",这在民主国家里是不可想象的。与此同时,纳粹政府的各级公职人员,上至政要大员、下至普通办事官员都是"党国"一层一层的代理,形成了一个党员优先甚至党员独占的任人唯亲、利益均沾的官僚体系。这种人治的同志关系特别能够滋生裙带关系和腐败现象。在党内,谁忠于自己所在的小集体,谁就能得到资助和救济,受到恩惠的人从而对主子感恩戴德。于是,纳粹德国的政治领导人也乐于向下属分配岗位和职位,即使是希特勒本人,也利用特别基金来建立自己广泛的私人圈子,给亲信们提供资助和赠礼。造成纳粹德国"委托—代理困境"的一个重要原因是党内各派系互相依存又互相竞争,再加上专制的"元首体制"下的同志情谊,使纳粹党造就了一种隐蔽的次级结构,它往往比正式的等级制或者组织从属关系更能够决定党政官员之间的关系。纳粹运动从一开始就是在这种党内各派的纷争中发展壮大起来的,希特勒有意抛弃一切体制化约束以确保自身的领导地位。于是,在纳粹党上台执政后便形成了一个"利益均沾"的政党分赃体制,而这个体制又需要在不同利益集团之间进行划分、平衡和协调。

这种利益均沾的供养制度主要体现为纳粹内部不同级别待遇不同,决定什么级别可以享受何种待遇的依据是不同规范的权力等级制度规则,而这些约定俗成的规则有助于刺激纳粹政要的"进取心",提升他们的效忠热忱。换言之,那些并非通过选举获得合法权力的人的地位在1933年之后主要取决于他支配物质资源的权力,以及对追随者们物质上的供养。纳粹高级干部所享受的待遇,如高级住所、特别服务和供应、高经济收入和免费待遇,都是他们的正当"工作需要",因此不仅需要保密,而且就算再过分也不能算作腐败。纳粹德国政治体制的研究者用大量具体材料表明:比起下层官员"侵吞党费和捐款",纳粹的高层官员和精英阶层更是"滥用职权和各种特权,维持着骄奢淫逸的生活"。他们不仅拥有特殊享受,更以此突出自己在纳粹统治集团中的统治地位,这是极权制度下典型的政治腐败。"它不是若干个人滥用职权,而是一种有组织的滥用权力;它并非促进个人私利，而是有助于体制的功能稳定"。① 纳粹统治本身为官僚体制提供种种额外的好处和油水，实际上，它正是一种在畸形的、"合法"的制度保障下的利益集团腐败。

另外，由于在"元首体制"下不存在制度化的权力监管体系，因而贪污党产和国家财产很容易。党的财务系统非常紊乱，有很多空子可钻。遵循"惯例"，党的宣传鼓动家和集资人可以把筹措来的全部款项的四分之一放入自己的腰包，党的工作人员可以按照一定的百分比从广大党员缴纳的党费中抽取报酬，甚至许多党小组直到1933年夺权之后才开始记账。② 而在1933年纳粹党掌权后，虽然党的总财务官试图通过加强审查和监管来解决财务管理紊乱的问题，但纳粹党的很多组织和机构已经从纳粹党组织中取得了一定的独立性，建立了自己的审计机构，而这些审计机构只是缓慢地被统一到纳粹党中央的审计机关中来，比如德意志劳动阵线直到1943年7月1日才开始接受党中央的审计。与此同时，在消灭工会、左翼党派和各种类型的反对派的过程中，纳粹党没收了大量"国家公敌财产"，这些财产只有一部分被有秩序地控制、管理起来，绝大部分只能不受监管地被党员们自行分配了事。1936年，帝国财政部长试图将被没收的"国家公敌财产"收归国有但无功而返。另外，总财务官施瓦茨也试图对财务部门本身加强组织管理，以改善党内财务监管的状况，因为纳粹党的财务部门已经到了异常臃肿的程度，出现了冗官冗员的严重问题，甚至财务部门内部也是腐败丛生，当时民间有句流传甚广的笑谈，描述的就是这种怪现象："没有两次贪污或诈骗前科的人，当不了财务总管"。③

总而言之，纳粹党在上台执政之后日益蜕变为一个政治权贵型

---

① [德] 弗兰克·巴约尔：《纳粹德国的腐败与反腐》，陆大鹏译，译林出版社2015年版，第5页。
② [法] 夏尔·贝特兰：《纳粹德国经济史》，刘法智等译，商务印书馆1990年版，第41页。
③ [美] 吉坦加里·慕克吉：《真实的阿尔贝特·施佩尔——希特勒的千面建筑师》，王闻等译，浙江出版集团数字传媒有限公司2015年版，第21页。

利益集团，它首先服务于官职任命上的任人唯亲，其次服务于党员干部的敛财和特权化，尽管纳粹党高层人员变动频繁，但始终没有产生有效的机制化权力结构和权力监管体系。这也意味着纳粹德国的反腐是在其本身不受权力制衡和监督的政治荫庇关系也就是"恩主—门客"关系中进行的，最高和最终目的是巩固当权者的权力。正因如此，纳粹德国的反腐也是有条件的：必须在反腐对统治者的利益有帮助和有效用的情况下才会进行，无论口头宣传如何，它永远不可能是"零容忍"的。纳粹的反腐行动有上下层区分，"越小的腐败反而处罚越重。小官僚们那些暴露在公众眼前的失职行为频频受到惩罚，用以杀鸡儆猴，而大区或国家级官员的犯罪行为却基本上都没有受到惩罚"。[1]

二 失败的反腐尝试

早在1933年初的"夺权"阶段，引发纳粹德国腐败顽疾的权力结构和制度基础就已形成。政治分权制度被废除，所有能够实施权力监管、阻止腐败蔓延的分权制衡机制都被排除掉了。议会被解散，继而被改造成了唯一功能只是为领导人鼓掌喝彩的溜须拍马机器，因而议会对行政权力起到平衡作用的监管功能也不存在了，对财政的监管权、对违法行为的公开讨论、批判性的质询都不复存在，也不可能由议会任命监管和调查委员会。同理，纳粹党对司法权的控制也无须赘言。纳粹德国政府还通过对新闻界的一体化让舆论监督和民众监督烟消云散。在1933年纳粹上台之前，新闻界还能让很大一部分公众知晓当时的腐败现象，调动他们的情绪，甚至使他们做出过激反应。1933年之后，新闻界的领导者就确保受众只能读到对政府的丰功伟绩歌功颂德的宣传了，只有在统治者认为有利的时候，才会允许对贪赃枉法行为做报道，且这些报道往往非常晦涩模糊。

显而易见，一方面，"元首体制"下发展起来的权力结构是滋生

---

[1] [美]克劳斯·费舍尔：《纳粹德国：一部新的历史》（上卷），佘江涛译，译林出版社2012年版，第206页。

腐败的温床，以希特勒为核心的纳粹政权领导层对反腐缺乏特别兴趣，且他们自视为一个国家社会主义同志集体的领导者，在这个集体里，元首和追随者的关系不仅是基于元首的领袖魅力，还特别依赖提携党羽的"恩主—门客"网络。另一方面，以帝国审计总署为代表的政府内部的传统监管机构被解散或边缘化，使得纳粹党人可以摆脱烦人的审查和责任义务，这导致腐败现象猛增。当然，不同权力主体在使用腐败作为政治工具的时候难免遇到矛盾和冲突，因而并非所有腐败现象对纳粹政权而言都是有利的。对于这个困局，纳粹政权做出的反应是极权国家的典型案例：它没有返回到传统的统治基础上去，重新将权力和职能赋予传统的监管机构，而是根据新形势设立反腐专门机构整治腐败。

1941年，帝国保安总局第五局在帝国刑事警察的框架内组建了一个"反腐特别处"，也被称为"帝国反腐中央处"。这一机构的规模达到一百多名官员，任务是对反腐调查进行中央协调。但该机构的反腐历程令人丧气，因为他们的每一个活动都会触及统治集团的底线。帝国反腐中央处负责国防军、党卫军、警察和军械工业界腐败案的部门主任弗里茨·基纳后来回忆，帝国反腐中央处的工作"徒劳无功"，而他认为"工作上的举步维艰"主要是因为"党和私人政治"的"政治冲突"。①

无论是国家检察机构还是纳粹党内监察机构，对腐败分子而言，除非他们卷入了体制内部的权力斗争，或是在自己的靠山和保护人眼中失去了所有的利用价值，否则就不必害怕自己的腐败行为受到检举控诉。国家检察官被明确禁止独立开展调查，也无权没收纳粹党的账簿和财务凭证。因此，法庭在判决时只能完全依赖纳粹党总财务官及其审计员提供的信息。另外，纳粹党总财务官还有权要求将案件进行秘密审理。于是，司法部门的调查和审理的空间被限制得极小，只有纳粹党总财务官认为有问题的那些党内腐败案件

---

① [法]夏尔·贝特兰：《纳粹德国经济史》，刘法智等译，商务印书馆1990年版，第255页。

才会受到审理。总财务官会从政治、私人关系或其他因素考虑，对某些贪腐分子不予处罚，担任该职的施瓦茨特别命令："没有他的批准，不得对任何财务过失提起诉讼，也不准在机关当局做相应的陈述和证词。"①

另外，在第三帝国，反腐不仅仅是司法机关的责任，党政干部对司法部门施加的影响会将刑事调查和审理转移到政治领域，甚至是否提起诉讼就已经是一个政治问题。于是，很多腐败的纳粹党人虽然犯罪事实铁证如山，还是能够逍遥法外，因为他们拥有政治靠山。这些靠山会把调查撤销，或者为他们争取宽大处理，比如根据1934年8月7日颁布的《赦免法》，被判处6个月以下监禁或被处以1000帝国马克以下罚金的犯人有可能得到赦免。② 因此，政治干预的一个重要目标就是将哪怕是有极其严重腐败行为的纳粹党人的刑罚减为6个月监禁，这样随后就可以对其完全赦免。除了对司法部门施加影响外，纳粹党还有一种办法可以阻挠本党官员受到处罚：他们将腐败案件移交给纳粹党自己的法庭，也就是在党内部处理案件，把普通法庭排除出去。纳粹党内法庭的前身是1933年以前的调查与调解委员会（Uschla），由具体负责的高级领导人管辖，这些高级领导人有权将党内法庭的主管法官撤职。根据1934年2月纳粹党中央发布的指令，党内法庭的最高职责是维护党及其成员的声誉，并对意见分歧进行调解。正因为如此，党内法庭不是真正的独立司法机关，而是党内机关，它存在的理由就是方便纳粹党从政治上利用它。因此，党内法庭的判决结果其实是由纳粹党的朋党之交、门阀和小集团结构来决定的。被告受到何种处置，首先取决于他在党的等级结构中的地位，还取决于他从属于哪个特定的小集团以及与之相关的政治关系和私人关系。

由于数据匮乏和行为本身较为隐匿，纳粹政权对贪腐的遮掩究竟

---

① M. Rainer Lepsius, "From Fragmented Party Democracy to Government by Emergency Decree and National Socialist Takeover: Germany", in *The breakdown of Democratic Regimes: Europe*, Vol. 2, Baltimore: The Johns Hopkins University Press, 1978, p. 479.

② Ibid., p. 481.

到了什么样的程度很难做出精确的量化评判,但国家警察机关几乎定期在其形势报告中指出,对纳粹党造成损害的腐败现象会"被领导层捂起来",很多时候贪腐分子只要"承诺将赃款退还"就可以免受刑事起诉。① 如果贪腐分子的亲属或家人做出退回赃款的承诺,哪怕是已经启动的诉讼程序也可以被撤销,有时仅仅将腐败的公职人员调动到其他地方就算处罚过了。

说纳粹政府完全不重视腐败问题也并非完全正确。根据纳粹党的观点,德国在第一次世界大战中之所以失败,是由于群众的不满情绪被系统散布的失败主义思想和政府腐败点燃,最终导致后方战线在1918年11月瓦解,向"在战场上所向披靡"的军队背后捅了一刀。因此,腐败是1918年德国崩溃的一个主要原因,而纳粹政府无论如何也要避免历史悲剧的重演。在这种"11月综合征"的影响下,纳粹政权的很多高级领导人在"二战"后半期不仅对腐败,对民众的批评也更认真对待。1942年3月21日,希特勒发布"关于领导干部的生活方式"的命令,要求他们"做出表率","一丝不苟地、理所当然地严格削减开支"。谁若是胆敢抗命不遵,"不管是谁,不管他的地位有多高,一定严惩不贷、绝不姑息"。②

党卫队全国领袖海因里希·希姆莱更是对腐败问题高度关注,将腐败称为"令人民义愤填膺的龌龊之事"。作为德国警察的最高长官,他在很大程度上也是反腐的主管领导,他坚持要求"对任何形式的行贿受贿行为,务必从重严惩"。③ 希姆莱的道德呼吁与事实真相——党卫军是最腐败的机构之一——形成了鲜明对比。在所有针对党卫队成员的诉讼中,财产犯罪的案件占到很大比例(1942年是47.55%,1943年是43.13%)。在全部案件中,党卫队人员行贿受贿

---

① [德] 吉多·克诺普:《党卫军档案》,朱刘华译,上海社会科学出版社2004年版,第131页。
② [美] 约翰·托兰:《希特勒传:从乞丐到元首》(下卷),郭伟强译,国际文化出版公司2010年版,第322页。
③ [法] 劳伦·比奈:《希姆莱的大脑是海德里希》,刘成富译,上海人民出版社2015年版,第18页。

的案件甚至是国防军的 8 倍。①

　　党卫队的例子已经清楚地证明，由于纳粹政府内部的官官相护，即使是元首本人和高层领袖发布了严厉的反腐申明，面对纳粹德国紊乱的权力结构体系，反腐败仍然只是雷声大雨点小，没有一个高级领导因为腐败落马。从 1942 年初开始，德国民众产生了一种期望，要求政府严惩一批贪腐分子以儆效尤，为了满足群众的要求，纳粹政府不得不丢车保帅，采取一些象征性的反腐措施，例如在内特林案中惩处了倒卖管制食品给政府要员的食品批发商奥古斯特·内特林和一批纳粹中层官员；在马尔迈斯特案中惩处了逃避经济管制，为纳粹政府各级官员订制皮靴和皮鞋的高级皮靴商亚历山大·马尔迈斯特和与之相关的一批不属于国家领导人的客户。事实上，这些案件牵连甚广，马尔迈斯特的顾客名单简直就是第三帝国的名人录，希特勒、戈林、帝国新闻总长迪特里希等政府要员都位列其中，但他们都能够轻而易举地逃避惩处，只有那些位低权轻、在党内和政府内部影响较小的中下层官僚受到了惩罚。

　　这些案例证明，纳粹政权的领导人享有一种特殊地位，哪怕腐败的事实已经被证实，也不用担心遭受惩处。1942 年之后和之前相比的唯一变化是高级领导人为了安抚群众日益高涨的不满情绪，愿意牺牲掉中下层的官员以便转移群众对自己的过失的注意力。纳粹统治系统的既有结构对于各种反腐努力来说刀枪不入，原本有可能起到调查作用的机关几乎总是自己束缚住自己的手脚。

　　在第三帝国统治末期，纳粹政权再次加大了反腐力度，成立了新的机关，如"陆军中央法庭"；希姆莱在 1944 年 12 月发布了一道关于打击内政部门腐败的命令（"我不允许在这里出现腐败现象并让它

---

① ［德］吉多·克诺普：《党卫军档案》，朱刘华译，上海社会科学出版社 2004 年版，第 139 页。党卫队腐败问题主要集中在集中营系统。在党卫队保安处经济犯罪案办公室任职的康拉德·摩根是纳粹德国相当著名的反腐人物，被称为"猎犬法官"。在他的努力下，1943 年 7 月至 1944 年早春共有约 800 件贪污案得到审理，其中 200 多名当事人被判刑，许多集中营指挥官被处决——虽然这些官员的级别都很低。由于这些腐败案件和集中营残酷屠杀的曝光给纳粹政府造成了严重的负面影响，希姆莱强令摩根停止继续调查。

站稳脚跟,哪里出现腐败,就在哪里追究"①);帝国审计总署署长也在1945年初呼吁加强反腐。但是,这些反腐运动仍然没有触及纳粹政权内所滋生腐败的固有体制。1933年以来纳粹德国的腐败史证明,如果当权者仅仅依赖一小群核心党羽支持,在权力结构配置上又缺乏权力监管和分权制衡,缺乏针砭时弊的舆论监督和民众监管,缺乏相对独立的政府内外监管机构,反腐决心和反腐行动终归不免失败——即使是纳粹德国这样看似"高效"的极权独裁国家也不例外。

---

① [美]约翰·托兰:《希特勒传:从乞丐到元首》(下卷),郭伟强译,国际文化出版公司2010年版,第602页。

第六章　独立以来印度的利益集团腐败

印度共和国（Republic of India）位于南亚次大陆，面积约300万平方公里，人口约为12亿，是英联邦的成员国。印度几千年来为人类社会贡献了光辉灿烂的文明成果，作为历史最为悠久的文明古国之一，印度具有绚丽的多样性和丰富的文化遗产。印度的族群、宗教、语言构成非常复杂，属于典型的多元文化社会。尽管印度近年来经济增长速度很快，但仍然是世界上最贫穷的国家之一，2015年印度人均国民收入约为1606美元，[①]社会财富分配不平衡问题相当严重。当前，印度在软件业出口方面表现突出，农业、金融、技术服务等行业也有快速发展。最引人注目的是，作为一个经济落后、文化多样性极强的国家，印度自1947年独立以来维持了超过60年的民主制度，这一突出成就被历史学家和政治学家用"民主奇迹"（democratic miracle）或"民主谜题"（democratic puzzle）来形容。

尽管印度长期维持了民主政体的相对稳定，但印度的民主并非自由主义民主政体的理想类型。就制度绩效的角度而言，印度从1947年至今仅维持了相对比较缓慢的经济增长，在发展经济、消除贫困、提高识字率、降低贫富差距等方面的成就并不显著。按照国际货币基金组织公布的全球各国和地区人均GDP排行榜，印度排第139位；联合国公布的数据也显示，印度的人类发展指数（Human Develop-

---

[①] 关于印度的基本国情数据，参考世界银行网站，http://data.worldbank.org/country/india.

ment Index）的排名中也仅在全球 187 个经济体中排在第 134 位。更为严重的是，20 世纪八九十年代以来，随着印度国民大会党（The Indian National Congress）丧失政治主导地位和高度竞争的多党制的兴起，印度社会的族群、宗教和种姓冲突问题表现得日益严峻，恐怖主义和政治暴力频发，对印度的政治稳定也构成了一定威胁。国际评级机构自由之家在 20 世纪 90 年代一度下调印度的国家评级为"部分自由"，①也说明印度的民主制度面临衰退的危险。

单就腐败问题而言，在英国殖民统治的后期，英印政府通过一系列举措对腐败问题进行了卓有成效的治理，例如颁布实施《1784 年印度法案》。独立伊始，印度政府是"世界上素质最高的政府之一"，②其政府机关和行政体制相当廉洁。但在独立之后不久，印度便相继发生了吉普车丑闻、博福斯军火案等一系列腐败大案，逐渐成为世界上腐败问题最为严重的国家之一。当前，根据《印度时报》的调查，印度 88% 的文官、98% 的政治家、97% 的警察存在腐败行为；世界银行发布的《腐败控制指数报告》也显示，印度的清廉状况要比全球 65% 以上的国家差。③

总而言之，大规模利益集团腐败始终是困扰独立后印度政府的重要因素，在印度独立后的不同历史发展阶段其表现出相异的特征。具体而言，从 1947 年独立后至 20 世纪 90 年代印度经济转轨之前，一党独大、长期执政的印度国大党是利益集团腐败的行为主体，而在 20 世纪 90 年代开启经济转型至今，利益集团腐败主要表现为官商勾结和"黑金政治"问题。然而，无论是国大党腐败还是官商勾结的腐败，在相异的表象之下却存在相似的逻辑。不同于前文中所选取的作为发达工业国家的美国和德国的某一特殊历史发展阶段，本章希望通过选取一个贫困、后发国家较为完整的发展历程，在同一个国家的

---

① 需要注意的是，在 1998 年"自由之家"国家评级中，印度由 1997 年的"部分自由"上调至"自由"，说明随着两党执政联盟逐渐形成，印度的民主政体开始转向稳定。见"自由之家"官方网站，http：//www.freedomhouse.org/report? freedom-world/1998/india.
② 林承节：《殖民统治时期的印度史》，北京大学出版社 2004 年版，第 156—179 页。
③ 参考世界银行网站，http：//data.worldbank.org/country/india.

较长历史时期内展现利益集团腐败的生成机理：一方面，是被用于充当政治工具巩固当政者权势地位的腐败；另一方面则是不完善、不合理的权力结构配置使得利益集团腐败无法得到有效治理，甚至加剧腐败的严重程度。本章分为三节，第一节论述印度在两个不同发展阶段的政治发展状况，第二节讨论无论是在经济改革前还是改革后，印度中央乃至地方政府以腐败换取支持者忠诚的问题始终存在，第三节分析前后两个不同阶段印度宪法与政治制度的有效性及其与利益集团腐败之间的关系。

第一节 印度的社会分裂

一 经济、社会分裂和印度利益集团的产生

1947年印度独立时有两个基本特征：首先，经济和文化非常落后，现代化程度很低；其次，族群、宗教、语言和种姓等方面的差异显著，社会结构分裂程度很高。这两个基本特征的根源在于印度长期的传统社会发展历史和英国殖民统治。

（一）落后的经济

印度独立时是一个经济非常落后的发展中国家，独立后的相当长一段时间内，印度经济增长速度也比较缓慢。独立时，印度经济的起点非常低，1948年印度人均收入为246.9卢比，按当今美元价格换算不到100美元。独立后的印度经济发展可以被粗略地划分为两个阶段：1950—1980年及1980年至今。第一阶段，印度实行具有浓厚计划经济色彩的经济体制，经济发展相对比较缓慢，GDP年均增长率约为3.5%，考虑到人口增长率较高，人均GDP的年均增长率约为1.4%。在第二阶段，印度进行了大规模的经济改革，提高了市场化程度，经济发展相对较快，GDP年均增长率约为6%，人均GDP年均增长率约为3.9%。[①] 这些数据说明，尽管印度最近30年的经济增长

[①] ［美］阿图尔·科利：《国家引导的发展：全球边远地区的政治权力与工业化》，朱天飚等译，吉林出版集团2007年版，第267页。

率较高，但印度经济在相当长时间内都维持在很低的水平，这是印度政治制度和利益集团的经济背景。

在独立之前的英国殖民统治时期，印度工业和交通等虽然获得了一定的发展，但仍然是一个传统的农业社会。独立之初，印度人口约有85%以农业为生，全国制造业部门的雇佣人数仅为240万。在20世纪50年代，印度GDP构成中农业、工业和服务业三大产业的比重为56%、16%和28%；到了20世纪70年代，三大产业的构成改变为42.8%、22.8%和34.4%；印度经济转轨之后的2001年，三大产业比重进一步变化为24.3%、21.6%和54.1%。① 就就业人口的比例而言，2002年印度仍然有57%的人口从事农业，从事工业和服务业的人口分别为21%和22%。与较为缓慢的工业化相对应的是，印度也是一个城市化进展非常缓慢的国家。1951年印度城市化率约为17.3%，1981年达到23.3%，2001年为27.8%，至2011年也仅为31%。这组数据显示：印度最近30年的城市化速度正在显著加快，但印度至今仍然是一个城市化率很低的国家，而在独立后的相当长时间内，印度城市化率始终维持在不到25%的水平。② 产业结构、就业构成和城市化水平都深刻影响了印度利益集团的形成和具体的政治运作过程。

与经济同样落后的是印度的文化教育和社会发展。印度独立时全国文盲率高达84%，大约有60%的适龄人口无法上学。在独立以后，印度政府致力于文化教育事业的发展，但进步缓慢。印度的统计资料显示，1980年印度成年人口的识字率为43.6%，2001年也仅为65.4%。尽管印度独立后教育事业获得了很大发展，但在其独立后的较长时间内仍有半数以上的人口为文盲，相对于印度在独立后实行的比较先进的议会民主制度，印度民众的总体文化水平非常落后。以综合评估总体发展水平的联合国人类发展指数（Human Development In-

---

① 林承节：《殖民统治时期的印度史》，北京大学出版社2004年版，第424—434页。
② 这两节经济发展数据都来自于 Ume Kapila, "Growth and Structural Change Since 1950", in Indian Economy since Independence, Academic Foundation, 2006, p. 762, 和世界银行官方报告（http://data.worldbank.org/country/india）。

dex）作为参照，1980年该指数首次推出时印度的分值为0.348，2011年达到0.547，其进步无疑是显著的，但是在所有参与评分的187个政治经济体中，印度仅排在第134位，[①] 这也从另一个侧面说明印度民众的文化教育和社会发展水平仍然比较落后。

由于印度经济长期落后，人口多数生活在农村且受教育程度不足，所以尽管1950年宪法赋予了21岁以上所有成年男女普选权，但实际上整个社会的政治动员程度维持在一个较低的水平。这使得印度在相当长时间内有别于高度工业化、现代化的西方民主国家。特别是在印度民主政体建立初期，这种较低的政治动员水平在政治上的直接效应是政治精英与普通大众相比拥有更大的政治主导权，使得印度严重的社会分裂难以快速政治化。一方面，这给予印度民主政体一个有利的政治缓冲期，但另一方面，政界精英、商界领袖和传统地方权贵也容易在实际的政治运行过程中蜕变为利益集团，特权和腐败的出现难以避免。

（二）高度分裂的多元社会结构

印度社会的第二个基本特征是高度分裂的多元社会结构。按照2011年的人口统计，印度总人口达12.1亿。印度不仅人口总量大，且族群、宗教和语言结构非常复杂。尽管印度官方的表述是印度只有一个民族也就是"印度人"（Indians），但国际学界仍然倾向于认为印度是一个典型的多民族国家。印度国内大约存在11个规模较大的民族和大量规模较小的民族与部落。其中人口较多的民族包括印度斯坦族、泰卢固族、孟加拉族、泰米尔族、马拉地族、古吉拉特族、阿萨姆族和锡克族等，其中印度斯坦族的人口比例超过45%，这些较大民族占印度人口的比例超过80%。印度国内各民族在地理上的聚居和散居模式不同，一些民族的地理分布比较集中，而人口最多的印度斯坦族在很多邦却不是多数族群。

更为复杂的是，同一民族的印度人可能使用完全不同的母语。按照1961年的人口调查，印度有1652种被登记为母语的语言和方言，

[①] 联合国人类发展指数评价网站，http://hdr.undp.org/en/statistics/.

当时确认使用人口超过 100 万人的语言有 24 种。按照 2001 年的人口统计数据，使用人口较多的语言包括：印地语（Hindu，41% 的人口使用）、孟加拉语（Bengali，8.1%）、泰卢固语（Telugu，7.2%）、马拉地语（Marathi，7%）、泰米尔语（Tamil，5.9%）、乌尔都语（Urdu，5%）、古吉拉特语（Gujarati，4.5%），除这些语言外，使用其他各种语言的人口约占 21.3%。考虑到维护民族统一的需要，印度在独立之后将英语作为本国的官方语言，印地语也成为官方语言但并未强制推广，还有使用人口较多的 14 种语言被确定为邦一级的官方语言。① 使用不同语言的人口在地理上也呈现不同的聚居和散居分布模式，地区差异也比较大。印度独立后，国大党同意按照语言来进行邦的重组，因此，语言及其人口构成成为印度政治中的一个重要因素，也是族群型利益集团的重要根源。

与民族、语言结构具有相似重要性的是宗教问题。印度 99% 以上的人口信仰宗教，印度教徒的规模最大，占人口的比例约为 80.5%，穆斯林次之，占人口的比例约为 13.4%，基督徒的比例为 2.3%，锡克教徒（Sikh）的比例为 1.9%，信仰佛教和其他宗教的人口不到 2%。② 上述人口的结构相对稳定。历史地看，印度不同宗教之间的关系比较复杂。历史上，穆斯林和印度教徒之间长期存在政治压迫和政治抗争的关系，西北部地区的穆斯林人口比例较高；锡克教起源于对印度教的批评和改革，锡克教徒集中在旁遮普邦；基督教则是随着西方人的到来才传入印度的，殖民统治时期基督教的力量有所增强。此外，各宗教内部还存在派别之争。总体上说，宗教是一种强烈的身份认同，因而信仰不同宗教的选民容易被区分为不同的政治集团，进而增加这些集团蜕变为利益集团的可能性。

综上所述，印度是一个高度分裂的社会，在纳托和考克斯、利普哈特等人的研究中，印度均被视为社会结构分裂程度非常高的国

---

① 包刚升：《民主崩溃的政治学》，商务印书馆 2014 年版，第 394 页。
② ［德］赫尔曼·库尔克、迪特马尔·罗特蒙特：《印度史》，王立新等译，中国青年出版社 2008 年版，第 389 页。

家之一。① 印度这种高度分裂的社会结构，加上经济不发达和现代化程度很低，使得印度在现代民主政治架构中很可能会沿着族群、宗教和语言界线产生政治分裂。当不同族群、宗教和语言的人口在地理上呈现聚居格局时，还会引发地区分裂。从印度独立以来的政治发展来看，这些不同类型的政治分裂互相重叠和交织，难以完全分割。

值得注意的是，除了民族、语言和宗教，印度社会还存在另外两种典型的社会分裂：一是种姓（Caste system in India）分裂，二是阶级分裂。这两者差异很大，但都属于社会分层固化问题，都会深刻影响社会利益分配。种姓是印度教社会特有的等级制度，虽然已被印度官方明令禁止，但仍然在印度社会的总体发展进程中发挥着潜移默化的重要影响。种姓制度把人分成四个等级，分别是婆罗门（Brahmin），即神职人员和知识分子；刹帝利（Kshatriya），即武士和国家管理者；吠舍（Vaishya），即工商业者；首陀罗（Shudra），即工匠与奴隶。四个等级之外还有一个贱民阶层（untouchable）。种姓制度要求在不同种姓的人群之间实行严格的等级制度和社会分级，不同种姓之间的饮食、社交及其他世俗、宗教权利也存在极大差异，不同种姓人群还有职业和通婚的严格限制。

印度国父尼赫鲁曾经指出："只要种姓制度仍然存在，印度就不能在世界文明国家中占据应有的地位。"② 印度独立之后，宪法和法律赋予所有公民一律平等的法律和政治地位，并对原先的贱民阶层给予政治上的优待。尽管如此，不同种姓的人群难以很快消除彼此之间的身份和等级界限。高级种姓和低级种姓在职业、收入、社会地位、教育程度等方面的差异仍然很大。从联邦议会的议员比例来看，印度建国之初以婆罗门为主的上层种姓出身的议员占绝对多数，20世纪70年代以后上层种姓逐渐失去绝对多数地位，低级种姓出身的议员开始逐步获得多数席位。但时至今日，种姓仍然是印度身份认同的重

---

① [美]阿伦·利普哈特：《民主的模式：36个国家的政府形式和政府绩效》，陈琦译，北京大学出版社2006年版，第38—41页。
② 陈锋君主编：《印度社会述论》，中国社会科学出版社1991年版，第155—179页。

要符号，不同选民很可能会因为种姓差异产生不同的利益诉求，代表特定种姓人群占据优势地位的种姓集团也很可能蜕变为利益集团。

印度社会也存在着阶级分裂和由此所导致的阶层型利益集团。这种阶层分裂的主要形式是工业部门的资产阶级、无产阶级之间的分裂和农业部门的地主阶级、无地或少地农民之间的分裂。相对于印度庞大的人口而言，印度的工人阶级和资产阶级规模相对较小，但是这部分人口主要集中在城市，与农业部门相比具有更强的动员和组织力量，具备更强的政治影响力，因此他们之间的分裂和冲突也会对印度政治发展和各个利益集团的形成产生重要影响。在独立伊始，印度制造业部门雇佣工人数仅为240万人，随着印度工业化的推进，在非农部门就业的人数迅速增多，1983年在工业和服务业就业的人数已接近1亿，当前这个数字更是上升至接近2亿。印度独立之后优先发展公营部门，实行高度管制的经济政策，但在20世纪八九十年代以后，私营企业的扩张速度加快，资产阶级的政治力量也得到了极大的强化。另外，在印度独立之后，农村和农业部门的政治焦点集中于土地改革问题。独立时，印度的土地主要掌握在人数很少的地主手中，1954—1955年，全国50%以上的土地为不到10%的农户所有，25%的农民完全没有土地，另外25%的农民只拥有全国土地的1%。[①] 高度集中的土地所有权使得地主和农民的利益诉求出现了极大分化，这使地主阶层在印度独立后的很长一段时期内成了事实上的利益集团。

综上所述，在建立民主政体之后的很长一段时间内，印度都是一个经济不发达、民众文化水平较低、社会分裂和利益分化非常严重的传统社会。尽管所有成年公民都获得了选举权，但他们实际表达利益诉求的能力、渠道和方式都非常有限，同时他们仍然受到传统权威结构的影响和束缚。在这样的情况下，政治精英的角色尤为重要。以首都和主要大城市的政党领袖、政治权贵和社会活动家为代表的政治精英为印度设定政治议程，引导一般大众的政治参与。因此，在独立后的很长一段时期内，印度的政治发展过程表现出较为浓厚的精英主义

---

① 林承节：《殖民统治时期的印度史》，北京大学出版社2004年版，第154页。

色彩。以印度民族独立运动的政治领导核心国大党为例，他们的核心领导层基本由知识阶层的专业人士构成，并与民族资产阶级和自由派地主阶级结成政治联盟。可以说，由于这些政治精英的分裂程度较低，印度高度分化的社会结构并未导致严重的政治运行危机。而随着印度现代化程度的提高，从20世纪六七十年代开始，印度社会在政治参与层面的利益分化趋势得到加强，利益紧张关系及与此密切相关的组织化利益表达使得政治冲突不断。[1] 在这样的条件下，印度高度分裂的社会结构逐渐政治化，利益诉求各异的多种类型利益集团开始出现。

从利益集团本身的历史演变来看，可以大致将印度利益集团腐败问题划分为两个阶段：首先，从独立到20世纪80年代末90年代初，这是国大党一党主导体制和尼赫鲁家族长期执政时期，利益集团腐败主要表现为国大党腐败，虽然从1967年至1989年，印度政坛开始进入国大党一党主导体制逐渐衰落并向多党制过渡的时期，印度政治动员程度逐渐提高，利益分化加剧，但是腐败性质并未发生根本转变；其次，20世纪80年代末90年代初至今，这是印度政治运行过程由多党激烈竞争向稳定的国大党和印度人民党领导的两大政治联盟演变的时期，印度政治动员程度很高，民众的利益分化程度加深，国家治理能力较弱，政治暴力和政治冲突持续加剧。这一阶段的腐败主要表现为在经济转型过程中获取特殊利益的阶层型利益集团与政府官员相互勾结，借助公共权力获取和维护其自身的特殊利益。

二 独立后印度的政治制度和政治运行概况

（一）印度宪法和基本政治制度

1950年颁布实施的印度宪法是在国大党的安排下，由7位著名法

---

[1] 从20世纪80年代至今，印度国内较为严重的族群、宗教暴力事件主要有：1984年的反锡克教运动，造成10000—17000人伤亡；1989—1990年印控克什米尔的印度教徒与穆斯林激进分子发生冲突，造成50万—75万印度教徒失去家园；1992年印度教徒与穆斯林之间的寺庙之争导致至少1200人死亡；2002年始于古吉拉特邦的印度教—伊斯兰教暴力冲突至少造成1000—2000人死亡。

学家组成的宪法起草委员会历时 3 年完成的。总体而言，印度宪法是一部民主的、联邦制的、议会制的世俗宪法。①

首先，在中央和地方关系的制度安排上，印度宪法第一条即规定印度是一个联邦，因此在法律意义上印度是一个联邦制国家。但是，从宪法其他条款的规定和政治实践来看，印度在独立后的很长时间内都是一个中央集权程度很高的国家，与西方意义上的联邦制存在很大不同。印度联邦政府在政治和行政事务上对邦一级政府发挥实际的主导作用，中央和地方权力配置的制度安排明显偏向于中央。从邦的数量上来说，无论是建国之初的 29 个邦还是当前的 35 个邦，联邦政府居于政治权力和资源控制能力的优势地位，任何一个邦都没有能力挑战中央政府的政治控制。从权力划分来看，宪法规定了联邦政府的 97 项独享权利、邦政府的 66 项独享权利和其他 47 项两者共享权利，总体而言联邦政府权力更大，更为重要的是，印度宪法还规定将未列出的其余权利均授予联邦政府，这与本书之前提到过的美国宪法截然相反。根据宪法第 248 条，各邦设有邦长，由联邦总统任命。邦长是象征性领导，在特定情况下联邦政府可以接管邦政府的政治权力（宪法第 356 条）。据不完全统计，从 1950 年至 1992 年，印度联邦政府对邦政府实施过多达 99 次总统统治。另外，印度重要的税收和财政收入都掌握在联邦政府手中，而邦政府只有几项次要的税收权。

其次，在选举制度上，印度沿袭英国的政治传统，采用简单多数决定制，这有利于塑造大型政党或维持既有大型政党的政治优势，抑制小型政党的发展。虽然印度实行多党制，但在当前，印度国民大会党（the Indian National Congress）和印度人民党（Bharatiya Janata Party）是印度的两大政党，前者简称印度国大党或国大党，为印度现存历史最长的政治组织，1885 年 12 月在孟买成立，在印度独立后的很长一段时期内一党独大，长期保持执政党地位；后者则是当今印度政党体系的一支重要生力军，成立于 1980 年，1996 年首次成为议会第

---

① ［美］斯坦利·沃尔波特：《印度史》，李建欣等译，东方出版中心 2013 年版，第 356 页。

一大党并执政 13 天，其后改为与其他地方政党联合执掌联邦政权。

再次，在政府形式方面，印度采用了具有更高稳定性的议会制。印度宪法虽然设立了总统职位，但事实上总统不过是虚位元首，实际的政治权力掌握在总理手中。尽管宪法规定总统有权宣布紧急状态，但事实上只有在联邦内阁做出宣布紧急状态的决定并书面通知总统后，总统才能发布紧急状态公告。在议会制民主下，总理实际上由议会下院，也就是人民院多数党或多数党联盟选举产生，因此，总理通常由多数党或多数党联盟的领袖担任。总理提名部长会议的内阁部长人选并集体对人民院负责。在这种制度安排下，特别是议会存在稳定的一党多数时，内阁总理的政治权力非常巨大。

(二) 独立至今印度政治的实际运行概况

1947 年独立以来，印度的政治运行状况可以被大致划分为三个时期：首先是国大党一党主导时期（1947—1977 年）；其次是国大党占据优势地位的多党联合与国大党一党主导交替进行时期；最后是从 1996 年一直延续至今的多党联合执政时代，国大党与人民党两派执政联盟的力量难分伯仲。

首先是国大党一党主导时期（1947—1977 年）。在 1951 年底，印度根据 1950 年生效的宪法举行首届大选，结果国大党大获全胜，正式成为执政党。从首届选举一直到第五届选举（1971 年），国大党均以赢得 45% 左右的选票和人民院三分之二以上议席成为无可争议的多数党，凭借一党之力组织内阁，被历史学家称为"一党主导制度"或"国大党体制"。[①] 国大党领袖贾瓦哈拉尔·尼赫鲁担任印度总理长达 17 年。

接下来是国大党占据优势地位的多党联合与国大党一党主导交替进行时期。在这一时期，从执政党的变化情况来看，国大党仍然占据明显优势，因而在政治运行的实际过程中仍然鲜明地显示出"国大党体制"色彩——国大党在 19 年间主政 15 年。短时期的例外情况是

---

① 张树焕：《"国大党体制"与印度政治腐败的兴起》，《南亚研究季刊》2014 年第 1 期，第 95 页。

1977—1979年由瓦杰帕伊领导的人民党（Janata Party）① 上台执政；1989—1990年由全国阵线组成了少数派政府和1990—1991年由人民党（社会派）组成了极少数派政府。

最后是从1996年一直延续至今的多党联合执政时代，在历经数年的多党激烈竞争后逐渐形成国大党联盟与人民党联盟的稳定两党制。1996—1997年，印度政府经历了高达和古吉拉两个总理分别领导的联合阵线政府；1998年，印度人民党保持了议会第一大党的地位，组成由瓦杰帕伊领导的包括18个党派在内的联合政府；在1999年10月举行的第十三届大选中，人民党领导的由24个党派组成的全国民主联盟获胜，组成第三次瓦杰帕伊政府，这也是人民党真正意义上的正式掌权；2004年5月，在印度第十四届议会大选中，人民党败于国大党屈居第二，国大党推举曼莫汉·辛格担任总理；在2014年5月举行的大选中，印度人民党卷土重来，再次获胜组建新联邦政府，印度人民院总理候选人莫迪出任总理。

总体而言，在后发的第三世界民主国家，印度的宪法设计和政治制度安排可以说是成功的典范。中央集权化的联邦制（centralized federalism）、简单多数决定制和议会制都有助于政治制度和政治运行的稳定，这种制度安排在早期塑造了国大党一党主导体制，后来在激烈的多党竞争时代也为印度民主政治注入了重要的稳定因素。但需要特别指出的是，印度民主政体在英迪拉·甘地执政时期曾经历过一个短暂的危机，即1975—1977年实施的为期21个月的紧急状态法，印度民主制度也曾命悬一线。

在1971年和1972年举行的印度人民院和邦议会选举中，英迪拉·甘地领导分裂后的国大党②大获全胜，获得人民院三分之二以上

---

① 它是当今印度人民党的前身，由成立于1951年的印度人民同盟（Bharatiya Jana Sangh，简称BJS）联合其他3个小党组成。今天的印度人民党正式成立于1980年，起因是人民党联盟的领导人禁止获选的印度人民同盟官员加入"人民志愿部队"，人民党联盟内部的不满分子从中脱离，1980年，分裂后的印度人民同盟自身重组为印度人民党。

② 尼赫鲁去世后，国大党发生过多次大的分裂，先后出现过以S.尼贾林加帕为首的国大党（组织派），以英迪拉·甘地为首的国大党（英迪拉·甘地派，又称国大党英迪拉派），以K.雷迪为首的国大党正统派（后改称为社会主义派）。

第六章　独立以来印度的利益集团腐败 | 203

的议席，并控制了全印度 21 个邦中 18 个邦的政权。但是，英迪拉政府在 1971 年大选获胜后开始面临重大考验，官僚主义、贪污腐败等都令国家的经济、社会发展面临重重危机，虽然绿色革命①令印度下层人士的生活获得少许改善，但改善的速度和幅度并不足以应付巨大的失业率。另外，国大党政府又与英迪拉·甘地的儿子桑贾伊·甘地主导的马鲁迪公司签订合约，授权他们生产首批本地生产的车辆，但这家公司一辆车也没能生产出来，其中的猫腻不言而喻。

对当时的印度政府而言，尽管英迪拉·甘地在 1971 年选举中提出了"消除贫困"的竞选口号，但印度经济非但没有好转，反而在 1973 年后出现了较为严重的恶化。印巴战争的负担、农业改革发展缓慢、公营经济部门的效率低下和严重的通货膨胀都是本次经济危机的重要原因。经济危机深刻影响了印度民众对英迪拉·甘地和国大党的政治支持程度，从 1974 年开始，印度陆续爆发了声势浩大的学生罢课和工人罢工运动，参与人数高达数万甚至数十万人，社会党领袖纳拉杨呼吁印度人民发起全国性斗争，不仅要摧毁国大党的政权，还要对印度政治、经济、社会的既有利益分配格局进行全面革命，史称"JP 运动"（JP 是纳拉杨全名 Jaya Prakash Narayan 首字母的缩写）。到了 1974 年下半年，不仅在首都，地方各邦也发生了大规模罢工和游行示威。

在这样的背景下，1971 年与英迪拉·甘地同为竞选候选人的拉杰·纳拉杨对英迪拉·甘地的选举腐败问题提出了指控。印度最高法院经调查发现，英迪拉·甘地确实在大选期间派出一名公务员在自己的竞选阵营里服务，因而从技术角度来讲，选举应该作废。1975 年 6 月 12 日，最高法院裁定取消英迪拉·甘地的议员资格，她必须辞去总理职位并在未来 6 年内不得参加选举。尽管当时的议会被认为是于黑幕之下运作，但这次却是首次有法院对高层领导的贪

---

① 狭义的"绿色革命"是指发生在印度的粮食作物产量大幅度提高。20 世纪 60 年代中期，印度开始实施绿色革命发展战略，于 1966 年从墨西哥引进高产小麦品种，同时增加了化肥、灌溉、农机等投入，至 1980 年促使粮食总产量从 7235 万吨增至 15237 万吨，由粮食进口国变为出口国。

污腐败裁判。① 面对法院判决，英迪拉·甘地要求法院缓期执行并提起上诉，但此时的反对党拒绝承认英迪拉·甘地政府的合法性，并在全国发起不合作运动。公众的不满、艰难的经济环境，以及反应迟钝的政府令印度的时局日益紧张。其后，一场巨大的群众集会包围了议会和英迪拉的居所，要求她下台。1975年6月25日，英迪拉·甘地要求印度总统签署在全国范围内实施紧急状态的法令；6月25日，她又召开紧急内阁会议并发表广播讲话宣布进入紧急状态。如此，从1975年6月25日至1977年3月21日，印度实施了为期21个月的紧急状态法。紧急状态期间，印度的反对党遭到镇压，反对派的政党和政治组织被禁止活动，新闻媒体受到严厉管制，公民集会和游行示威等政治自由受到限制，即便是反对党执政的各邦也被陆续强制实施了联邦政府的总统统治。一些历史学家称宣布实施紧急状态法为印度民主史上"最可悲和最黑暗的一天"，② 印度议会民主制至少是暂时被中止了。最终，英迪拉·甘地在实施紧急状态统治并两次宣布推迟大选后于1977年1月18日宣布下次大选的具体日期，并在当天释放了所有反对党领导人，逐步取消新闻管制和对公民政治权利的其他限制。1977年3月，印度如期举行第6次全国大选；同年3月21日，印度正式撤销紧急状态。在1977年大选失败后，以英迪拉·甘地为首的国大党执政派主动放弃了政治权力，将政权移交给反对党联盟，这也证明了1975年实施的紧急状态统治并非印度民主政体的崩溃。

由于中央集权的联邦制度、国大党一党长期执政、尼赫鲁家族成员的个人威望、高层领导能够通过自上而下的五年计划掌控印度的经济发展，印度在独立后的很长时期内具有一定程度的威权色彩，英迪拉·甘地的紧急状态法只不过是这种威权色彩的放大。

从利益集团腐败角度来看，印度独立后的腐败问题始终比较严重。如果说美国镀金时代的利益集团腐败是"弱政府、强社会"背

---

① [美]斯坦利·沃尔波特：《印度史》，李建欣等译，东方出版中心2013年版，第398—401页。

② 王联：《评英迪拉·甘地执政十六年》，《国际政治研究》1994年第1期，第76页。

景下的腐败、纳粹德国的腐败是极权独裁体制下"强政府、弱社会"的腐败,那么分析印度政府在国大党一党独大时期和多党竞争时期广泛存在的大规模集体腐败问题就是在同一个国家的不同历史发展阶段从两个侧面勾画出利益集团腐败的政治逻辑。无论是英迪拉·甘地的强人政治还是经济全球化背景下的多党激烈竞争,当权者巩固权力的渴望和权力结构的缺陷都是大规模集团腐败产生的重要原因。

第二节　不同时期的印度利益集团腐败

一 "国大党体制"和国大党腐败

1947年,印度宣告独立并开始尼赫鲁式的社会主义建设,一直到1984年英迪拉·甘地遇刺,其间虽有微调,但基本上没有偏离这一轨道。该模式的突出特点是:政治上继承殖民地时期的议会民主制度,经济上借鉴苏联模式实行混合经济,以计划经济为主、兼容市场经济,主张自力更生,注重公营企业的作用,控制国民经济的主要部门,压制私营经济发展并优先发展重工业;在处理效率与公平的关系上,比较注重社会公平,防止贫富差距过大。客观地说,尼赫鲁式社会主义为印度的发展奠定了坚实的基础。不过,这种模式的弊端也非常明显,突出表现为效率低下,经济增长缓慢,被一些学者称为"印度教徒式的增长率"[1]。印度虽然实行议会民主制,但带有浓厚的东方权威主义色彩。1947—1967年,国大党在大选中保持绝对优势,在议会中占有70%以上的席位,在事实上形成了一党独大的"国大党体制",[2] 而尼赫鲁家族又长期支配国大党和印度政治,尼赫鲁担

---

[1] 林承节主编:《印度现代化的发展道路》,北京大学出版社2001年版,第35页。
[2] 印度独立后至1967年第四次大选前夕,国大党在人民院和邦议会选举中保持绝对优势地位:1952年大选,国大党获得了74.4%的人民院议席和68.4%的邦议会议席;1957年大选,国大党获得了75.1%的人民院议席和64.9%的邦议会议席;1962年大选,国大党获得了73.07%的人民院议席和58.37%的邦议会议席。由于没有其他政党能够对国大党的执政地位构成挑战,印度政治学者科萨利明确地把这一时期的政治称为"国大党体制"。参考 Rajni Kothari, "Continuity and Change in the Indian Party System", *Asian Survey*, Vol. 10, No. 11, 1970, pp. 937–948.

任总理 17 年，其女英迪拉·甘地又担任总理达 14 年之久。对于腐败问题，尼赫鲁和英迪拉·甘地都认为，宣传腐败的严重性会造成社会恐慌，进而加剧腐败。因此，在他们的任期内政府对腐败多有纵容。[1]

在印度建国后的很长一段时期内，印度的腐败主要表现为国大党内部的腐败，更具体地说是国大党政府自总理及总理以下的各级公职人员普遍将腐败作为一种拉拢其他公职人员和地方权贵的政治工具。尽管在理论上印度实行多党制，但由于国大党长期一党独大，除国大党外的其他政党如自由党、共产党、社会党等根本无法上台执政，因此这些在野党缺乏利用腐败作为政治工具的动机。在独立以后很长的时期内，印度政党竞争并不激烈：1952 年人民院 489 个议席选举中只有 1874 名候选人参加竞选，平均每个席位仅有 3.8 人竞争，并且一半以上的都是国大党推荐，这也使得国大党能够较为稳妥地确保对议会的控制权。[2] 作为 1885 年成立的百年老党，印度国大党在印度独立前后并没有忽视腐败问题。"圣雄"甘地作为国大党的早期领导人，身体力行反对党内腐败。1939 年 5 月，针对社会上抱怨国会部门腐败的现象，甘地称"宁可给整个国会一个体面的葬礼，也不能忍受腐败猖獗"；[3] 1948 年 1 月，甘地开始他最后一次绝食运动，这次绝食的一个重要目的就是抗议新政府的日益腐败，谴责各部部长频繁举行的豪华宴会。在甘地之后继任国大党领袖的尼赫鲁一开始同样强调严抓贪腐，但印度在 1947 年获得独立后，腐败问题并没有得到真正解决，甚至愈演愈烈，先后发生了"吉普车丑闻案""摩德加尔腐败案""拉奥·辛格腐败案件"等重大腐败案件。至 20 世纪 60 年代，印度社会的廉政状况已经"大大低于同时代的西方国家和发展中国家"，在"国大党体制"下，印度的政府官员"忘记本职而全力追求私利"，[4] 政府系统充满了冗员和腐败。

---

[1] R. K. Karanjia, *The mind of Nehru*, London: Allen and Unwin, 1960, p. 61.
[2] Rajni Kothari, "Continuity and Change in the Indian Party System", *Asian Survey*, Vol. 10, No. 11, 1970, pp. 937 - 948.
[3] C. P. Srivastava, *Corruption: India's Within*, New Delhi: Macmillan India, 2001, p. 18.
[4] S. Gill, *The Pathology of Corruption*, New Delhi: Harper Collins Publishers, 1993, p. 53.

印度独立后最早的一起腐败大案是1947年底发生的"吉普车丑闻"。1947年印巴分治后,爆发了第一次印巴战争。当时印度陆军急需一批用于崎岖山路的吉普车,于是时任印度驻伦敦高级专员克里希纳·梅农以800万卢比的价格向一家外国公司订购了4603辆吉普车。但由于没有正规协定,车子迟迟没有交货,后来交货时克什米尔战争已经结束,而且交付的吉普车质量不达标。"吉普车丑闻"震动议会,卷入其中的高级专员梅农是国大党内的政治要员,深得总理尼赫鲁信任,两人的特殊交情人尽皆知。其实,早就有人揭发梅农涉嫌以自己的名义介入数桩可疑交易,致使印度政府损失数千万卢比,而最显眼的就是"吉普车丑闻"。不少人相信,梅农在政府内外的亲密朋友从中捞到很多好处,印度审计总监和财政部长也建议起诉当事人,但尼赫鲁坚决反对,否认其中有任何不正当和不道德的行为,也否认给国家造成了损失,只承认监督不严和判断失误。1955年9月30日,尼赫鲁宣布这个案件的处理决定,梅农因失职得到行政处分。但第二年,尼赫鲁不顾大多数内阁成员和国大党议会领导人的反对,任命梅农担任政府不管部部长,后来又任命他担任了国防部部长这一要职。

在"吉普车丑闻"后,另一起震动印度政坛的案件发生在1951年9月,这次涉案的是一位名叫摩德加尔的议员。摩德加尔被曝从孟买某商会收受贿赂2000卢比帮助该商会游说,而摩德加尔的不当行为又与尼赫鲁的女婿费罗兹·甘地有关联,得知此事后,尼赫鲁作出将摩德加尔驱逐出议会的决定,费罗兹·甘地也被行政警告。

一般认为,尽管尼赫鲁不想要腐败的政府,但由于他本人对金钱没有兴趣,因此对追查和惩处政客中的腐败行为缺乏应有的重视。他对部长们的标准是:只要工作成效好,观念进步,可以弥补在经济问题上不拘小节或利用公职之便让朋友牟利的错误。如此一来,即使尼赫鲁本人相当清廉,但他治下的国大党权贵却可以利用腐败大肆扩充自身权利,到尼赫鲁总理任内的后期,政府部门的主要问题就是腐败风行,并逐渐成为各层公职人员的通病。尽管人们众口一词地议论需要打击和根除腐败,但尼赫鲁始终认为反对派夸大了政府腐败的程度。他公开断言:"大体而论,我们的政府属于世界上最少腐败的政府之一。"①

除了这两宗牵涉尼赫鲁本人的腐败案件,政府内部的其他腐败大案更是层出不穷。1949 年,内阁部长拉奥·什维·巴哈杜尔·辛格因帮助伪造采矿文件并收受 2.5 万卢比(这在当时是个不小的数目,相当于现在的 1000 万卢比)的贿赂入狱;1958 年,财政部部长克里什南马查理因帮助一家国营的保险基金拿到一个合同而被解除职务;1959 年,印度保险公司负责人拉马克里希南·达尔米亚由于挪用 220 万卢比而被判 2 年监禁,而另一个贪污 2.2 亿卢比的航空公司老板达拉姆·特嘉在欧洲被捕并被判刑 6 年。

独立之后印度政府的大规模集体腐败问题引起了国大党高层的广泛关注,国大党要员卡马拉季提出有必要加强党纪建设,让 12 位国大党中央部长和邦首席部长辞去公职"专心党的组织工作"。② 而对尼赫鲁本人而言,如果说梅农的案件还没让尼赫鲁对政坛腐败有多大感受的话,摩德加尔案则让他很受震动。事件发生几周后,尼赫鲁写信给所有的首席部长,表示需要制定一些标准来约束议员的行为,因为对议员们的权力运用行为缺乏相应的监管机制。但尼赫鲁的建议并未得到实际贯彻。直到 46 年后,印度联邦院(上院)才成立一个规范议员行为的委员会,又过了 4 年,人民院(下院)才跟着实施。如此拖延的根本原因在于两方面:国大党内部的互惠互利关系,亦即大小利益集团的私下抵制;另外,如前所述,尼赫鲁家族长期执政使得印度政坛带有一定威权主义色彩的"家长制"作风,而尼赫鲁和英迪拉·甘地对腐败的想法复杂。

第一,在国大党长期一党执政的所谓"国大党体制"下,由于社会阶层分裂严重、经济发展落后,普通民众特别是农村居民文化水平很低甚至存在着大量文盲,印度建国初期在基层民主体制运行过程中的"集团投票"现象表现得非常突出,这也使得印度各级政府内部出现了比较严重的以"互惠互利"关系为代表的各种特权和利益集

---

① R. K. Karanjia, *The Mind of Nehru*, London: Allen and Unwin, 1960, p. 61.
② 余忠剑:《印度反腐败机制及其效果》,《廉政文化研究》2013 年第 1 期,第 76 页。

团腐败。这种"互惠互利"关系包括两层含义：首先，利用婆罗门、地主、资本家等权势阶层和地方精英的政治资源确保国大党的执政地位；其次，在选举胜利、国大党地位无忧之后兑现承诺，将这些权势阶层安排进政府担任要职，并授予其种种特权以回报他们的政治忠诚。

在印度北部和东北部诸邦如中央邦、比哈尔邦和北方邦的农村地区，掌握大量土地的地主在经济领域无疑占据有利地位，而与种姓制度相关联的婆罗门阶层则垄断了文化权力，充当了农村地区的精神领袖。地主和婆罗门也由此构成了印度农村的权势阶层和利益集团。独立后，国大党为了确保自身的执政地位，需要利用地主和婆罗门在农村地区的影响力，通过放债或将土地租给农民发动普通民众支持国大党政权。作为交换，国大党大量吸引文化水平和政治素养相对较高的地主和婆罗门入党，使他们担任中央或地方上的政府职务，同时默许他们利用手中的特权谋取私利作为换取其忠诚的筹码。相关调查显示，1957年印度北方邦的阿洛安乡与拉杰果德乡的选举就是这种"互惠互利"关系的典型。国大党在这两个乡都获得了50%以上的得票率，其中，支持国大党的贫农中有25%是以"得到婆罗门洗礼或祭祀"为条件，另有38%的贫农以"获得租种地主或富农的土地"为交换条件。不出意料，在选举后两地有60%的婆罗门党员进入国大党区委员会并担任了相应职务，33%的地主富农成为国大党党员，担任了各级行政职务。[①]

这一问题在经济较为发达、工业化水平较高的南部沿海城市和地区同样存在，所不同的只是在当地掌握主导权的群体除婆罗门外还有少数大资本家和大工商业者，他们掌握着大量资金和其他物质资源，能够通过多种方式影响中下阶层的政治取向。为了换取这些资本家的政治忠诚，国大党同样将其大量吸纳进本党并赋予他们种种特权，使他们能够相对自由地谋取私利。

---

① Rajni Kothari, "The Congress 'System' in India", *Asian Survey*, Vol. 4, No. 12, 1964, pp. 1161 – 1173. 后文的关于选举情况的资料同样出自此文。

1957年拉贾斯坦邦的伽罗梅尔乡、哈奴杰伊乡选举正是这种国大党与工商业资本家"互惠互利"关系的典型。国大党在这两个乡基本垄断了选票,与北部诸邦类似,婆罗门、工商业者对数量最多的贫农的影响相当巨大。据选举委员会调查,16%的选民之所以投票给国大党是由于"可以得到婆罗门的洗礼或祭祀",另外29%的选民投国大党的票是因为"可以得到工商业者资助"。选举后,56%的婆罗门成为国大党党员并升职成为区级或县级委员会委员;54%的工商业资本家也担任了类似职务。

这种国大党与地方权贵间的"互惠互利"关系使得国大党党员之间产生了浓厚的"恩主—门客"意识,这也是印度传统种姓等级和人身依附关系在国大党内的表现。因为国大党所拉拢的权势阶层一旦进入党内,还可能将他们控制的中下层民众吸收入党,利用其所掌握的特权和资源换取弱势党员对自身政治地位的支持,普通民众之所以能够加入或愿意加入国大党在很大程度上是国大党内的地方权势人物利诱的结果。在北部、东北诸邦较为贫困的农村地区,60%以上的平民或贫农入党是因为地主和富农以租赁土地作为回报,这些地方权贵的目的是为自身在国大党内部竞选中获得更多投票换取支持,而在城市地区,50%左右的平民党员入党动机不是"认同国大党纲领",而单纯只是为了获得富人的资金支持。

第二,尽管印度自1950年颁布宪法以来始终被称为全球最大的民主国家,但事实上囿于印度的特殊国情,即落后的经济发展和高度分裂的社会文化,印度的议会民主制在其独立以后很长一段时间中并不完善,带有比较鲜明的威权主义色彩和"家长制"色彩,[1] 政府对经济和社会的管控能力相当强大:最显著的特征是尼赫鲁家族长期主导印度政坛、执掌经济发展大权,这一点在尼赫鲁本人和他的女儿英迪拉·甘地执政期间表现得尤为明显。贾瓦哈拉尔·尼赫鲁出身于印度圣地之一阿拉哈巴德的婆罗门贵族家庭,还曾长期留学英国,作为国大党元老、甘地的革命同志和亲密战友,尼赫鲁无论是在国大党还

---

[1] 林承节:《独立后的印度史》,北京大学出版社2005年版,第232—241页。

是在印度政府内部都拥有崇高的威望。印度独立后，尼赫鲁担任总理职务长达17年之久，直至1964年逝世为止，而他的女儿、他在党内的得力助手英迪拉·甘地则是印度第一任女总理，担任这一职务长达14年（1967—1977，1980—1984）。虽然在英迪拉·甘地治下的国大党经历了多次严重分裂，但在那一时期，国大党（英迪拉派）在党内党外都占据着优势地位。可以说，尼赫鲁和英迪拉·甘地这两大"家长"凭借崇高威望和个人魅力，对国家的经济发展和政治生活施加了远超权力结构配置之上的个人影响。在国大党一党主导时期内，作为国大党领袖和印度政府首脑的尼赫鲁与英迪拉·甘地对印度大规模利益集团腐败的泛滥负有重要责任。

尼赫鲁本人对惩处印度政府和国大党内部的利益集团腐败缺乏应有的重视，特别是并未注意到大规模集体腐败案件与国大党"互惠互利"的"恩主—门客"关系之间的联系，仅仅认为工作成效好和观念进步能够弥补官员在经济问题上不拘小节或利用公职之便让朋友牟利的错误，这种观点本身就是对腐败的纵容和包庇，甚至促进了利益集团腐败的合法化。

针对腐败问题，印度政府在独立初期也做了很多工作。早在独立第二年也就是1948年，国大党元老、印度第二任总统拉达克里希南就曾指出："印度要想实现繁荣、自由的目标，必须把遏制腐败放在首要位置；否则会降低行政效率，无法实现生产增长与分配正义。"[①] 1951年，印度政府推出由退休官员戈瓦拉牵头起草的印度最早的正式腐败报告《戈瓦拉报告》（Guevara Report）。该报告对印度独立初期出现的腐败，尤其是政府部门中互惠关系所带来的极坏影响提出严厉批评。报告将印度腐败分为三大类：一是以文官为导向的腐败；二是以市场为导向的腐败；三是以公共权力为导向的腐败。报告指出，政府应建立反贪肃贪机构，制定各级政府机构的反贪方案。然而，《戈瓦拉报告》并没有得到足够重视。1953年，印度咨询专家阿普尔比领衔发布《阿普尔比报告》（Appleby Report），强调

---

① 陈锋君主编：《印度社会述论》，中国社会科学出版社1991年版，第301页。

印度文官制度需要改革，称印度当时存在一种封建性质的制度，对此，他的建议是对公共行政机构进行大规模改革。① 但无论有多少建议和报告，尼赫鲁仍然认为印度政坛和社会的腐败问题并没有那么严重，腐败只是个案而非体制化问题，通过舆论和媒体大肆声张批判可能导致印度国内政局出现动荡。另外，尼赫鲁还担心追究和防止腐败活动可能助长印度人动辄喜欢人格毁损的性格特质，他认为："我们的政治正逐渐陷入困境，大多数人都在相互攻讦对方腐化和犯有其他罪过，这表明存在着一种完全不宜提倡的心态"，"仅仅在屋顶上大喊大叫说每个人都腐败，这会造成整个社会都在谋求私利的氛围，会加剧社会的腐败程度"。② 在这种观念的影响下，不仅各种腐败报告未得到重视，对克里希纳·梅农（"吉普车丑闻"当事人）、财政部部长 M. 德赛等一系列高官权贵贪腐行为的惩罚力度也在实际操作过程中被极大地削弱，因而尼赫鲁本人在事实上包庇、纵容了大规模集体腐败。更为严重的是，考虑到尼赫鲁巨大的政治威望，他对腐败的纵容产生了负面的"表率"作用，各级官员和国大党党员纷纷效仿政治领袖，将自身腐败和允许下级腐败作为提升政治地位的工具。针对尼赫鲁对腐败问题的漠视，新加坡前总理李光耀也曾指出："（印度）独立初期各种利益集团尚未形成，是廉政建设的'黄金时期'；但是尼赫鲁错过了。"③

尼赫鲁于 1964 年去世，5 年后也就是 1969 年，他的女儿英迪拉·甘地力压党内各派，运用尼赫鲁家族和其本人崇高的社会威望成功当选总理。但与尼赫鲁类似，她也认为"腐败是一个世界范围内都存在的问题，印度也不例外"，④ 在实际操作层面对政府内部的大规模利益集团腐败采取了包庇和纵容的态度，甚至自己和自己的至亲都

---

① 余忠剑：《印度反腐败机制及其效果》，《廉政文化研究》2013 年第 1 期，第 76 页。
② R. K. Karanjia, *The mind of Nehru*, London: Allen and Unwin, 1960, p. 62.
③ 新加坡《联合早报》编：《李光耀 40 年政论选》，现代出版社 1994 年版，第 324 页。
④ ［美］斯坦利·沃尔波特：《印度史》，李建欣等译，东方出版中心 2013 年版，第 381 页。

是利用腐败拉拢党内外利益集团的行家里手。例如，在 1969 年，由于需要前奥里萨邦首席部长哈·马哈塔布的政治合作，英迪拉·甘地帮助撤销了对他收取某企业 60 万卢比贿赂的起诉；同年，在英迪拉·甘地的保护下，印度司法部门对国大党内以 P. 雅达夫为代表的四大要员的贪污起诉也被撤销，雅达夫本人不仅未受惩处，之后更是被任命为比哈尔邦首席部长兼邦议会国大党的党魁。由于尼赫鲁去世后国大党内部派系分化严重，政局相对比较动荡，为了确保自身的执政地位，英迪拉·甘地本人在 1971 年的议会大选期间涉嫌选举舞弊，派了一名公务员在自己的竞选阵营里服务。不仅如此，为了压制国大党内各派和在野党，英迪拉·甘地对本家族所控制的权力也更加看重，她将小儿子桑贾伊·甘地提拔上位，做她的得力助手，而桑贾伊为了配置亲信，把国大党提名议会候选人的权力掌握在自己手中。例如一个名叫纳噶瓦拉的人，在印度国家银行的首席出纳马尔霍特拉协助下，在电话里通过模仿总理英迪拉·甘地的声音就从印度国家银行私自调出了 90 万卢比，东窗事发被解职后，纳噶瓦拉却升任桑贾伊·甘地所开设公司的首席安全部长。桑贾伊·甘地任人唯亲、行贿受贿的问题相当严重，但凡不屑于对他阿谀奉承的政府候选人提名都会被他直接从候选人名单中删除，而他的亲信——其中许多人素质低下、缺少必要的行政能力——却被直接安插进各要职的候选人名单。如此，议会中鱼龙混杂、办事效率低下的问题被持续放大。桑贾伊肆无忌惮的腐败因为"人民牌"汽车事件的曝光而世人皆知。

当时，印度政府计划大量生产一种下层公民也能买得起的"人民牌"汽车，年仅 22 岁、只接受了一年汽车知识培训的桑贾伊一手创办的马鲁迪公司凭借国大党内的关系，特别是通过哈里亚纳邦首席部长、英迪拉·甘地最亲密的同盟者班西·拉尔的干预，获得了这批汽车的生产许可证。关键问题在于，由于政府的经济、技术实力不足，桑贾伊巧立名目，以英迪拉·甘地总理的名义劝告企业家、工商业者进行投资，甚至接受了比尔拉家族建立的虚构企业的认股。可最终，桑贾伊和他的公司一辆汽车也没能生产出来，桑贾伊本人倒是趁机赚得盆满钵满。① 除了家族腐败之外，20 世纪 70 年代英迪拉·甘地试图推行一系列方便筹措政党经费的政治、金融改革，结果政商勾结的"黑金政治"问题被进一步放大，资本家为洗清非法获得的黑钱，大肆向政客交纳政治献金，政客也投桃报李，以巨额公共采购项目回赠，官商勾结形成"黑金政治联盟"。

尽管英迪拉·甘地家族深陷腐败丑闻，但由于其本身所拥有的巨大政治威望，对于英迪拉·甘地任期内日益泛滥的大规模利益集团腐败，"不仅国大党和政府的官员，就是国大党议会党团的普通议员和新闻界也不敢批评"。以印度大法官沙赫为首的"沙赫调查委员会"20 世纪 70 年代末调查了 1975 年至 1977 年的腐败问题，特别点名桑贾伊·甘地，但并未对既成的腐败事实造成实质影响。日后，印度人民党指出，在英迪拉·甘地治下的印度，"腐败成为了突出的问题，民治和民有的政府制度成为了基于腐败和为腐败而存在的政府"。②

二　经济转型期和多党竞争格局下的印度利益集团腐败

1984 年，英迪拉·甘地在总理任期内因锡克教宗教矛盾遇刺，随后，她的长子、尼赫鲁家族最后一位总理拉吉夫·甘地赢得大选继任总理之位并开始大幅度调整印度发展模式。但是，尼赫鲁家族和国大党是现有体制的既得利益者，拉吉夫·甘地如果改革力度过大，最后难免引火烧身，危及国大党和尼赫鲁的家族利益，这使得在他的任期内反腐行动左右为难，例如他对维·普·辛格反腐的态度在执政后就发生了大幅转变。拉吉夫·甘地一开始支持财政部部长维·普·辛格打击企业不法行为，清理腐败的外部环境，但遇到企业家阶层和党内反弹后，他不得不将维·普·辛格调至国防部。辛格到国防部后仍然积极反腐，彻查购买德国潜艇受贿案，但因涉及拉吉夫·甘地的母

---

①　林承节：《印度近二十年的发展历程——从拉吉夫·甘地执政到曼莫汉·辛格政府的建立》，北京大学出版社 2012 年版，第 54 页。
②　同上书，第 57 页。

亲英迪拉·甘地，最后不了了之，维·辛格也因之去职，并成为拉吉夫·甘地最为强劲的政治对手。与此同时，拉吉夫·甘地在上台之初便深陷博福斯丑闻①，这一腐败案件也最终导致1989年拉吉夫·甘地在国民大会选举中被维·普·辛格领导的人民阵线击败。

　　随着拉吉夫·甘地于1989年下台，印度的尼赫鲁时代宣告结束，印度社会的真正转型从1991年的拉奥政府开始。是年，国大党重新赢得大选，拉奥组阁后开始了大刀阔斧的体制改革。但经济发展增速并不意味着利益集团腐败问题得到缓解，自拉吉夫·甘地以来，几乎历届印度政府都因腐败问题，或者因为反腐不力在大选年惨遭败绩，而反对党动员民众最有效的方式就是紧盯现政府的腐败问题，一旦抓住便穷追猛打。

　　拉奥执政后，腐败丑闻接二连三爆发，尤其是哈瓦拉丑闻使拉奥在执政中期就差点被议会的不信任投票罢黜。1996年大选进行时，拉奥的顾问钱德拉斯瓦密又因经济欺诈被捕，选民对国大党大为失望，以至于最后人民党获胜。2000年10月，拉奥因为受贿而成为印度历史上第一个因腐败而锒铛入狱的总理。同案中，国大党司库克斯里和通讯部长拉姆分别因无法解释3500万和4000万卢比现金的来源而受到惩处；2004年瓦杰帕伊政府下台在很大程度上也与腐败相关，虽然瓦杰帕伊政府在经济改革上取得了很大成绩，但在其任期内的石油门案件——该案甚至牵涉瓦杰帕伊的亲戚——给选民造成强烈的以权谋私的印象，使民众对其产生强烈不满。接任瓦杰帕伊担任总理的印度改革之父曼莫汉·辛格也没能摆脱腐败问题，在他执政的10年里，政府长期受到贪污指控的困扰。2010年以来连续发生诸如英联邦运动会腐败案、电信案、高档安居房腐败案、贱卖煤矿案等数起腐败大案，引发了民众的强烈不满，2011年也成为印度的"街头抗议之年"。是年初，包括首都新德里在内的印度许多大城市发生大规模

---

① 印度1986年向瑞典博福斯公司采购410门大炮，次年曝出受贿丑闻，博福斯公司被指行贿13亿美元，其中一名中间商与拉吉夫·甘地有关联。时任瑞典警察局长的林德斯特伦表示，是他当年把调查掌握的证据交给了印度媒体。博福斯丑闻曝光后，拉吉夫·甘地领导的国民大会党在1989年议会选举中所获议席不足以执政，他不得不辞去总理职务。

游行示威活动,仅在新德里就有大约5000人参与。① 2015年3月,印度法院传唤已卸任的前总理辛格,要求他以被告的身份接受有关上届政府涉嫌非法煤矿分配的调查,辛格面临预谋犯罪和腐败等多项指控,如果最高法院裁决辛格确实有罪,那么辛格可能面临终身监禁的惩罚。②

需要注意的是,与国大党一党独大期间的以党内各政治权贵型利益集团——类似于前文提到的国大党各级公职人员与婆罗门阶层、地主富农和工商业资本家的互惠互利关系——授受特权为代表的腐败形式不同,转型期印度的利益集团腐败大多表现为新兴的阶层型利益集团与政府内部公职人员之间的官商勾结问题,政府官员的寻租腐败、行贿受贿成为主要的腐败形式,而这一转变与印度的大规模经济转型密不可分。

1991年海湾战争期间,石油价格的上涨和成千上万在中东地区从事收入丰厚工作的印度工人返回印度,使印度经济雪上加霜。拉奥政府的财政部部长莫曼汉·辛格博士在哈佛大学受过教育,是一位秉持自由主义发展理念的经济学家,在为印度争取到世界银行和国际货币基金组织几十亿美元贷款支持的同时也引进了大量外资,辛格还大幅改革政府内部原本的官僚主义烦琐和拖拉的公事程序。1991年10月,IBM和福特汽车在印度组建联营公司的协议被印度官方快速批准,以此为契机,现代印度资本主义自由经济开始取代尼赫鲁式的社会主义国营经济,印度经济开始走向全球化,所谓"印度奇迹"也真正拉开帷幕。在1991年之后不到5年时间里,印度经济发展速度与之前40年的总和相当。③ 但是,印度经济的转轨和高速发展也使以官商勾结为代表的利益集团腐败问题如雨后春笋般大规模出现。

---

① 吕昭义主编:《印度国情报告(2011~2012)》,社会科学文献出版社2012年版,第9—11、287—288页。
② 相关报道见《印前总理辛格遭腐败调查或判终身监禁》,新华网,http://news.xinhuanet.com/world/2015-03/12/c_127571763.htm。
③ 沈开艳等:《印度经济改革二十年:理论实证与比较》,上海人民出版社2011年版,第296—306页。

第六章　独立以来印度的利益集团腐败 | 217

根据现代化理论，现代化转型国家在政治、经济转轨过程中释放出巨大的权力寻租空间和财富空间，在制度体系存在短板的情况下，很可能成为权力与资本之间进行利益交换的基本动力。公职人员利用权力寻求租金，而资本也积极靠拢权力，使公共权力为私人资本服务以获取经济机会，降低交易成本。如果约束机制缺乏社会根基，不仅不能有效地遏制腐败，甚至约束机制本身都可能成为腐败滋生的土壤。政治构架的先天不足与经济转轨的规范缺失相结合是转型时期大规模集体腐败问题的根源。

从历史经验来看，20世纪90年代以来，印度经济体制转型一方面创造出巨大的财富，另一方面也造成了严重的集体腐败问题，经济发展与腐败的严重程度甚至呈现出某种程度的正相关关系。据统计，在20世纪80年代，印度只出现过1件腐败大案；1991—2001年，全国发生26件腐败大案；2005—2008年，被揭露的腐败大案已经多达150件。2012年，印度亿万富豪占全球总量的6.9%，掌握的财富总额超过全国GDP的20%，而这些富豪聚敛财富的方式大多不是技术创新，而是通过与各级政府合谋，低价占有矿产、土地等自然资源，制定于己有利的政策法规，构筑行业垄断地位。[①] 印度最有名的金融大鳄仓德拉斯瓦弥富可敌国，权倾一时，被世人称为印度实际上的"总统"。1991年的拉奥内阁几乎所有部长都要到他那里去"朝拜"，接受他的"祝福"。不仅如此，仓德拉斯瓦弥还宣称全世界有130多个国家的总统或总理都是他的"亲密朋友"，[②] 当内务部部长佩洛特设法调查仓德拉斯瓦弥和政府内部公职人员的隐秘关系时，却被时任总理的拉奥调任某邦环保署长的闲职。

官商勾结、权力寻租的直接后果是"黑金政治""黑色经济"[③]

[①] 《印度设立独立反腐调查机构，可自行调查现任总理》，《人民日报》2014年1月14日。

[②] [印度] 阿玛蒂亚·森、让·德雷兹：《印度：经济发展与社会机会》，社会科学文献出版社2006年版，第13页。

[③] 通常意义上的"黑色经济"是对社会构成直接危害的、法律禁止的各种经济活动的总称，它包括各类非法生产、非法消费、非法分配和非法交换活动。贪污腐败、行贿受贿、侵吞国有资产都是黑色经济的典型表现形式。

发展迅速，政府税收流失严重。据印度国家统计局估算，印度黑色经济总额将近5000亿美元，占GDP的40%左右，若将印度境外的黑色经济包括在内，可能占GDP的60%至70%，而且黑钱目前还以每年增长11.5%的速度加速外流。2005年，"透明国际"的报告显示，印度的清廉指数在159个国家中仅排名第92位；到了2013年，印度在177个国家中排第94位。这显示近10年来，印度的反腐工作仍然处于原地踏步的窘境。上任不久，印度前总理辛格就曾警告："腐败是国家经济繁荣的唯一且最大威胁"，[①] 吊诡的是，辛格自己也因涉嫌腐败被司法机关起诉。

与此同时，在野党和各反对党也频繁利用腐败问题打击执政党、调动民众积极性，甚至将腐败或反腐败作为一项有用的政治工具以换取选民的支持。辛格政府在2004年上台以来就深受腐败问题困扰，在野的人民党不时以反腐为名，要求总理辛格下台并拒绝出席议会，导致议会空转，使许多经济振兴计划和官僚机构改革计划难以出台以至于现任政府的国家治理能力更为低下，很难对腐败问题进行有效管控。更严重的问题在于，以反腐为旗号击败现政权上台执政的在野党同样可能蜕变为政治权贵型利益集团，深陷腐败泥潭。例如，2014年，人民党击败国大党上台执政，在竞选过程中主打"反腐"和"发展经济"两张牌的莫迪就任总理，但就在他上任的几周之内，莫迪政府便遭到腐败指控。2014年8月底，印度最高法院的一项裁决"建议"莫迪政府不要再任命有刑事犯罪记录或面临刑事指控的议员出任政府高官，因为莫迪政府中竟有多达13名部长受到谋杀未遂、敲诈勒索等刑事指控，而印度相关法律规定，被判处3年以上监禁的议员必须被解职。[②] 另外还有传言声称，内政部长拉杰纳特·辛格的儿子也卷入腐败事件。事实上，许多印度民众也对政党轮流腐败的现状深感失望，他们感觉"无论哪个政党掌权都会滥用职权"。[③]

[①] 林承节：《印度近二十年的发展历程——从拉吉夫·甘地执政到曼莫汉·辛格政府的建立》，北京大学出版社2012年版，第399页。
[②] 余忠剑：《印度反腐败机制及其效果》，《廉政文化研究》2013年第1期，第76页。
[③] 同上。

第三节　印度的权力结构和权力制约缺陷

一　"国大党体制"的弊端

在 1947 年印度独立后的相当长时期内，印度权力结构在事实上成为一种"国大党体制"。在政治领域，国大党长期掌握立法权和行政权，还能对司法机关施加重要影响——从 1947 年到 1967 年，国大党始终在大选中保持绝对优势，在议会中占有 70% 以上的席位；在经济领域，国大党借鉴苏联模式，实行混合经济，以计划经济为主、兼容市场经济，主张自力更生，注重公营企业的作用，控制国民经济的主要部门，压制私营经济发展，由尼赫鲁本人直接领导的国家计划委员会（National Planning Commission）通过制定五年计划控制着国家的发展进程。毫无疑问，"国大党体制"在印度的产生发展有其积极影响，但就腐败问题而言，也正是这种"国大党体制"所存在的固有缺陷直接导致印度大规模的集团腐败问题。

（一）国大党内的权力分配不均

由于社会阶层分裂严重、经济发展落后，普通民众特别是农村居民文化水平很低甚至存在着大量文盲，印度独立初期在基层民主运行过程中的"集团投票"现象表现得非常突出，这也使得国大党内出现了比较严重的以"互惠互利"关系为代表的各种利益集团。出身于婆罗门、地主、资本家等权势阶层和地方精英的党员在国大党内居于支配地位，而更多的弱势党员实际陷入少权或无权状态。

作为一个资产阶级性质的政党，国大党内不同等级的委员会要求所任职的各委员——也就是国大党的各级领导——具备不同的财产资格。例如，国大党联邦委员会委员每年需要缴纳 30 卢比党费、邦委员会委员每年需缴纳 15 卢比党费、县委员会委员每年需缴纳 5 卢比党费。[①] 这些数额看上去似乎并不是太高，但考虑到 1948 年印度

[①] 陈金英：《社会结构与政党制度：印度独大型政党制度的演变》，上海人民出版社 2010 年版，第 14 页。

人均年收入只有 246.9 卢比，普通国大党员担任领导职务的经济负担就相当沉重了。更为严重的是，20 世纪 40 年代印度相继发生了数次大规模自然灾害，孟加拉、孟买等多个地区和城市都出现了严重的大饥荒，中下层民众的生活状况甚至还赶不上英国殖民时代。因此，通过一定的资产要求，国大党保持了本党的精英主义色彩，党内各级委员会被权势阶层长期控制，婆罗门、地主富农和工商业资本家事实上垄断了党内权力，由中下层阶级组成的国大党普通党员群体对国大党的各级领导层几乎没有任何影响力，无法影响党内要员如国大党主席、各邦首席部长等重要职位的候选人提名和选举，也无法对高层中的贪污受贿行为进行有效监督。国大党内的这种权力分配不均衡状态和普通党员无权状态的典型表现是国大党主席选举。在印度独立后相当长的一段时间内，国大党主席由总理和党魁等少数党内领袖——也就是极少数核心支持者——指定产生，如 1954—1959 年担任国大党主席的 U. 德巴、1959—1961 年担任国大党主席的英迪拉·甘地都是由尼赫鲁、阿扎德等人组成的规模很小的决策集体推荐后当选的；1964 年后担任国大党主席的卡马拉季、D. 桑吉瓦亚是由英迪拉·甘地和"辛迪加派"组成的决策圈推荐当选的。[①] 除党主席外，党办事机关的人事任免、国大党工作委员会和邦执行机构的组成、国大党竞选候选人的挑选乃至邦一级的人事权也全部掌握在上级组织手中。换言之，国大党内领导者为了确保手中的权力和自身的执政地位，需要依赖一小批核心支持者的政治忠诚，也就是居于重要地位的少数领导和前文所述的由互惠互利关系联系的各级权贵党员的支持。对前者而言，通过各种利益分配途径影响领导从而得到晋升机会成为国大党内的常态；对后者而言，为了在表面上扩大自身的群众基础，国大党也有意无意地放松了对党员党籍的监督管理，使得各级领导者有机会在选举中虚报党员人数、伪造党员身份。针对国大党基层委员会委员选举的混乱状况，时任

[①] 张树焕：《民主视角下的印度腐败原因探析》，《南亚研究》2012 年第 4 期，第 35 页。

国大党主席的西塔拉玛亚指出："在举行乡村委员会普选时,傲慢与偏见或激情与邪恶大肆泛滥;根本无法从党员名册、选举席位的申请人,以及提名的建议人和附议人中辨别真伪,因为原始材料已经调包,现有的材料被断定为假的;几乎所有的县委员会都陷入这种明目张胆的舞弊事件中。"①

(二) 党派制约的缺陷

在成熟的民主制国家,除了立法、行政和司法三种国家权力的相互监督制约以外,在政党制度层面实现各政党的相互约束也非常关键。表面看来,印度宪法规定实行多党制,在"国大党体制"下也存在着诸多在野党和反对党。例如在1952年第一次大选时,全国有大小政党192个,其中影响力较大的有印度共产党、印度教大会党、穆斯林联盟、人民社会党等。这些政党在理论上应当能够形成对国大党的有效约束,但在实际的政治运作环节,由于印度简单多数的选举制度和在野党组织体系和政治威望的缺陷,它们根本无力对抗国大党抑或撼动国大党的执政地位。

国大党在总体权力结构中的优势地位主要表现为以下几方面内容。首先,国大党是印度最早出现的现代政党,在印度独立以前就已形成了一整套相对比较完善的组织结构,较为明确地划分了党内权力。在印度独立时,国大党的组织架构内容包括由党员个人至国大党主席的7个层次的组织体系。② 在印度独立初期,国大党拥有670万名党员,而到了1951年,该党党员人数更是超过1700万。由于党员规模庞大,在1952年第一次人民院大选中,国大党积极党员数占到总选民人数的16%,如果将入党不久的初级党员也计算在内,则这一数字上升至44%。完善的组织结构和庞大的党员规模使国大党的影响力遍及全印度,国大党从中央到地方的组织体系与各级政府机构差不多,在独立后很长一段时间内国大党也是印度唯一的全

---

① Ramesh Thakur, *The Government and Politics of India*, New York: Macmillamn, 1995, p. 224.

② 具体而言,这7层组织体系分别为:党员—初级委员会(街区、其他次级委员会)—区(市)委员会—邦委员会—全印国大党委员会—国大党工作委员会—国大党主席。

国性政党。① 作为印度独立初期"国大党体制"下实力最为强劲的反对党，印度共产党在组织结构、党员人数、全国性影响等各方面都与国大党有着相当大的差距。在1957年大选中，印度共产党成为仅次于国大党的第二大政党，但也仅获得5.46%的人民院议席和5.8%的邦议会议席，只在喀拉拉邦组建了政府。② 不难发现，印度共产党在大选中的得票率仅为国大党的零头，完全不足以与国大党分庭抗礼，第二大党的实力如此，其他政党的实力也就无须赘述了。

其次，由于选举制度、在野党组织体系、政治威望的这些"硬伤"，在野党对国大党的约束手段单一，制约力度更是让人失望，从中央到地方无不如此。从实践经验来看，反对党派对国大党贪腐行为的抗争手段可以分为三类：第一是对国大党政府或要员提出不信任案，提请总统重新大选；第二，对国大党的腐败行为提出质询案，迫使议员、行政要员辞职或给予他们其他惩罚；第三，对国大党党员的不法行为提出口头警告。显然，三种手段的惩罚力度逐次下降，第一类惩罚力度最大，但要想重新组织大选需要总统支持，而在"国大党体制"下总统权力又会受到执政党的深刻影响，因而第一类约束手段从未使用过；第三类约束手段基本没有实质性功效，只是徒具形式。因此针对腐败问题，各反对党经常采用的是第二类手段，提出质询案，这也是印度民主议会制和多党制框架下反对党议员行使自身权力的合法手段和维护民主体制的重要机制。但是，在"国大党体制"下，第二类手段也很难达到预期效果。以1958年反对党联盟对尼赫鲁第二任期时的财政部部长克里什南马查理的贪腐行为进行质询为例，当时，印度共产党联合人民同盟、人民社会党在议会中发起了针对克里什南马查理的质询案，要求其对自身的腐败行为——与一家国营保险企业勾结并使印度损失500万卢比——作出说明并要求其辞职，但作为国大党要员和尼赫鲁得力助手的克里什南马查理却得到了

---

① Rajni Kothari, "Continuity and Change in the Indian Party System", *Asian Survey*, Vol. 10, No. 11, 1970, pp. 937–948.

② Ibid..

国大党议员的全力支持。尽管反对党联盟在议会先后发起了3次质询弹劾议案，但都被否决。其后，尽管克里什南马查理迫于舆论和民众压力辞职，但到了尼赫鲁的继任者夏斯特里和英迪拉·甘地时期，他卷土重来，重新占据要职，反对党派对此无能为力。①

（三）媒体和民众对国大党腐败有心无力

通过独立的新闻媒体对政府和执政党腐败形成有效的外部制约也是一国总体廉政机制的重要组成部分。就这一点而言，自诩为世界上最大的自由民主国家的印度在"国大党体制"下却很难实现有效的外部监督。虽然印度1950年宪法规定媒体享有新闻自由，关于议会立法、政府行政、政党选举和其他政治运行过程的报道只要属实就不会受到法律追究，且许多新闻媒体也把批评和监督政府作为自己的重要职责，但在实际操作层面，媒体的作用却受到很大限制。

一方面，尽管印度宪法规定了媒体有言论自由的权利，但同时也对它们的权利施加了种种限制。例如，印度宪法规定，媒体行为不得损害"印度的主权独立与完整、国家安全、良好的国际关系、公共秩序、传统礼法、传统道德或蔑视法庭、蓄意诽谤或教唆犯罪行为"，②这使得长期掌握政权的国大党能够以媒体报道危害国家秩序为名对媒体关于腐败的报道和宣传进行干预。在尼赫鲁时期，为了预防媒体对贪官污吏大肆声张批判可能导致印度国内政局动荡问题，国大党政府对媒体关于腐败的报道进行干预已经成为一种常态。例如，对印度独立后的第一起腐败大案也就是国防部部长梅农的"吉普车丑闻"，印度国内媒体《政治家报》进行了毫不留情的批判，而这却引起了国大党政府高层的广泛不满，很快，该报就以"泄露国家秘密"为由被要求大规模整改。另外，报刊对1951年"摩德加尔腐败案"的指责也被国大党政府消弭于无形。摩德加尔是国大党资深党员和人民院议员，在印度的独立运动中做出过重要贡献，但他在1951年被曝从

---

① 廖燃：《你不知道的印度腐败》，《同舟共济》2007年第10期。
② [德] 赫尔曼·库尔克、迪特玛尔·罗特蒙特：《印度史》，王立新等译，中国青年出版社2008年版，第381页。

孟买商会收受巨额钱款，不仅如此，他的受贿行为又与尼赫鲁的女婿费罗兹·甘地有着密切关联。这一腐败大案在印度民众和媒体中引发了轩然大波，《印度时报》接连数天对该案件进行追踪报道，并发动民众抗议要求罢免摩德加尔、惩罚费罗兹·甘地；《印度教徒报》对该案的细节进行全面披露，严厉地指责摩德加尔和费罗兹·甘地是"印度的耻辱"。在社会舆论的强大压力下，摩德加尔最终被人民院罢免，但国大党所控制的政府和议会也以"危害了公共秩序，在印度民众中引起了恐慌"为由迫使两家报纸将参与评论和声讨的记者撤职。[1]

另一方面，在"国大党体制"下，印度政府在机构设置中并未建构能够真正发挥能效的新闻自由保护机关，新闻媒体在日常工作的各个环节中都可能受到政府的多方干预。虽然印度设置了作为新闻媒体自治机构的新闻理事会，以此确保新闻自由和新闻媒体的各项合法权益，但在实际的运作过程中，印度新闻理事会对政府和其他政治组织、社会团体并不具备最终裁决和强制执行的权力，反而更多地强调对新闻界本身的监督和约束。国大党政府能通过各种手段影响或限制媒体权利，例如调整报纸出版量配额——政府把报纸、期刊和记者分为三类：友好的、中立的和敌对的；对于"不友好"的报刊，政府部门和公共企业拒绝提供政府广告和新闻纸。另外，政府也能够通过新闻广播部新闻局、外交部和其他政府部门，采取"定期吹风"等手段对报刊施加影响和控制，当某报刊所发消息和评论危及统治集团利益时，政府也会对其采取干预或惩罚手段。[2] 除了直接干预之外，"国大党体制"下的政府还能够通过其所掌握的经济大权和对新闻媒体的遥控操纵获取其他经济、政治利益，换言之，新闻媒体本身也成了腐败的工具。例如，政府内部的要员可能对新闻媒体放风，通过声称政府可能对某一领域的行业进行监管或整顿以引起社会的某种紧张

---

[1] 张树焕：《"国大党体制"与印度政治腐败的兴起》，《南亚研究季刊》2014年第1期，第95页。

[2] 林承节：《独立后的印度史》，北京大学出版社2005年版，第318页。

情绪，使相关企业家和工商业者忘忑，通过向主管部门行贿以确保自身安全。

二 经济转型后的印度国家治理能力缺陷

（一）多党激烈竞争和国家治理能力弱化

时至今日，印度政党制度已逐渐演变为稳定的两党联盟竞争体制，但在经济转型后的很长一段时间内，由于党派分化严重和政党竞争相当激烈，在印度很难建立具有足够权威的稳定政府，反腐政策的稳定性和长效性不足。1989年至1999年的10年间，印度政坛陷入动荡期，没有一个政党可以单独组阁，印度进入少数派执政或多党联合执政时期。在这段时期，政府明显受到议会的掣肘，一旦脆弱的执政联盟中有政党撤销支持，政府就可能垮台。经过10年不同政治力量的分化组合，1999年以后，印度开始逐渐形成比较稳定的分别以国大党和人民党为核心的政党执政联盟轮流执政的格局：1999年印度第13次大选，以印度人民党为核心的全国民主联盟赢得大选，人民党主席瓦杰帕伊担任总理组织内阁，这意味着印度告别了1989年以来的"悬浮议会"（Hung Parliament）[①]时代，进入"竞选联盟"时代。2004年第14次大选，以国大党为核心的团结进步联盟赢得大选，曼莫汉·辛格就任总理，并在2009年再次赢得大选，这也是转型之后印度总理首次连任成功。值得注意的是，2004年国大党赢得大选后，党主席索尼娅·甘地并未担任总理职务，而是由更富有行政经验的印度"经济改革之父"曼莫汉·辛格就任总理。

在转型之后的很长一段时间，政府动荡成了印度利益集团腐败的一个重要原因，由此所导致的公共部门和私营部门管治能力弱化问题相当严重。印度的政治腐败在议会、政府与司法机构中表现得尤为突出，尤其以前两者最甚。由于国大党实力大幅衰退和大规模经济转

---

① "悬浮议会"（Hung Parliament）源自英国政治术语，指的是无任何党派赢得下议院（House of Commons）650个席位中的大多数，在遵循威斯敏斯特体系的英联邦国家这种情况并不少见。

轨，印度自 90 年代初正式开启了真正的多党竞争制，传统大党如国大党和人民党很难凭借一己之力独自执掌政权。随着多党制的进行，激烈的党派竞争使政党筹措资金的能力更为重要，政党作为选举的工具并不依赖国家财政，而选举又必须以比较雄厚的资金作为后盾。同时，随着经济转型，印度私营企业的实力越来越强，政党为筹措竞选资金倾向于接受私人财团的资助，执政后则利用公权力回馈赞助者。政党权力经纪人并不完全着眼于竞选者的个人能力与道德，而更加关注其获取竞选资金与选票的能力，这就导致议员素质参差不齐，甚至有犯罪者混杂在内。同时，根源于议会民主制，行政机构在当前的印度政治中居于主导地位，而其贪腐行为更为严重。2009—2011 年，59 名最富有的部长的平均资产从 7000 万卢比增加到 1 亿卢比。[①] 贾坎德邦前首席部长柯达，从政不到 10 年却被印度税务部门查明的秘密资产就高达 10 亿美元，他在泰国和利比里亚都拥有酒店和煤矿。印度经济转轨的开创者、前总理拉奥也曾深陷腐败丑闻，1993 年，国大党为保住其执政地位，曾向 4 名地区小党议员各行贿 500 万卢比以期获得支持，最终国大党也在议会信任投票中涉险过关。[②] 这一行为显然触犯了印度《反腐败法》，构成贿赂和非法同谋罪，拉奥本人也因腐败锒铛入狱。

辛格执政后，伴随印度经济的腾飞，腐败也呈蔓延之势，这期间案件数目之多、数额之巨、危害之大，均为印度独立以来之最。2010 年，印度联邦审计署公布调查报告揭露了印度历史上最大的腐败案件——印度通信与信息技术部部长安迪穆图·拉贾电信腐败案。通信与信息技术部以低于市场价的价格违法发放 2G 手机牌照，导致国家遭受损失达 390 亿美元，相当于印度同年总 GDP 的 3%、年度税收收入的三分之一、印度卫生总预算的 8 倍、教育预算的 3 倍，基本等同于全年防务预算，这起贪腐案件的数额之大在全球也是罕

---

① 廖燃：《你不知道的印度腐败》，《同舟共济》2007 年第 10 期。
② L. Rudolph, "Continuities and Change in Electoral Behaviours: The Parliamentary Election in India", *Asian Survey*, Vol. 11, No. 12, 1993, pp. 1119 – 1132.

见的。① 拉贾本人并非国大党党员，而是来自印度南部的地区性小党德拉维达进步联盟，他也并非电信专家。这种"小政党、大腐败"的根源在于印度政党结构从国大党一党独大体制向比较稳定的两党执政联盟方向发展，在这种情况下，小党的地位显得尤为重要，大党为了获得小党在议会中的支持争相拉拢小党，而小党也可在这种权力格局中谋取自身利益的最大化，甚至漫天要价。拉贾就是在这种情况下才入阁的，总理辛格为执政联盟的稳定也一再拖延这起腐败案件的处理。直到2011年2月底，拉贾才被正式逮捕，成为印度15年来第二位银铛入狱的部级官员。

另外，印度的司法机构在当前也处于一个比较弱势的地位。印度司法机构以缺乏效率闻名于世，诉讼程序旷日持久，很难起到维护社会公平公正的作用。印度最高法院只有26名法官，截至2006年，需要他们审理的案件累计达到3万件；高等法院有600多名法官，面对大约334万件案件；全国13204个初等法院的积案高达2530万件。2009年，印度首席大法官沙哈报告称，仅新德里高等法院的累积案件至少要花466年才能审理完毕。同时，印度各级司法机构中收受贿赂、营私舞弊、滥用职权等现象屡见不鲜，即使是最高法院也难以幸免。据调查，85%的印度民众认为司法体系腐败严重，前大法官巴鲁曾公开指出：全印度有20%的法官涉嫌腐败行为。② 印度电视台记者曾给古查拉德邦高等法院法官巴特4万卢比，这位法官立即签发了对印度总统、首席大法官、最高法院法官和最高法院审判委员会前主席等4位政界要员的逮捕令，每张逮捕令价值1万卢比且完全不需要事实根据——尽管法官觉得这些名字听上去有些耳熟。

（二）经济、社会深层次结构难题仍未解决

腐败是全球性顽疾，尤其是处于转型期的国家。从历史经验中不难发现，利益集团腐败的出现与经济社会转型有着密切关联，在转型

---

① 尚水：《各国重大腐败案件系列之二：印度电信腐败案》，《中国纪检监察报》2014年2月18日。

② 王晓丹：《印度政府反腐机构》，《当代亚太》2000年第11期，第61页。

过程中，旧的制度安排、价值观念逐渐解体，而新的制度与价值观尚未完全确立，腐败问题在这一制度与观念的真空中较易恶化。正因为这一结构性的转变，试图在这一时期根治腐败将非常困难。但是，也正是在这段关键时期，假若政府无法有效治理腐败，由此导致的腐败赤字和治理危机很有可能反噬改革成果，最终导致政府垮台和社会动荡。

自拉奥政府开始，印度进入经济转型期。如前所述，1991年6月，拉奥宣誓就任总理，开始"自由化、私有化、市场化和全球化"取向的大规模改革。经济学家曼莫汉·辛格任拉奥政府财政部部长，成为市场化改革的主要设计者和操作者，他在瓦杰帕伊之后担任印度总理，继续推进改革事业，被誉为"印度经济改革之父"。根本而言，拉奥政府的经济改革改变了尼赫鲁以来印度的计划经济体制和发展模式，使印度走上了市场化道路，为印度经济的较快发展奠定了基石。即使国大党失去执政地位，人民党或其他联合政府除了在具体政策上微调之外，基本上都是沿着拉奥政府确立的方向前进。90年代以来的改革开放使印度经济增长提速、综合国力加强、国际地位日益提高。1950—1980年，印度经济的年均增长率仅为3.5%，而1991年经济改革之后，印度经济增长率在90年代高达6%，而在2000—2007年，年均增长率更是上升到了7.8%，与之相应，印度国内生产总值逐年增长，到2011年达16761.43亿美元，居世界第11位。如按实际购买力计算，印度经济总量已成为仅次于美国、中国和日本的世界第四大经济体。[①]

但是，印度经济的结构性矛盾并没有解决，突出表现为贫富分化、社会保障落后等较为严重的社会问题。据世界银行统计，1990年印度贫困人口占世界总贫困人口的37.6%，1993—1994年，印度贫困人口达到3.2亿。随着印度经济进入转轨阶段，贫富差距进一步扩大。2010年，印度官方承认全印度贫困人口约有4.2亿，占人口

[①] 林承节：《印度近二十年的发展历程——从拉吉夫·甘地执政到曼莫汉·辛格政府的建立》，北京大学出版社2012年版，第337—338页。

总量的35%。而2011年印度公布的人口普查统计数据显示，印度贫困人口高达8亿，占全国人口的66%。[1] 可见，印度经济发展的成果并没有为广大民众所共享，甚至还降低了部分民众曾经拥有的生活水平和生活质量。贫富差距既有历史根源，也与社会生产力水平有关，但关键仍然在于印度不公正的收入分配制度：印度农村大约85%的农户是无地农和小农，他们仅拥有20%—30%的土地，其中占农户总数60%的贫困户仅占有经营土地的9.5%。另外，印度的社会保障体系也存在不尽人意之处，突出表现为缺乏必要的就业保障与社会救助机制，尤其是失业率居高不下。经济改革前，印度劳动力失业率达8.3%，改革初期下降为5.99%，但在90年代末又反弹至6%以上。进入21世纪，印度的失业问题日益严重，2004年失业率高达9.5%，2010年这个数字更是攀升到了10.7%。除了失业问题之外，印度养老保险的覆盖率也很低，目前主要覆盖正规就业部门，行业层面覆盖率不足10%，仅仅局限于177个行业中20人以上的单位，远低于世界劳工组织确定的20%的国际最低标准。[2]

在这一经济社会深层次结构的影响下，大规模利益集团腐败成为印度社会发展的顽疾。不仅各级领导者和领导集团通过腐败换取支持、巩固自身执政地位，甚至普通民众也需要通过腐败来破除日常生活中所遇到的困难和麻烦，通过附和各级领导者换取自身利益。在今天的印度，腐败并非难于启齿的丑事，而是一种生活方式和一种再分配方式，甚至可以被称为一种"文化"。"在这个国家，从事行贿只是为了能做错事，而现在即便是为了做正确的事，人们也要破财。"[3]

2001年3月，印度一家私营电视台在黄金时段播放了一段画面，人民党主席拉克西曼在和几个扮作商人的新闻记者聊天的同时将对方递过来的钱款很自然地放入抽屉。虽然这是媒体的恶作剧，其后也受到了官方的严厉惩罚，但不难发现印度社会的腐败问题不仅局限于普

---

[1] 世界银行网站，http://data.worldbank.org/country/india。
[2] 张旭：《印度：当腐败已成生活方式》，《小康》2011年第2期，第52页。
[3] 同上。

通公职人员利用职权寻租，也包括普通公民为办事方便、节约时间成本而进行的小额行贿。换言之，权力成为一部分印度官员的生财之道，甚至视之为理所当然。从印度著名的反腐网站"我行贿了"所披露的案例来看，腐败并不局限于权钱交易，而是遍布于生活的方方面面：个人去医院看病需要打点医生；农民办理小额贷款需要打点村会计，还要给银行工作人员回扣；考取驾照成了印度最被诟病的腐败高发地；甚至领取结婚证也要打点工作人员。民众生活在充斥着腐败的环境中，久而久之便视腐败为稀松平常之事，甚至羡慕腐败的机会。或者说，民众对腐败的态度可谓爱恨交加，痛恨与羡慕并存。拉吉夫·甘地早年批评党内权力经纪人的说法同样适用于社会："腐败不仅被容忍，而且被视作本领。"[①] 一些学者也认为，当前印度的腐败呈现出金字塔结构，即主要由最基层的大量小额钱款往来构成，金字塔的塔基部分即说明腐败的社会性。

[①] 林承节：《印度近二十年的发展历程——从拉吉夫·甘地执政到曼莫汉·辛格政府的建立》，北京大学出版社2012年版，第53页。

第七章 新加坡，一个特例？

就利益集团腐败的生成机理而言，在一个政权核心支持者规模很小的国家，各级领导者可能倾向于对少数重要支持者提供私人物品和特权，也就是采取各种方式回报他们以提高这些支持者的忠诚度。在这样的情况下，一方面，大规模集体腐败问题很可能频繁发生且难以得到有效治理，换言之，为了降低成本、提高收益，各级领导者会将腐败作为一种提高支持者忠诚度的政治工具。另一方面，一国的权力结构与作为政治工具的腐败之间事实上形成了一种互为前提的关系，假若权力结构相对平衡、权力的监督和约束机制比较完善，那么权力结构可以最大限度地制约腐败，降低其成为牟取私利的政治工具的可能性，即使公共权力的腐蚀性和公职人员的自私心理使得腐败问题难以被根除，但完善的权力结构配置所赋予的高效国家治理能力在很大程度上有助于实现对腐败的有效遏制，使其不至于发展到大规模的、有组织的、有计划的集团腐败程度。

从表面上看，新加坡似乎是这种利益集团腐败政治逻辑的一个特例——新加坡政府具有强烈的威权主义色彩，这也意味着最高领导层主要依赖执政党内少数核心支持者的支持。在李光耀家族的领导下，人民行动党自新加坡建国以来始终执掌国家大权，无论是立法、行政还是司法权基本由人民行动党掌控。新加坡的反对党力量薄弱，民众政治参与程度较低，舆论监督也很难单独发挥作用。在这样的情况下，为什么新加坡没有像印度国民大会党和尼赫鲁家族长期执政时一样大规模的利益集团腐败现象频发并最终导致党内分裂？非但如此，新加坡政府的廉洁程度在世界范围内也是名列前茅的，那么为何在核心支持者规模相对较小的情况下，人民行动党各级领导者没有选择将腐败作为换取支持者忠诚的政治工具，而是在漫长的执政过程中基本确保了党内的团结稳定，维持着一个稳定高效的政府并带领新加坡人民稳步向前？在这些问题的背后，最为关键的是，利益集团腐败的政治逻辑对新加坡的廉政建设和廉政成就是否具有足够的解释力？

答案仍然是肯定的。的确，新加坡的廉政建设有其特殊性，就利益集团腐败而言，这种特殊性突出表现在它的基本国情和人民行动党最高领导李光耀家族自身的清正廉洁方面。就本质而言，新加坡政府的廉政建设依然没有脱离利益集团腐败的政治逻辑，更确切地说，人民行动党政府正是从利益集团腐败的充分条件和必要条件两方面入手有效遏制了大规模集体腐败的发生，在最高领导者以身作则、发挥表率作用，进行自上而下的高效顶层设计和顶层治理的同时，在实践中逐步构建了一套比较完善的权力监督与制约机制，通过对公职人员体制化的激励和惩处，作为政治工具的腐败在新加坡完全失去了市场。简言之，新加坡政府的各级领导者根本没有必要使用腐败这一高风险手段换取支持者的忠诚，因为人民行动党政权的支持者——无论是党内的核心支持者还是普通选民——已经通过丰厚的报酬和完善的公共物品分配满足了自身的绝大部分利益诉求，对公职人员而言，将腐败作为政治工具的成本太高、收益太低。

第一节　新加坡的特殊国情

一　国土面积、人口、族群和宗教

新加坡共和国（Republic of Singapore，简称新加坡）是位于东南亚的岛屿型城市国家。新加坡北隔柔佛海峡与马来西亚为邻，南隔新加坡海峡与印度尼西亚相望，毗邻马六甲海峡南口，国土除新加坡岛之外，还包括周围数岛。新加坡市区中心（金融区）位于新加坡岛的南岸，由于面积仅有718.3平方千米，新加坡不存在中央—地方层面的权力结构问题，没有省市县镇等行政单位之分，一座城市就是整个国家。由于城市环境非常好，新加坡市有着"花园城市"的美誉，它是该国的经济、政治和文化中心。

虽然新加坡是一个多元文化的移民国家,但其族群构成相对简单,族群关系和谐。截至2013年6月,新加坡常住总人口为547万人,其中331万人属于新加坡公民、53万人属于简称为"PR"的永久居民①,而居住在新加坡的外籍人士更是达到了155万人。新加坡人主要是由一百多年来从亚洲、欧洲等地区迁移而来的移民及其后裔组成,可以被总体划分为4大族群:华人(汉族)、马来族、印度裔和欧亚裔/混血。华人(汉族)占人口的74.2%,而马来族(13.3%)、印度裔(9.1%)和欧亚裔/混血(3.4%)共同构成了剩余的约1/4人口。大多数的新加坡华人源自中国南方,尤其是福建、广东和海南省。由于国土狭小、人口众多,新加坡是世界上人口密度最大的国家和地区之一,仅低于摩纳哥和中国澳门,位居世界第三,达到7615人/平方千米(2015年中国的人口密度是139.6人/平方千米)。②

新加坡提倡宗教与族群之间的容忍和包容精神,实行宗教自由政策。根据2010年的人口调查,有宗教信仰的新加坡人占人口的83%,其中佛教是全国第一大宗教,信徒数量约占总人口的33%;同样来源于中国大陆的道教徒占新加坡总人口的11%;其他较大教派包括基督教(18%)、伊斯兰教(15%)、印度教(5%),另外还有锡克教、犹太教等规模很小的教派。③

二 经济发展和腐败状况

由于国土面积狭小、人口密度较高,自新加坡独立以来,经济发展和社会建设始终是政府的首要任务。在很大程度上,经济发展和社

---

① 新加坡政府赋予那些具有必要的技术和才能的外国人永久居留权,这些外国人与新加坡公民拥有相同的权利而无须履行兵役等公民义务,因而许多享有永久居留权的外国人并不情愿获得公民身份。例如1998年登顶珠穆朗玛峰的新加坡探险队由两名成员组成,而这两人都是永久居民而非新加坡公民。

② 关于新加坡的基本发展数据,参考世界银行网站,http://data.worldbank.org/country/singapore.

③ 曹雨真:《善治:新加坡微观察》,清华大学出版社2015年版,第151页。

会建设及构建于其上的公共物品分配也是人民行动党政府合法性的重要来源。

当1959年6月新加坡建立自治政府时，它还只是广大的第三世界国家中一个微不足道的小国，它的经济几乎完全依赖于转口贸易。1960年，新加坡的人均GDP是1330新元（约合443美元），国内人口总数为158万，并以4%的年增长率增长。住房状况堪忧：定居于狭小的城市中的总人口约有半数居住在非法搭建的棚屋里，只有9%的居民有公共住房。劳动人口供养比例失衡：1/3的劳动人口供养2/3的非劳动人口，失业率高达14%，工潮频发。当时新加坡的文化发展、基础设施和公共服务短缺落后，文盲率高达40%，5万街边小贩中的80%没有营业执照，腐败猖獗，犯罪率居高不下。在这种情况下，1960年率领联合国新加坡考察团来访的荷兰经济学家艾伯特·温斯缪斯对新加坡的发展前景颇为悲观，他说："新加坡即将完蛋，它只是亚洲黑暗角落的一个狭小市场。"①

然而，50多年过去了，富裕的新加坡已经由快要完蛋的"亚洲黑暗角落里的一个狭小市场"一跃成为"亚洲的发达国家"。自独立以来，60—80年代，新加坡国内生产总值的实际平均增长率分别达到8.7%、9.4%和7.2%，其中，1965—1973年的年平均增长率更是达到了惊人的12.5%，在那段时期里，新加坡和韩国、中国香港和中国台湾被并称为"亚洲四小龙"②。现在，新加坡是亚洲乃至世界范围内人均GDP最高的国家之一，2012年，新加坡以人均GDP 50123美元的水平成为世界第三大富国，仅次于卡塔尔和卢森堡。由于政府对经济发展的严格控制，新加坡被学界称为"发展型国家"，其经济发展模式被称作"国家资本主义"③。根据2014年全球金融中心指数（GFCI）排名报告，新加坡是继纽约、伦敦、中国香港之后

---

① ［澳］约翰·芬斯顿：《东南亚政府与政治》，张锡镇等译，北京大学出版社2007年版，第266页。
② 世界银行网站，http://data.worldbank.org/country/singapore.
③ Christopher Tremewan, *The Political Economy of Social Control in Singapore*, Palgrave Macmillan, 1994, p. 178.

的第四大国际金融中心,也是亚洲重要的服务和航运中心之一。① 另外,新加坡是东南亚国家联盟(ASEAN)成员国,也是世界贸易组织(WTO)、英联邦(The Commonwealth)以及亚洲太平洋经济合作组织(APEC)成员。就社会发展而言,对比 1959 年,2012 年新加坡在教育上的投入增长了 200 多倍,住房问题通过建房发展局的公共项目也基本得以解决,公共组屋满足了 86% 的居民的需求。由于新加坡的社会福利政策非常到位,城市规划尤为先进,住房、医疗、娱乐等公共服务设施相当完善,新加坡的人类发展指数高达 0.866,② 在全球范围内处于极高水平。

就利益集团腐败而言,经济的持续高速增长对新加坡政府有效治理腐败具有深远影响。如果说利益集团腐败的根源是社会利益分配的失衡,那么新加坡就是通过将社会总利益这块"蛋糕"做大并将其分配得相对均匀,以此保障了人民行动党政府的执政根基,同时确保了新加坡反腐政策的延续性和稳定性,最大限度地消弭了大规模腐败问题的根源及其可能造成的负面影响。

虽然新加坡"发展型政府"具有比较浓厚的威权主义色彩,但新加坡却是世界上最为清廉的国家之一。1995—2015 年的每一年,新加坡始终处于廉政评价的权威机构——"透明国际"发布的清廉指数的前十名,2012 年则位居 180 个受调查国家的第五。与此同时,新加坡在政治经济风险公司关于亚太地区廉洁度排名中也高居榜首。③

总而言之,就利益集团产生和发挥影响的政治逻辑而言,一方面,新加坡最大的特殊性在于该国较为单一的民族、语言、宗教构成,这使得新加坡国内的社会分裂程度相对较低。再加上新加坡国土狭小,外部强国环伺使新加坡的民族凝聚力较高,最大限度地消除了

---

① 新加坡经济发展水平的典型体现是新加坡城高昂的房价水平。2016 年 3 月,世界著名房产公司 Knight Frank 和 Douglas Elliman 发布了《2016 年财富报告》,新加坡在全球房价最贵的城市中排名第七。
② 联合国人类发展指数评价网站,http://hdr.undp.org/en/statistics/。
③ "透明国际"清廉指数调查,http://cpi.transparency.org/cpi2015/results/;政治经济风险公司网站,http://www.asiarisk.com,2012 年 9 月。

根源于族群、宗教和地域关系的特殊利益，削弱了利益集团可能产生的社会土壤。另一方面，在独立初期，新加坡经济落后，基础设施非常不发达，国民福利几近于零，这也使得推动经济发展、建立完善的社会福利机制成为民众关注的焦点和人民行动党政府重要的合法性来源。随着经济的发展和社会福利的提升，人民行动党政府可以将民众支持建立在公共物品分配的基础上，而非将其政权合法性完全建构于通过私人物品拉拢的少数核心支持者的政治忠诚之上，新加坡狭小的领土面积和相对简单的族群、宗教构成无疑有助于人民行动党降低公共物品分配环节中的技术难度。

第二节　高效顶层治理：人民行动党政府和李光耀家族

一　新加坡政治：人民行动党和集权政府

1963 年 9 月，新加坡并入马来西亚联邦后，颁布了州宪法。1965 年 12 月脱离马来西亚联邦后，新加坡的州宪法经修改成为《新加坡共和国宪法》，并规定马来西亚宪法中的一些条文适用于新加坡。根据《新加坡共和国宪法》，新加坡实行议会共和制，总统为国家名义元首。1992 年国会颁布民选总统法案，规定从 1993 年起总统由议会选举产生改为由民选产生，任期从 4 年改为 6 年。[①] 总统的权力主要有：委任议会多数党领袖为总理；有权否决政府财政预算和公共部门职位的任命；可审查政府执行内部安全法令与宗教和谐法令的情况；有权调查贪污案件。但是，总统在行使主要公务员任命等职权时，必须先征求总统顾问理事会（Council of Presidential Advisers）的意见（该理事会由 6 名成员组成。其中两人由总统委任，包括主席；两人由总理委任；大法官和公共服务委员会主席各委任 1 人）。总统和议会共同行使立法权。

---

① 陈祖洲：《新加坡——"权威型"政治下的现代化》，四川人民出版社 2001 年版，第 115 页。

新加坡议会被称为国会,实行一院制,任期5年,由占国会议席多数的政党组建政府。国会可提前解散,大选须在国会解散后3个月内举行,年满21岁的新加坡公民都有投票权。国会议员分为民选议员、非选区议员和官委议员。其中,民选议员由公民从全国12个单选区和15个集选区(2011年大选)中选举产生;集选区候选人以3—6人为一组集体参选,其中至少1人是马来族、印度族或其他少数种族,同组候选人必须同属一个政党,或均为无党派者,并作为一个整体竞选;非选区议员从得票率最高的反对党未当选候选人中任命,最多不超过6名,从而确保国会中有非执政党的代表;官委议员由总统根据国会特别遴选委员会的推荐任命,任期两年半,以反映独立和无党派人士的意见。新加坡的司法机关包括最高法院和总检察署。事实上,在国际学界,新加坡的司法机构经常"因其支持人民行动党的倾向而受批评"[①]。新加坡最高法院由高庭和上诉庭组成。1969年,通过对《刑事程序法典》的修改,陪审团被完全撤销;1994年,新加坡废除上诉至英国枢密院的规定,确定最高法院上诉庭为终审法庭。新加坡最高法院大法官由总理推荐、总统委任。

随着近年来民主政治的逐步发展,新加坡已经不能算作真正的威权国家,但相比通常的民主国家,它的威权主义和家长制色彩仍然较为浓厚。人民行动党自新加坡独立以来便始终执掌国家大权,人民行动党党魁李光耀担任新加坡总理长达25年(1965—1990年),他的长子李显龙也在2004年8月担任总理至今。总体而言,新加坡政治制度具有西方民主的表象,因为它不排斥其他各党派的合法存在,以及对不危害执政党利益的各种政治活动也不加以限制,各党派可以提出自己的政治纲领和政策主张,推选候选人参加竞选,但选举结果深受既有制度和执政党的影响,反对党总是难以动摇执政党的地位。事实上,新加坡独立后的政治制度是对英国殖民后期所建立的制度的继承和发展,其特征被相关研究者称为"有自由而无民主",或者说

---

① [澳]约翰·芬斯顿:《东南亚政府与政治》,张锡镇等译,北京大学出版社2007年版,第280页。

"有控制的民主"①。

要讨论新加坡的政治状况和廉政问题,就不得不提到其执政党——人民行动党(People's Action Party),因为李光耀家族长期领导下的人民行动党是新加坡自独立以来最重要的政治力量,领导推动了新加坡国家的建立、新加坡国家认同的产生和"新加坡神话"的形成。同时,人民行动党在长期的执政过程中对社会财富分配、大众动员乃至当下的社会经济的转型都发挥了至关重要的影响和作用。

1954年10月,人民行动党正式诞生,其成员以接受英语教育的中产阶级为主。作为人民行动党党内要员,李光耀首先联合了党内左派以巩固自身权力地位,其后又利用人民行动党中央执行委员会的行政权以及英国殖民当局的支持,压制了党内的左翼领导人,并在此过程中修改了党的章程以保证自身派系对人民行动党中央执行委员会的权力,由此也确立了人民行动党的干部制度:干部由中央执行委员会在党员中选择,只有这些人员才能出席全党会议,投票选举中央执行委员会;干部名单保密,中央执行委员会有权中止、降级和开除其成员。② 1959年2月,为了确保大选获胜,人民行动党在李光耀的带领下开始发动每周一次的群众集会,宣传党的政治、经济、社会政策,为了显示本党的清廉,以李光耀为代表的大批行动党党员一律穿白衣进行宣传和选举。人民行动党参加了所有51个选区的选举,结果大获全胜,得到了43个席位。同年6月,人民行动党组织政府,李光耀以人民行动党秘书长的身份担任总理。这次选举使新加坡有史以来第一次有了完全由选举产生的多数政府,因而也成为新加坡政治发展的里程碑,人民行动党李光耀派以独立运动的合法领导人身份继承了国家机构。但是,尽管党内左翼势力受到削弱却仍有较强的群众基础,他们反对李光耀派与英国建立联盟的战略,因而使得人民行动党内的李光耀派需要更多地获取本国资产阶级以及尽可能多的下层民众的支持。

---

① Christopher Tremewan, *The Political Economy of Social Control in Singapore*, Palgrave Macmillan, 1994, p. 178.
② James Minchin, *No Man Is an Island: A Study of Singapore's Lee Kuan Yew*, Allen & Unwin, 1986, pp. 46 – 48.

为此，李光耀一方面推动教育改革、兴建公共住宅、完善健康体系和其他福利，另一方面进一步压制左派，迫使他们接受政府的条件。①

1961年，李光耀派在议会强行就新加坡与马来亚合并问题进行信任投票，导致人民行动党最终分裂，左翼的13名立法议会议员离开人民行动党，单独组建了社会主义阵线。这一分裂导致人民行动党失去了80%以上的普通党员、除两个支部外的所有支部以及23个支部书记中的19个。尽管统计数字不尽相同，但有一点是肯定的，即这次大分裂使人民行动党的组织框架遭到严重打击，李光耀派成为人民行动党的代名词。到20世纪60年代初，人民行动党通过推行惠及大量中下层民众的福利政策获取了普通民众的支持。在1963年11月的新加坡大选中，人民行动党的得票率达到46.9%，获得全部51个席位中的37个，社会主义阵线只赢得总选票的33.3%。② 在这次选举后，左翼开始逐渐失去群众基础，人民行动党也基本从一个由华人下层阶级为主的反帝政党转变为人数不多的精英型亲英政党，该党成员主要由说英语的中上层资产阶级构成。由此，新加坡带有威权主义性质的独特政体基本成形。

新加坡这套权力较为集中的政治体系有两个基本特征：一是公民非政治化；二是伴随官僚和行政部门的扩展，政府在国家权力结构中占据至关重要的地位。新加坡政府的威权主义性质取决于这样的信念，即经济发展和社会稳定最好由理性地运用科学技术于生产和管理，相应地减少政治的作用来实现。③ 在这种政治体系中，政治参与很少，政治同民众基本隔离，竞争性政治活动受到限制。由于新加坡国土面积较小和政府对政治捐赠限制的增加，政治体系中的利益诉求无法通过寻求其他党派凝聚起来，公民个人也难以有效地表达自身的

---

① T. J. George, *Lee Kuan Yew's Singapore*, Singapore: Eastern University Press, 1984, p. 33.

② T. Bellows, *The People's Action Party of Singapore: Emergence of A Dominant Party System*, New Haven, 1970, p. 20.

③ [英]康斯坦丝·藤布尔：《新加坡史》，欧阳敏译，中国出版集团东方出版中心2013年版，第407页。

观点。普通公众的政治参与和表达基本只能通过中央化的政府机构体系，如公民协商委员会和各社区的管理委员会来实现。除此之外，政治参与即观点和意见的表达以及对政府机构的压力，主要通过以报纸为代表的平面媒体来实现，但这种表达只能局限于政府允许的一定范围内的问题，目的是促使政府更好和更有效地管理，而非价值观和目标的根本分歧。在人民行动党政府的高效治理下，民众的利益诉求大量集中于住宅、社会福利和公共运输领域，着重于关注自身的经济、社会利益而非政治权益。新加坡公民基本不能或很少有机会影响政治决策，这种状况是缺乏支持公民文化的机制结构以及政治权力结构共同导致的，致使竞争性政治很难出现。从某种意义上而言，公民非政治化是一种目标趋向，人民行动党政府有意促使效率和有效性成为新加坡潜在的中心价值观。当然，人民行动党也通过政党支部和基层组织与民众相联系，对民众的利益诉求作出回应，但这种利益诉求需要通过政府设立的渠道来表达，问题的解决时机也需要政府安排。

新加坡政治体系的另一个特征是行政权力的高度强化。新加坡在独立之后成为一个有计划的以发展为取向的国家，在这一过程中政府扩大了其在社会和经济各领域的影响力，特别是在涉及民生的教育、公共住宅、医疗服务和其他社会福利方面，而政府活动的扩展又需要更多的机构和公职人员。由于强调发展，新加坡沿袭了英国的高效文官制度，大量技术人员和组织人员进入公共部门，政治领导人规定了计划的目标，官僚机构负责实现这些目标。人民行动党领导人在各部门之间的调动相当频繁，但不属于人民行动党的文官可以在相当长的时间里留在同一部门担任职务。事实证明，这一做法保证了政策的稳定性、提高了政府效率。由此，独立后的新加坡政府也成为本国经济发展最重要的参与者，它一方面直接参与经济活动，另一方面也提名一些高级文官进入各种董事会，这些人通常在几个公司的董事会中任职，新加坡的"国家资本主义"模式也由此得名。[①]

---

① ［新加坡］黄雪珍等：《新加坡公共政策背后的经济学——新加坡的故事》，顾清扬译，中央编译出版社2013年版，第3页。

20世纪80年代,伴随着经济的飞速发展,民众文化水平的大幅上升和全球范围内民主运动的兴起,人民行动党很难阻止各在野党实力的逐渐增强。在1981年大选中,新加坡在野党——工人党候选人惹耶勒南战胜人民行动党候选人进入议会;在1984年的选举中,除惹耶勒南外又有一名反对党议员,也就是时任新加坡民主党秘书长的詹时忠,被选入议会。1981年和1984年的选举结果使人民行动党领导层深感震惊,因为在这之前议会完全由人民行动党一党执掌,即使议会中只有一名反对派议员,也可能使议会成为政治角逐的公共论坛。同时,惹耶勒南和詹时忠的表率作用又可能促使反对党更加积极地挑战人民行动党政府。但是,人民行动党审时度势,并非一味排斥反对党,它认为既然反对党很难动摇现政权的执政根基,而仅仅是促使其更加负责,那么反对党在议会的出现可以被接纳,而合理的对策则是使反对党成为人民行动党所"选择"的反对党,同时系统地排斥任何对自身执政地位构成威胁的在野党。因此,自1984年开始,人民行动党通过采取几个步骤转向所谓"更具协商性的统治类型"。[①]

第一,修改宪法,设立非选区议员(NCMP)和集选区制度。1984年,人民行动党政府修改宪法,设立非选区议员,由在选举中获得最高选票的失败的反对派候选人担任,以保证议会中至少有3名反对派议员。但是,非选区议员的实际权力小于正式议员,他们无权就财政、宪法和政府信任案进行投票,实际上成为"二等议员"。另外,为了阻碍反对党参选,新加坡政府在1987年开始推行集选区制度,规定相邻3个选区组成一个市镇理事会,各个政党选派自己的由3位候选人组成的小组参加竞选,这3个选区的选民从这些小组中选出一组,赢得最多选票的小组将赢得选举,该小组3位成员成为议员,集体管理其所在的市镇理事会。很明显,集选区制有助于提高候选人的选择标准,相对于市镇理事会管理能力较弱的反对党候选人,

---

① 陈祖洲:《新加坡——"权威型"政治下的现代化》,四川人民出版社2001年版,第125页。

人民行动党候选人占据优势地位。

第二，实行"请愿政治"。为了维持政治多元和政党竞争的氛围，人民行动党在1984年后将公共关系运动机制化，试图将民众的注意力从反对党转向本党控制的协商渠道。1985年3月，新加坡政府设立以人民行动党议员为首的政府反馈单位，支持选民向政府表达自己的观点。1987年2月，李光耀的儿子李显龙发起"全国议事日程"（National Agenda）运动，由人民行动党邀请公众参与重大政策问题的讨论。同年，新加坡政府设立9个议会委员会（GPCS），他们在议会开会期间与反对派议员共同与人民行动党内阁形成对立。第二年，人民行动党政府又设立了6个以内阁部长为首的顾问委员会负责文化、艺术、娱乐、家庭、社区生活、年轻人、残疾人和老年人等非政治化的公民福利问题，就这些问题与公众进行协商，并听取议员的改革建议。另外，从1985年开始，由政府控制的各类媒体开始对议会进行实况转播，报纸也开始广泛报道会议内容，有意识地允许反对派议员出现于公共领域。此外，政府还发起各种讲习班、论坛和相关的讨论活动，以增加民众的利益诉求渠道。[①]

第三，设立非选举议员（NMPS）。尽管人民行动党采取了多种措施，但在随后的选举中仍有越来越多的选民投票给反对党候选人，因此，人民行动党在普选权外设立了另一种议员以加强政治控制。1989年10月，人民行动党在议会引入宪法修正案，规定至多可任命6名非选举产生的议员，任期两年。非选举议员由议长为首的特别选择委员会选举，然后由总统任命，实际上非选举议员的人选也在人民行动党的控制之下，他们既不属于执政党，也不属于反对党，而是非党派的；1991年，新加坡国会通过了"宪法修正案和总统选举法"[②]，赋予总统在所有重大财政和人事方面的行政权力以加大对政府的制约力度，由于人民行动党实际控制了总统顾问委员会的人事权和候选总统

---

① 马志刚、刘健生：《新加坡的社会管理》，群众出版社1993年版，第29页。
② 刘守芬、李淳编：《新加坡廉政法律制度研究》，北京大学出版社2003年版，第49页。

严格的审查条件，人民行动党能够更好地通过总统维持其政治支配作用的持久性。

尽管人民行动党采取种种措施试图强化其在新加坡国内的权力地位，但进入21世纪之后，外来人口增加、经济增长减速、公共住房需求激增所导致的房价飙升以及公共交通拥挤等问题日趋严重，传统威权主义性质的政府正在遭受越来越多的挑战。2011年5月7日的大选，也就是第16届国会选举，参加投票的选民人数达2057690人，占可投票选民的93.06%。这次选举既是新加坡独立以来最多政党（7个）参加角逐的选举，也是最多选民参加投票的一次大选。最终结果不出所料，人民行动党再次蝉联执政党，在87个议席中得到81席。然而人民行动党自独立以来第一次在选举中输掉了一个集选区。此外，作为现政权反对派的工人党成功保留了原有的国会议席。这次选举过后，新加坡国会将会有7个反对党议员（原本为6席，榜鹅东被补选为工人党，又添了一席），这是反对党人数自建国以来最多的一次。同时，虽然执政党拿下了绝对多数的81个议席，[1]不过选情激烈，在东部几个选区中与反对党的票数相差不远，最终只是险胜。

这次大选之后，人民行动党表现出前所未有的低姿态。总理李显龙表示，大选结果说明"许多民众希望政府改变执政风格和方式，希望看到国会有更多反对派的声音以监督人民行动党政府"。看似压倒性的议会席位优势远不足以说明这次选举的激烈程度，由于新加坡实行集选区制度，反对党所获得的寥寥几个席位代表着40%以上选民的支持票，而人民行动党60%的总得票率更是创了历次选举的新低，低于2006年大选时的66.6%和2001年的75%。[2]

需要注意的是，新加坡的威权主义也造就了一个精英阶层。澳大利亚东南亚地区问题专家约翰·芬斯顿认为，在新加坡当前的政治体

---

[1] 李路曲：《新加坡与中国政治发展路径的比较分析》，《政治学研究》2015年第3期，第3页。

[2] 同上。

系下，权力精英①由政治精英、文职官僚、军队精英和商业精英组成，包括人民行动党高层领导（也就是绝大多数国会议员）、政府高层官僚、大型企业主管（许多是"国家资本主义"体系下的国有企业高管）和少数高级将领，而这些权力精英也正是新加坡既有体制的受益者，在享受高薪待遇的同时还能有更多的提拔机会。②

二 高效的顶层设计和顶层治理

就利益集团腐败政治逻辑的充分条件，也就是将腐败作为一种政治工具的角度而言，领导者，特别是最高领导者对将腐败作为政治工具是否采取默许和纵容的态度相当重要。通过前文的案例不难发现，某些政治领袖如格兰特、希特勒、英迪拉·甘地本人就或多或少地依靠腐败换取支持者的忠诚从而确保自身的执政地位，这无疑会助长各级公职人员运用公共权力牟取私利的倾向。但是在新加坡，情况却截然相反——人民行动党虽然在新加坡长期执政，但党内高度重视公职人员的腐败问题，最高领导者发挥以身作则的表率作用，从顶层设计和顶层治理出发自上而下地严厉惩治政府内部的腐败，基本杜绝了将腐败作为政治工具的可能。

与独立前的印度截然相反，作为大英帝国殖民地的新加坡长期受困于腐败问题。在1819年至1959年的大部分时期里，新加坡是英国在东南亚的核心殖民地，也是英帝国在西南太平洋的战略基石，被誉为大英帝国的"东南亚明珠"。但是，不同于英国殖民者在印度所建立的比较完备的本土化、法制化文官管理体系，大英帝国治下的新加坡殖民政府是一个典型的构建于东南亚荫庇关系之上的政府。20世纪上半叶，随着英国在全球范围内势力的日渐衰微和应对日本威胁的

---

① 美国政治学者赖特·米尔斯关于"权力精英"的定义是："这一人群的地位使他们超越普通人所享有的普通环境；其所处地位使他们能够做出产生重大后果的决定"，并且"掌握着现代社会的主要特权阶级和组织"。由此可见，权力精英的概念与西方意义上中性的利益集团概念有许多重合之处，只是两个概念的视角和出发点有所不同。参考王焱《民主政治视野下的精英治理：西方精英主义政治理论研究》，中国法制出版社2014年版。

② ［澳］约翰·芬斯顿：《东南亚政府与政治》，张锡镇等译，北京大学出版社2007年版，第282页。

需要，新加坡在大英帝国亚太战略中的重要性与日俱增，英国也向新加坡注入了越来越多的人、财、物资源。由此，新加坡根植于荫庇关系的人情政府也逐渐患上了腐败这一"东南亚的癌症"——公职人员于办事时根据所提供的特别关照和方便索取相应的不法钱款在新加坡成为一种惯例，这种行贿受贿被形象地称为收受所谓的"咖啡钱"。随着太平洋战争的爆发，日本占领并短暂统治了新加坡，在这段时期（1942—1945年），严重的通货膨胀和公职人员的低工资制度更是加剧了新加坡政府的大规模集体腐败问题。"二战"之后，在新加坡重新确立其统治地位的英国殖民当局基本沿袭了战前管理体制，并未进行大规模的经济、社会改革。在这种情况下，作为利益集团的新加坡殖民政府各级公职人员也没有改变其一贯的腐败作风。从1945年太平洋战争结束至1959年新加坡自治政府成立的14年既是新加坡经济、政治、社会发展的迟滞期，又是该国历史上政府腐败最为严重的时期，挥之不去的大规模集体腐败使利益分配格局趋于失衡，本就匮乏的社会资源在政府权力的滥用和异化中被进一步浪费，不仅存在大量公务员的个人腐败行为，而且有组织的贪污也很盛行，从孩子入学到政府审批，官员吃拿卡要行为无处不在，以致民众怨声载道却又无可奈何。不仅如此，腐败还与贫困形成恶性循环，本就贫困的民众饱受有权者权力侵害，社会上犯罪活动猖獗，吸毒嫖娼成风，官民对立问题相当严重，腐败对新加坡的社会稳定和长远发展构成了直接威胁。

面对这种腐败困局，当时的新加坡殖民政府也并未坐以待毙，而是尝试采取各种手段和措施，从立法和司法方面着手对政治运作风气进行整治。但是，由于新加坡殖民政府所依赖的核心支持者规模极小——主要包括少数英国殖民官员、本地大资产阶级和传统地方权贵——且受到殖民制度本身在权力分配领域的极大制约，有针对性的反腐举措并未收到预期成效。早在1871年，新加坡殖民当局便颁布相关法律法规，将腐败行为确定为非法，并在犯罪调查部成立了相应的专职廉政监察机构；1937年，殖民政府颁布《防止贪污条例》，对打击和惩处腐败做了规定——它也成为新加坡历史上最早的专项反腐法案——该法律还规定在刑事侦查局设立反贪组以确保法律的执行。

但是,《防止贪污条例》对贪腐行为和行贿受贿细节的界定存在模糊之处,且当时的刑事侦查局人、财、物等资源都相当匮乏,难以保障反腐任务的高效执行,反贪只是该局 16 项主要任务之一。[①] 更为严重的是,战后初期新加坡利益集团腐败的行为主体不仅包括行政机关的各级领导和普通公职人员,甚至司法机关内部也存在着以权谋私、公共权力滥用的现象,因而,期望通过强化司法机关的权力遏制腐败无异于"监守自盗",也使得殖民政府治理腐败的种种努力最终流于形式:行政机关完全不必遵守反贪法律,而相关司法机构的执法能力也受到广泛质疑。正如新加坡时任警察总长在 1950 年的年度报告中所无奈地指出的那样:"新加坡各政府部门已是贪腐盛行,公共部门和司法部门内部都存在着难以根治的腐败。"[②] 针对建国初期的腐败情况,李光耀在他的回忆录中也写道:"腐化到处盛行,从官僚政权的最高级到最低级,腐化已成为当权人物的一种生活方式","人们对于佣金、回扣和小费、'润滑剂'或其他冠上委婉名称的贪污行为,已经习以为常。它是那么的司空见惯,以致接受贪污成为自己文化的一部分"。

严酷的现实和殖民政府失败的反腐尝试使人民行动党很早就意识到大规模的利益集团腐败可能造成的危害。于是在 1959 年的大选中,人民行动党以勤俭朴素的形象和旗帜鲜明的廉政建设方针吸引了众多选民的注意,为了表达整治腐败的决心,人民行动党高层甚至统一了着装——1959 年 2 月,为了确保大选获胜,人民行动党在李光耀的带领下开始发动每周一次的群众集会,宣传党的政治、经济、社会政策,为了显示本党的清廉,以李光耀为代表的大批人民行动党党员一律穿白衣进行宣传和选举;同年 6 月,在成功赢得国会多数席位之后,人民行动党高层一律身穿白色的衬衫和长裤在市政厅会议室宣誓就职,以此表达实现个人行为纯洁和政府作风清廉的决心。

---

① Jon Quah, "Curbing Corruption in Asia: A Comparative Study of Six Countries", *Public Administration and Development*, Dec. 20, 2000, pp. 239-252.

② Ibid., p.309.

从现代化视角来看，强调人治在国家建设中所能发挥的作用，并非要以人治全盘替代制度，而是要用具备充分能力和素质的贤人发挥顶层治理和顶层设计的作用，补充和完善相关制度和法律法规。作为政治工具的利益集团腐败是权力趋腐、人性自私的一个典型表现，因而身居高位的领导人的个人作风和对腐败的态度不容忽视。在这方面，新加坡领导人的清正作风确实值得称道，前人民行动党秘书长李光耀虽曾担任新加坡总理职务长达25年，但始终对腐败高度重视、严惩不贷。2005年，国际透明度机构主席彼得·艾根在支持吉隆坡透明与廉洁学会把"环球廉洁奖"颁给李光耀的一封信函中指出："李光耀先生在新加坡打击贪污活动方面所扮演的角色，是广为人知的，而且也被世人认为是打击贪污的重要典范。"[1] 这一最高领导者的顶层设计和顶层治理"重要典范"的最好体现是1986年新加坡的"福达事件"。与尼赫鲁在"吉普车丑闻"中对自己亲密好友和腐败高官大加庇护，重"能"不重"贤"截然相反，李光耀在"福达事件"的处理过程中并未对其好友、身居要职的国家发展部部长郑章远网开一面，最终导致郑章远身败名裂、自尽身亡。

1986年11月，一个名叫廖德基的商人在贪污调查局的盘问下，承认在1981年和1982年以中间人身份，代表福达公司和濠景酒店给过新加坡国家发展部时任部长郑章远两笔各50万元的现款。第一次给钱是因为郑章远在1981年协助福达公司保留了一块原本政府要征用的土地；第二次给钱是因为郑章远协助濠景酒店购买政府土地以供私人发展之用。去除廖德基的提成外，郑章远实际收受了80万元的私人礼金。如果说李光耀自调查一开始就完全没有顾及友人情分也不完全正确，因为时任贪污调查局局长的杨温明在获悉此事后于第一时间向李光耀通报了情况，而李光耀的指示是让贪污调查局进行暗中调查，在证据确凿的情况下再公开查明此事。[2]

---

[1]《道德领导是竞争优势》，《联合早报》2005年5月2日。
[2] 倪邦文、石国亮等：《国外廉政建设制度与操作》，中国言实出版社2013年版，第88页。

随着贪污调查局暗中调查的展开，郑章远的腐败证据被一一摆上台面，在铁证如山的情况下，李光耀没有选择包庇友人，而是按照原定计划向社会各界公开了郑章远的腐败问题。关于郑章远的公开调查一经展开，李光耀便断绝了与嫌疑人的一切联系，郑章远曾多次求见李光耀，都被李光耀拒绝。据说，当时李光耀亲口告诉党内要员：要是我帮了郑章远，我们的党就完了。① 即将遭受严厉惩处的郑章远走投无路，于1986年12月14日大量服用安眠药自尽身亡。身居要职，又是李光耀的好友和左膀右臂，郑章远的落马在新加坡政府内部的影响相当巨大，执政党内外都深刻意识到李光耀对待腐败问题的"六亲不认"。

在党内最高领导人所起的带头表率作用下，新加坡政府在廉政建设中的顶层设计和顶层治理还表现为高度注重人，特别是各级领导人的作用。新加坡政府强调选贤任能、贤能执政的重要性，关注领导人的个人作风，以期杜绝将腐败而非推动国家建设作为换取支持者忠诚的可能。这一注重"人治"的经典表现是新加坡政府一贯秉持的"精英治国"原则，换言之，也就是对公职人员进行严格的选任和管理，力求最大限度地选拔人才，并在制度和个人价值层面遏制腐败。

就选任制度而言，新加坡选拔公职人员的方式带有浓厚的本国特色：新加坡政府并未按照国际惯例用统一的公务员考试作为衡量公共职位应聘者和候选人是否合格的标准。在通常情况下，不同的政府部门具有各自不同的应聘标准，相关机构负责人会根据报名候选人的简历和基本情况进行筛选。在公务员选任过程中，新加坡一般不采取统一笔试的方法，但应聘者必须接受严格的面试和心理测试，即使被录用，应聘者还有为期两年的试用考察期。这种试用考察相当严格，相关人员不仅将在两年内被派遣到不同岗位进行轮岗和实地锻炼，而且必须每6个月提交一份详尽的工作报告，只有在工作得到同事和领导的一致好评，且工作成果卓著的情况下试用者才会被最终录取。② 不

---

① 新加坡《联合早报》编：《李光耀40年政论选》，现代出版社1994年版，第331页。
② 王文智、赵江华：《从政治体制维度解析新加坡人民行动党长期高绩效执政之谜》，《河北师范大学学报》2008年第2期，第10页。

仅如此，作为一个崇尚儒家思想的国家，新加坡政府尤其注重对应聘者个人品德和道德修养的考察。除了需要具备优异的办事能力外，在正式录用应聘者之前，相关部门还会对这些候选人的个人档案和信用记录进行严格审查，无论是个人作风、家庭问题还是社会问题，一旦存在纰漏皆不得录取。

就公职人员的管理制度而言，人民行动党政府在个人自律和他律两个层面对公职人员进行严格管理。遵照《公务员纪律条例》的有关规定，每年初，新加坡政府都会发给各机构公职人员一本笔记本，该笔记本内部被划分为相当细致的不同栏目用以填写公职人员的日常活动，包括所接触过的人员及所办理的各项业务，而收到该笔记本的公职人员必须按规定随身携带并随时在笔记本上记录自己的行动。该笔记本的重要性不可小觑，因为新加坡政府内部设有主管个人品德的官员，他们会定期细致地检查记录内容，一旦发现可疑之处则会依法将该笔记本及其所记录的相关内容送贪污调查局进行调查。如果查明涉嫌公职人员确实有贪污受贿等权力滥用问题，则贪污调查局会对违纪公职人员及其直属上级官员实行连坐制。另外，就腐败而言，对公职人员行为的"他律"主要由执法机关负责，新加坡的廉政法律和相关制度赋予该国贪污调查局极大的权力，它有权根据手中所掌握的线索对任何公职人员进行跟踪调查——即使嫌疑人并未被证实违纪——而在跟踪调查的过程中，贪污调查局可以采取任何必要手段收集证据，包括窃听、卧底等方式，以此保证调查的准确性和任何违纪问题能够被最终查明。[①]

值得注意的是，人民行动党政府秉持"精英治国"理念进行高效顶层设计和顶层治理以期规范公职人员行为的另一个重要表现是严格的公职人员终身财产申报制度。这项财产申报制度在《财产申报法》的保障下推行实施，该法将新加坡国内的公职人员分为两种类型：固定常设的公务员和非固定常设的公务员，前者必须进行财产申报。按

---

① 王建新：《新加坡政府廉政建设的基本经验》，《中国党政干部论坛》2004年第8期，第62页。

照法律规定，每年的 1 月 2 日是所有在任公职人员的定期财产申报日，且新录取的固定常设公务员也需要在任职前详尽地申报个人财产。新加坡财产申报制度的涵盖面非常广泛，公职人员个人及其配偶亲属等共同生活的家庭成员的财产状况每年都必须向相关机构进行翔实汇报，包括个人的存款、股票、债券、投资及其他动产和不动产。贪污调查局会对申报材料进行审查，由法院所设置的公证处也会对申报材料进行公证并保存副本。假若公职人员所拥有财产与其所申报的财产状况出入较大且无法说明缘由，则执法机关有权按照法律对其进行查处。[①]

第三节　巧妙的权力约束：激励和惩处

乍一看，新加坡的权力结构安排很难称得上"平衡"：长期执政的人民行动党所铸就的威权主义性质政府能够对立法权、行政权甚至司法权发挥重要影响；在野党受到既有政治体制的强烈制约，在历届大选中表现得相对软弱；媒体舆论接受人民行动党政府的严格监管，独立性成疑。但事实上，就利益集团腐败的政治逻辑而言，新加坡的权力结构来源于其高效的顶层设计，一整套巧妙的激励和约束机制对公职人员的腐败活动形成了有效制约。在新加坡既存权力结构之下，作为政治工具的大规模利益集团腐败根本没有必要，因为它的成本太高、收益太低。

一　行之有效的公职人员激励机制

既然各级公职人员倾向于使用私人物品分配的方式向核心支持者提供金钱和特权以换取其对自身权力地位的支持，那么打破这一腐败逻辑的一个重要手段便是提高公职人员的报酬和福利，以此激励公职人员忠于作为整体的政府而非政府或执政党内部某些特定的小集团，从这个意义上说，新加坡广为人知的"高薪养廉"确实发挥了重要

[①] 徐广春：《新加坡廉政建设探析》，《地方政府管理》1998 年第 S2 期，第 28 页。

功效。

一方面，新加坡公务员的薪金制度是其在廉政建设中有意识地进行顶层设计的典型成果。1985年3月，时任总理李光耀在议会中警告说："要么付给政治领导人所应得的最高工资，从而得到一个诚信、廉洁的政府，要么付他们低报酬，而冒患上第三世界贪污顽疾的风险。"他还断言，解决腐败问题的最佳途径是"随行就市"，这是"一种诚实、公开、能抗御风险且行之有效的制度"，而非导致"欺诈和腐败"的伪善做法。① 首先需要明确的是，高薪养廉制度确实是新加坡独具特色的公职人员薪资制度，但与大多数人所想象的情况不同，高薪养廉制的施行范围主要是高级公职人员和政府各部门领导人及国家领导人，而政府中下层公务员的收入一般略低于私营部门。1994年，新加坡政府向国会提交了《以具竞争力薪金建立贤能廉正的政府——部长与高级公务员薪金标准》白皮书，该白皮书的核心观点是有能力担任政府要职的领导者也必然能够担任民营企业高级管理者，因此新加坡政府高级公职人员的薪资水平应当与市场挂钩，也就是与新加坡私营企业高级管理人员的薪资水平保持一致。新加坡经济实力雄厚，私营企业的高级管理层的收入水平相当高，这也意味着高级公职人员能够获得非常优厚的薪资待遇。2012年，尽管新加坡政府进行了一次大幅度减薪，总理李显龙的年薪降到170万美元，但他仍然是全球年薪最高的国家领导人，其年薪是美国总统奥巴马的4倍多。②

另一方面，新加坡政府也在制度层面建立起一套完善的针对公职人员的公积金制度，在给予公职人员优厚福利、促使其提高自身工作能效的同时增加了他们的腐败成本。与薪金制度类似，新加坡公职人员的公积金上缴比例没有固定标准，而是由政府根据经济发展状况确定的，换言之，政府本身就是新加坡国内最大的公司。例如1980年，雇主的公积金上缴比例是雇员工资的20.5%，雇员上缴比例是雇员

---

① 邓杰、胡廷松：《反腐败的逻辑与制度》，北京大学出版社2015年版，第113—116页。

② 刘杰：《转型期的腐败治理：基于不同国家和地区经验的比较研究》，上海社会科学院出版社2014年版，第189页。

工资的18%。到了1984年，雇员和雇主的上缴比例各上升为25%，而从1985年起，随着新加坡经济出现衰退迹象，公积金上缴比例便有所下调，1986年雇主的公积金上缴比例由25%调整为10%。① 由于近年来新加坡经济总体上增长平稳，公积金的上缴比例相当可观。较高的公积金上缴比例意味着公务员在多年的工作后将会拥有一笔数额相当巨大的存款，这也是新加坡公职人员老年生活的基本保障。但是，根据相关法律，一旦公职人员贪污受贿——无论金额多少，甚至仅仅是1新元——都会立即丧失公积金领取资格，而之前上缴的所有资金也不会退还。

就利益集团腐败的政治逻辑而言，各级领导者可能倾向于通过向其核心支持者直接提供资金和其他好处以换取他们的忠诚，而新加坡政府通过制度化手段将高级公职人员的薪水提升到了非常高的水平，使他们只需要做好本职工作、认真维护政府权威与政府效能就可以享受到优厚的福利。可以说，薪资和福利作为政治工具的本质并没有发生变化，只是新加坡政府作为一个统一整体，通过高薪资、高福利满足了各级公职人员的利益需求，将腐败作为政治工具的职能完全"排挤"了出去。也正是从这个层面来看，作为廉政激励机制的高薪养廉使新加坡高级公职人员"不想贪"。当然，由于公共权力本身所存在的根深蒂固的扩张性，高薪和厚禄并不是养廉的充分条件，如果没有一系列相关的配套法律和制度保障，再高的薪水也满足不了权力的胃口，②但不可否认的是，高薪养廉确实降低了大规模利益集团腐败的动机。

二 完善的腐败惩处机制

如前文所述，"谁约束"是评价一国权力结构是否有利于利益集团腐败的重要因素，对新加坡而言，无论是政治精英、文职官僚、军队精英还是商业精英，都与长期保持执政党地位的人民行动党有着密

---

① 吕元礼：《新加坡治贪为什么能？》，广东人民出版社2011年版，第98页。
② 邵留成：《对新加坡廉政建设的探析》，《云南行政学院学报》2003年第3期，第40页。

切联系，秉持"精英治国"理念的人民行动党政府本身也正是新加坡国内精英集团的代名词。在这种情况下，权力结构的制约机制深受人民行动党和新加坡政府顶层设计的影响，由于新加坡政府巧妙地将优厚待遇作为确保公职人员政治忠诚的重要手段，提高腐败行为的风险就成为腐败惩处机制的另一项重要目标。就这方面而言，新加坡政府所采取的关键手段是通过建构一套比较完善的廉政体系保障法律和制度对相关权力主体的约束力。

从反腐败立法角度来看，新加坡廉政建设的核心是《防止贪污法》。该法于新加坡自治政府成立之初的1960年6月17日颁布施行，不同于1937年英国殖民政府所制定的《防止贪污条例》，《防止贪污法》主要有三个鲜明特征：首先，立法严密，对腐败界定极为严格。根据该法律的规定，财产性利益和非财产性利益都属于"贿赂"的范畴——不仅直接收受钱款或其他有价证券、利用公共权力为行贿者提供方便可以被界定为腐败，甚至仅有贿赂或收受贿赂的意图也属于腐败犯罪。其次，该法对执法机制做出详细规定，从根本上确保司法机关严格执法和对腐败行为极大的惩处力度。当前，大多数国家的司法机关在执法过程中秉持"无罪推定"原则，在未经依法判决以前，嫌疑人应当被视为无罪，但新加坡的《防止贪污法》却规定对涉嫌贪腐的公职人员实行严格的"有罪推定"原则。换言之，假若某一政府机构的公职人员涉嫌收受贿赂，或其所拥有的来源不明的财产与其在财产申报中所申报的财产数额有较大出入，即使相关司法机构尚未掌握确实证据也可以先行对涉嫌贪腐人员提出指控。新加坡反腐败法律规定之严格由此可见一斑。[1] 最后，《防止贪污法》特别给予新

---

[1] 从法理学角度看，无罪推定（presumption of innocence）是指任何人在未经依法判决有罪之前，应视其无罪。除以上内容外，无罪推定还包括被告人不负有证明自己无罪的义务，被告人提供证明有利于自己的证据的行为是行使辩护权的行为，不能因为被告人没有或不能证明自己无罪而认定被告人有罪。无罪推定原则是现代法治国家刑事司法通行的一项重要原则，是国际公约确认和保护的基本人权，也是联合国在刑事司法领域制定和推行的最低限度标准之一。但是，新加坡司法机关在对腐败行为的定罪问题上所秉持的理念却与此截然相反。Garry Rodam, *The Political Economy of Singapore's Industrialization: National State and International Capital*, Palgrave Macmillan, 1989, p.30.

加坡贪污调查局在执行反贪任务中的极大权限。新加坡贪污调查局在廉政建设中的能效享誉世界，而它在执法环节的根本法律保障正是《防止贪污法》，该法作为贪污调查局的法律根基，与贪污调查局共同构成新加坡廉政体系的重要组成部分。它在诸多具体法律条款中明确界定了贪污调查局的相关权限，使得贪污调查局能够组建一支高效率的执法队伍，使新加坡的廉政建设有法可依、有法必依。

同时，新加坡的廉政法律法规秉持与时俱进原则，为了确保法律能够应对新时期所出现的各种新问题、新情况，保证法律法规的有效性，新加坡持续不断地对相关法律条文进行修订更新。例如，虽然《防止贪污法》只有35条内容，但该法自1960年颁布施行至今已进行过4次修订，最近的一次修改是在1985年。在完善既有法律的同时，新的综合性立法工作也在不断开展，如1989年新加坡颁布《没收贪污所得利益法》及以《公务员守则和纪律条例》《公务员惩戒规则》为代表的一系列公务员廉政监管法。[1] 总体而言，新加坡完善的廉政法律体系具有"刚柔并济、以刚为主"的鲜明特点，在实际操作环节主要表现为对任何贪腐行为实施重罪重罚甚至轻罪重罚，换言之，不仅腐败大案会受到严厉惩处，即使公职人员贪腐金额极小也会受到相当严厉的惩处。例如，《防止贪污法》有意未对腐败的最低金额作出规定，这意味着公职人员仅仅收受一元钱也可能构成受贿，但该法对"意图贿赂"的概念却作出了严格界定，不管有没有实际的贪污行为，无论行贿受贿是否最终完成，只要通过某些途径表达出腐败的意愿也会构成犯罪。

从反腐执法机构角度来看，除了完善的廉政法律法规设置之外，举世闻名的新加坡贪污调查局也是该国总体廉政体系的关键组成部分。贪污调查局是新加坡的专职反腐机构，其前身是1952年3月新加坡殖民政府成立的反腐特别调查团，该调查团在1952年9月完成特定的调查任务后被政府批准保留，并在此基础上组建了权力更大且

---

[1] 肖长华、胡庆亮：《论新加坡政治体制的成因》，《东南亚纵横》2005年第12期，第7页。

相对独立的贪污调查局。如前所述，随着人民行动党正式上台执政和《防止贪污法》的出台，贪污调查局的权责分工得到了更为详细明确的界定。自人民行动党上台执政伊始，新加坡贪污调查局便成为该国廉政建设的最高执法机关，最初它直接对内阁总理负责，该局局长和副局长都由总理直接任命，且贪污调查局的所有官员都有经过局长签署的委任状，以此作为执法和法律授权的依据。在1991年1月《民选总统法令》颁布实施之后，新加坡总统也具备了直接授权贪污调查局局长进行腐败调查和监管活动的权力。事实上，贪污调查局作为统一整体类似于一名手握尚方宝剑的钦差大臣，其仅对总统和总理负责的极强独立性是该局能够长期产生高能效的一个重要原因。另外，由于英国殖民时期新加坡司法机构内部的集体腐败问题相当严重，裙带关系、官官相护、执法人员与腐败分子同流合污共同维护自身特殊利益的现象经常出现，运用司法机关调查司法机关自身的腐败问题既缺乏效率也难言公正。因此，人民行动党政府在成立后，一方面通过法律和制度保障贪污调查局的独立性和极大权限，另一方面从根本上改善了该局的机构设置和人员安排。为了不使反腐执法机构尾大不掉、人员冗杂以至自身蜕变为利益集团，贪污调查局始终维持着一个极小的机构规模，且具有相当精炼的人员配置，每一名正式调查人员都必须经过严格筛选，确保其具备极高的素质和办事能力。2010年，整个贪污调查局只有92名正式调查人员。[①] 在高效的机构设置和人员配置基础上，新加坡的廉政法律法规给予了贪污调查局巨大的反腐权力。根据《防止贪污法》和其他反腐法律的规定，贪污调查局在调查权、搜查权、逮捕权和获取财产情报权等方面享有广泛的权限。另外，根据"有罪推定"原则，对于调查属实的受贿者或贪腐官员，已违反法律构成犯罪的，贪污调查局的任何一名调查人员都可以直接向司法机关提出控诉。新加坡廉政建设的长期实践已经证明，贪污调查局的反腐能效不可估量，几乎所有腐败案件的曝光都有贪污调查局

[①] 关于新加坡贪污调查局基本情况，参考新加坡贪污调查局官方网站，http://www.cpib.gov.sg。

的功劳。正如该局局徽——一个警惕的大眼睛——所蕴含的深意：贪污调查局不徇私情、公正不阿，在它的严密注视下任何贪腐行为都难以遁形。从根本上说，完善的廉政法律制度体系保障下的极强独立性、精炼的机构设置和人员配置、依法获取的极强权力是促使新加坡贪污调查局成为全世界最为高效的专职反腐机构的三个关键要素。

在新加坡自治政府成立之初，漫长的殖民时代所遗留的大规模集体腐败风气盛行，贪污调查局通过严格执法查处了一大批政府高官，包括环境发展部前部长黄循文、房屋发展局前主席陈家彦、商业调查局前局长格林奈，以此有效遏制了政府内部大规模集体腐败的蔓延。如前文所述，贪污调查局在1986年新加坡国家发展部前部长郑章远的腐败案件中也发挥了关键作用。近年来，新加坡中央肃毒局前局长黄文艺和民防部队前总监林新涉嫌与私营企业进行权色交易而被罢免的消息再次证明，人民行动党政府绝不允许政府内部和执政党内形成享有特殊利益的利益集团，即使是执掌实权的高级领导，一旦贪污腐败也难以逃脱法律的制裁。

总之，就利益集团腐败的政治逻辑而言，新加坡确实有其特殊性：作为狭小的城市国家，利益分化并不严重；作为一个威权主义性质的国家，其最高领导者具有难能可贵的廉洁奉公意识。但就其本质而言，新加坡廉政建设的实践表明，它并未偏离利益集团腐败的政治逻辑：在李光耀家族和人民行动党高层高度重视腐败的基础上，新加坡政府通过高效的顶层设计和顶层治理遏制了将腐败作为政治工具的可能。与此同时，完善的激励和惩处机制也使腐败在新加坡政府内部完全失去了市场，新加坡政府的各级领导者根本没有必要使用腐败这一高风险手段换取支持者的忠诚，因为人民行动党政权的支持者——无论是公职人员还是普通民众——已经通过丰厚的报酬和完善的公共物品分配满足了自身的绝大部分利益诉求，对公职人员特别是高级官员而言，将腐败作为政治工具的成本太高、收益太低，且在合法的渠道下，他们已经获得了足够多的报酬和充足的晋升机会。

第八章　结论：如何避免利益集团腐败

在对利益集团腐败的生成机理进行理论分析和案例验证之后，本书的研究要画上句号了。需要强调的是，任何试图对利益集团腐败做出简单结论的想法可能都不太恰当，因而本书并不试图对利益集团腐败这一重大问题进行简化主义或还原论的处理，也不追求用一两个完全可以量化的标准来涵盖这一政治问题背后的复杂性。尽管如此，本书仍然希望在对历史事实和政治经验进行比较详细分析的基础上，用尽可能简明扼要的理论来系统回答利益集团腐败的决定因素和因果机制。

本章是对全书的总结和立足于我国基本国情的简要政策建议，本章分为三节：第一节是简要的理论回顾和总结，并在此基础上对现有的腐败理论进行反思；第二节是对作为政治工具的利益集团腐败的再思考，讨论如何从实际操作层面降低利益分化和利益集团腐败的严重程度；第三节是对权力结构的再思考，讨论如何从机制层面和制度安排层面保障对利益集团的制约。

第一节　利益集团腐败政治逻辑的理论总结

本书前三章的理论部分已经阐明了作者的主要观点：一方面，利益集团大规模腐败行为的充分条件是当权者和各级公职人员将腐败作为一项重要的私人物品分配手段和政治工具，以期通过向其核心支持者分配利益和特权巩固自身的权力地位和执政根基。反过来，作为收受方，享受具有强烈排他性、竞争性的私人物品和特权的各级公职人员及其核心支持者将会蜕变为利益集团，他们也会尝试通过向各级领导者给予好处来换取自身利益，而这种既得利益是在特定的权力结构安排下非常的或不正常的特殊利益。另一方面，作为利益集团腐败政治逻辑的必要条件，如果一国的权力结构无法塑造高效的国家治理能力，该国将无力缓和或解决这种作为政治工具的大规模利益集团腐败，甚至可能使这种利益集团腐败披上"合法化"的外衣，造成国家权力结构的功能性病变，甚至可能使大规模集团腐败现象愈演愈烈。就这一逻辑体系而言，利益集团腐败的充分和必要条件是互为前提的关系，利益分化和既得利益的形成将会深刻影响权力结构的制定、执行和制约机制，而权力结构又会对作为政治工具的利益集团腐败起到至关重要的反作用。

本书第四章至第七章通过对镀金时代的美国、纳粹德国、独立后的印度和新加坡四个国家不同时期的利益集团腐败的案例研究论证了上述观点。无论是在民主自由国家还是在威权独裁国家，无论是在发达国家还是在经济落后、社会分裂严重的后发国家，只要存在利益集团腐败的政治逻辑，大规模的集团腐败就很难避免。镀金时代的美国政府秉持自由主义发展理念，甘愿充当经济发展的"守门人"，政府规模很小、权力衰弱，当时的美国呈现出鲜明的"强社会—弱政府"色彩。随着经济腾飞，阶级分化加剧，阶层冲突日趋严重，各大垄断工业巨头和金融寡头能够对美国政府的权力发挥越来越重要的影响力。同时，分权制衡的权力结构原则也约束了美国政府的权力，国会内部利益分化严重，相关制度和法律法规缺失，为了确保自身权力地位，各级领导者需要依靠亲信、政治权贵和大资本家的支持。在这种情况下，镀金时代的美国大规模利益集团腐败现象司空见惯，甚至总统本人都涉嫌腐败丑闻，而各级政府少数几次试图抑制腐败问题的努力也根本无法起到作用。

与镀金时代的美国政府形成强烈对比的是，纳粹党治下的德意志第三帝国明显呈现出"强政府—弱社会"特征。民主和自由无从谈起，一方面，在"元首体制"下，无论是纳粹党党员还是普通民众都必须直接向希特勒本人宣誓效忠。由于纳粹政府习惯于通过巧设名目，创立各种私人基金、通过各种手段直接向政权的支持者——无论是政治权贵、经济巨头还是社会名流，甚至包括普通党员和广大民众——赠予钱财和特权以换取支持，腐败的政治工具属性展现得淋漓尽致，纳粹高层对此持明显的纵容和默许态度。另一方面，"元首体制"本身就不是一种均衡的权力结构配置，纳粹党和纳粹政府的组织机制相当不健全，人治因素远比法治因素重要，通过机制化手段治理腐败在事实上没有可能。因而，尽管纳粹政府对腐败并非完全无视，但其所采取的反腐手段仍然摆脱不了人治窠臼，甚至反腐机构本身也成为腐败主体。

如果说镀金时代的美国和纳粹德国是民主自由和独裁极权光谱的两个极端，那么独立之后印度的政治发展则是在这两个光谱极端间游移。一方面，自1947年独立至20世纪90年代初，印度政治格局呈现出鲜明的威权主义和家长制色彩，印度国民大会党长期一党独大，尼赫鲁家族也长期担任总理职务，在国大党内和政府内部具有深厚的政治权威和政治影响力。由于独立后的印度经济落后、社会分裂、民众文化水平较低，国大党相当依赖地方权贵作为本党最为关键的支持者，各级政府内部出现了比较严重的以"互惠互利"关系为代表的各种特权和利益集团腐败现象。在这种"国大党体制"下，印度的权力结构分配不均问题表现得尤为突出。由于选举制度、在野党组织体系、政治威望这些"硬伤"，在野党对国大党的约束手段单一，制约力度更是差强人意，这也使得印度的大规模集团腐败问题迟迟无法得到有效治理。另一方面，在20世纪90年代初拉奥政府开启大刀阔斧的政治、经济体制改革后，印度又逐渐从一个"强政府—弱社会"国家向"强社会—弱政府"国家转变，高速发展的印度经济在创造大量财富的同时也增加了各级公职人员寻租的可能，激烈的多党竞争形势和变幻莫测的政治格局又使各政党深深依赖于经济界巨头和财阀的支持。由此，不同于"国大党体制"下执政党内部的互惠关系，"金砖国家"时代印度的大规模集体腐败主要表现为权力寻租、官商勾结。就权力结构而言，在经济转型后的很长一段时间内，印度政坛陷入动荡期，没有一个政党可以单独组阁，由于党派分化严重和政党竞争相当激烈，政府明显受到议会的掣肘，一旦脆弱的执政联盟中有政党撤销支持，政府就可能垮台。尽管进入 21 世纪后，印度开始逐渐形成比较稳定的政党执政联盟轮流执政格局，但地方分权趋势却持续强化，中央政府的政治权威和国家治理能力仍然相对衰弱，导致历届政府在竞选中的反腐口号难以被落到实处，大规模集体腐败频发，政权更迭频繁。

就利益集团腐败的政治逻辑而言，新加坡似乎是一个例外。新加坡政府具有强烈的威权主义色彩，自新加坡建国至今人民行动党始终掌握着国家大权，李光耀及其长子李显龙长期担任总理职务。从理论上讲，由于威权主义性质国家的各级领导者的执政基础较为狭窄且难以受到有效制约，其领导者更可能倾向于将腐败作为政治工具以换取少数核心支持者的忠诚。吊诡的是，在"有控制的民主"体制下的新加坡，政府廉洁状况却长期位居世界前列，而在漫长的执政过程中，新加坡人民行动党也能有效遏制党内小集团利益的产生，基本确保了党内的团结稳定，新加坡政府的稳定高效更是世人皆知的。虽然从表面上看新加坡似乎是利益集团腐败政治逻辑的一个特例，但从根本上看，该国对大规模集团腐败的有效治理仍然没有脱离这套政治逻辑。人民行动党政府正是从利益集团腐败的充分条件和必要条件两方面入手有效遏制了利益集团和大规模集体腐败出现的，在最高领导者以身作则、发挥表率作用、进行自上而下的高效顶层设计和顶层治理的同时也在历史实践中逐渐构建了一套比较完善的权力监督与制约机制，通过对公职人员体制化的激励和惩处使得作为政治工具的腐败在新加坡完全失去了市场。

从横向上说，上述研究包括三个利益集团腐败泛滥国家（或这些国家的某段历史时期）美国、德国、印度，以及一个廉政状况相当出色的国家新加坡。这四个国家横跨三大洲，时间覆盖较广，各国经济社会文化条件的异质性程度很高。就现有的历史发展经验而言，可以说这是相似性最小的四个国家样本，它们也是自由民主国家（稳定两党制或多党竞争制）、威权独裁国家（一党集权或一党长期独大）、发达国家和发展中国家利益集团腐败问题的典型案例。多国横向比较研究既展示了大规模利益集团腐败实际情形的多样性，又展示了其背后共同因果机制的一致性：就利益集团腐败而言，各级公职人员将腐败作为换取其支持者忠诚的政治工具是充分条件，而权力结构所导致的国家治理能力缺陷则是大规模集团腐败的必要条件。

从纵向上说，这四个国家的不同时期还展示了一个国家利益集团腐败具体发展阶段的变化。镀金时代的美国是经济高速发展的"强社会—弱政府"典型，纳粹德国是民主崩溃后"强政府—弱社会"的典型，印度的案例是一个发展中国家建国以来前后两个不同时期的系统比较研究，新加坡的案例则是其独立前和独立后对利益集团腐败的不同治理状况的比较研究。因此，四国比较历史分析并非只是四个国家的横向比较研究，也是有代表性的不同历史发展阶段的纵向比较研究。总而言之，横向比较研究和纵向比较研究相结合的目的是强化利益集团腐败政治逻辑的可信度和理论解释力。

与传统的腐败发生逻辑的既有研究成果不同，本书关注的是以大规模集体腐败为典型表现的利益集团腐败而非公职人员的个体腐败问题，二者在产生根源、行为主体、行为方式、治理对策方面存在极大的差别：通常意义下的腐败是个体行为，而利益集团则是群体化的行为，是批量性接受私人物品的行为；个体腐败可能在很大程度上受到个体价值规范的影响，但利益集团腐败与个人道德则没有太多关联，利益集团是有意地毫不隐讳地从各级公职人员手中接过私人物品和特权或给予公职人员好处，甚至以这种作为政治工具的腐败为荣，"合法"地利用公共权力牟取私利。另外，个体腐败并不一定意味着权力结构的混乱和组织功能的丧失，而利益集团腐败则很可能发展为根深蒂固的功能性病变，降低权力结构的自我修复功能和国家治理能力。考虑到个体腐败和利益集团腐败的重要区别，本书的理论解释并非对腐败既有研究成果的简单加总，而是尝试提出一种全新的理论假说与因果机制：作为政治工具的腐败和权力结构的固有缺陷所导致的国家治理能力弱化共同铸就了利益集团腐败的政治逻辑，而这些关键因素之间也是互为前提、互相强化的关系。因此，本书提出的假说是一种新的理论解释，目的是阐明利益集团腐败的因果机制。那么，就当下中国的腐败治理而言，利益集团腐败政治逻辑的启示究竟为何？立足于我国的基本国情，可以采取何种手段避免或有效应对大规模集团腐败问题？

第二节　顶层设计和顶层治理：遏制腐败的政治工具属性

就本质而言，腐败的政治工具属性来源于各级公职人员将分配金钱和特权作为换取核心支持者政治忠诚的方式，而这种以权谋私行为的根源来自于公共权力的腐蚀性和公职人员的自利性。因此，作为遏制利益集团腐败的关键步骤，需要对利益集团腐败的发生逻辑、行为模式和负面影响进行高屋建瓴的综合治理，需要政府进行理智而坚毅的改革，通过自上而下的强制性制度变迁主动寻求与社会自下而上的诱致性制度变迁发生互动，并在这一过程中保持政府的主导地位，实现完善的顶层设计和顶层治理。所谓"顶层设计"，是运用系统论的方法，从全局的角度，对某项任务或者某个项目的各方面、各层次、各要素加以统筹规划，以集中有效资源高效快捷地实现目标。[①] 就我国而言，"顶层设计"是中央文件新近出现的名词，首见于"十二五"规划，也已成为中央经济工作会议的内容。顶层设计和顶层治理主要有以下特征：一是顶层决定性，顶层设计是自高端向低端展开的设计方法，核心理念与目标都源自顶层，因此顶层决定底层，高端决定低端；二是整体关联性，顶层设计强调设计对象内部要素之间围绕核心理念和顶层目标所形成的关联、匹配与有机衔接；三是实际可操作性，设计的基本要求是表述简洁明确，设计成果具备实践可行性，因此顶层设计成果应是可实施、可操作的。

从这些特征出发，当下我国执政党和政府所提出的"四个全面"

[①] 薛澜：《顶层设计与泥泞前行：中国国家治理现代化之路》，《公共管理学报》2014年第4期，第1页。

战略布局无疑是这种顶层设计的突出代表。2014年12月，习近平总书记在江苏调研时第一次将"四个全面"并提，意蕴深邃。"四个全面"分别指：全面建成小康社会、全面深化改革、全面推进依法治国、全面从严治党。①"四个全面"的提出，使党和国家各项工作关键环节、重点领域、主攻方向更加清晰，内在逻辑更加严密，新一届中央领导集体治国理政总体框架更加完整，日臻成熟。就利益集团腐败的政治逻辑而言，"四个全面"战略布局也是系统、全面、综合的反腐战略。"全面建成小康社会"将发展成果普惠于民，从根源上消弭既得利益和利益集团产生的社会土壤；"全面深化改革的总目标是完善和发展中国特色社会主义制度，推进国家治理体系和治理能力现代化"②，这就要求对经济体制、政治体制、文化体制、社会体制和党的建设制度进行全面改革，最大限度地遏制腐败作为政治工具的属性；"全面推进依法治国，总目标是建设中国特色社会主义法治体系，建设社会主义法治国家"③，重点是从法制化、机制化层面提高大规模集团腐败的惩处力度和腐败成本，保证廉政建设的稳定性和长效性；"全面从严治党"则高度关注执政党的自身建设，强调党员干部的政治素养和执政效能。可以说，"四个全面"战略布局是从今以后很长一段时间内党和国家针对既得利益和利益集团腐败的治本之策。

一 推动经济社会持续发展，促进利益分配均衡化

改革开放30年来，中国经济总量占世界经济的份额已从1978年的1.8%提高到2009年的8.5%—8.6%，2010年超过日本，成为全

---

① 自2015年2月25日开始，《人民日报》连续刊发《协调推进"四个全面"》特约评论，从引领民族复兴、建成小康社会、焕发改革精神、增强法治观念、落实从严治党五个方面全面论述协调推进"四个全面"。参考《引领民族复兴的战略布局——一论协调推进"四个全面"》《让全面小康激荡中国梦》《改革让中国道路越走越宽广》《法治让国家治理迈向新境界》《从严治党锻造坚强领导核心》，分别载于《人民日报》2015年2月25日、26日、27日、28日、3月1日，第1版。

② 《中共中央关于全面深化改革若干重大问题的决定》，人民出版社2013年版，第3页。

③ 《中共十八届四中全会在京举行》，《人民日报》2014年10月24日，第1版。

球第二大经济体。随着经济规模越来越大,影响中国发展的因素也越来越复杂、积累的深层次矛盾问题越来越多。遏制大规模集体腐败实际上与总体经济形势密不可分。就政府的整体投资而言,截至 2015 年底,11 大类重大工程已累计完成投资 5 万亿元,规模已超当年的 4 万亿投资计划。而 2015 年全年全国固定资产投资(不含农户)更是高达 55 万亿元。[①] 在这样的情况下,假如不对腐败问题进行有效治理,很可能造成政府的经济投入和财税政策无法落到实处,加剧收入差距分化,无法起到拉动内需,将经济发展的成果普惠于民,推进经济发展"新常态"的预期目标,大量资本很可能转入各级公职人员和政经权贵的腰包。

在我国,反腐败语境下利益集团的核心内涵在于对公共资源享有支配权或能够影响公共决策的少数人群为了获取或维护自己共有的、非正常的特殊利益而结成的利益共同体或利益联盟,形成这种非正常特殊利益的直接原因则是不均衡的利益分配状况。利益集团的政治、经济和社会地位高于其他社会成员,因而是一小群"权贵",他们获得了较其他社会成员多得多的财富,掌握、控制着一定的权力并伴有相应的声望。与此相适应,利益集团获得利益的方式是非正常的,主要是通过权力得到的,其实质是某些掌权者及其依附者进行权钱交易等"寻租"活动,共同瓜分国有资源与社会资产,还有垄断、集团消费、地区封锁、走私、逃税、侵蚀国有资产、非正当的交易等。因此,遏制利益集团腐败必须消除既得利益的发生逻辑,避免"头痛医头、脚痛医脚",从源头上化解积弊,在重点领域取得突破,保持经济、社会的稳定发展,在将"蛋糕"做大的同时将"蛋糕"分均匀。尽管一个国家的现代化进程与腐败高发之间存在一定的关联,但腐败与其说是经济发展本身所造成的后果,毋宁说是随着经济的发展,旧体制的固有缺陷使掌握公共权力的公职人员获得了更多的寻租机会,加剧了利益分配不均的问题,导致各种类型的利益集团竞相出现。在

---

① 关于中国经济历年发展状况与投资总额,请参考国家统计局数据库,http://data.stats.gov.cn/index.htm。

这种情况下，消弭利益集团腐败的政治逻辑，需要经济发展与廉政建设之间的良性互动。

需要注意的是，试图用一步到位的大规模改革一次性地解决利益集团腐败问题在实际操作层面相当困难，因而以渐进性改革推动社会平稳发展不失为一项良策。一方面，虽然腐败问题与政治体制难脱干系，但根据世界各国治理利益集团腐败的经验教训，在改革路径选择上并非一定需要优先进行伤筋动骨的政治体制改革，因为对特权阶层的直接整治在技术环节难度较高，甚至可能造成政局动荡、国家分裂的严重后果，因此，可以采取由政府主导，积极审慎地推动以维护公平正义、防止利益冲突为核心的渐进性改革。

另一方面，仅仅采取有针对性地制定反腐败法规这一举措，而不从利益分配的根源上对既得利益和特权进行整治，也难以消除腐败的社会土壤。在传统社会的历史中，只有中国留下了一页页辉煌的反腐败篇章，积累了丰富的反腐败经验。尽管如此，中国历史上的反腐败行动都失败了，既没有实现官场廉洁，也没有达到巩固江山的目的，而是脱离不了朝代盛衰的历史周期律。历朝君主残酷的反腐败行动只能暂时使官场风气有所好转，不久就会一如既往，每个朝代都进行着腐败—反腐败—好转—再腐败这样无休止的循环，直至皇权崩溃。历史教训也证明，传统皇权主义和集权制度难以实现政治廉洁，不断反腐不断失败的根本原因在于社会发展和政治制度的根基是腐败的。秦以来的中央集权制，尽管都打着"民本""爱民""为民"等好听的旗号，实际上却是皇帝一人的天下，或者说是皇帝家族、权贵集团和官僚群体的天下，是"打江山坐江山"的专制机器。它的根基是皇权对经济、行政权力、权威、荣誉等的全方位垄断。皇帝的权力至高无上，他的家族一代代繁衍的皇亲国戚，成为最大的腐败集团，下面是一层层的文武薪俸官员，形成一级控制一级的管理模式，逐级控制着社会，分配权力与特权、资源和机会、奖赏和荣誉。这种缺少普通民众参与的权力结构和政治模式，其根基就是腐败的。①

---

① 卜宪群主编：《中国历史上的腐败与反腐败》，鹭江出版社2014年版，第66—69页。

因此，治理大规模集团腐败问题需要高屋建瓴地关注整体社会建设，社会建设不仅仅是社会福利体系和社会保障体系，还包括社会管理体制建设、社会组织建设、社会结构建设、社会利益关系协调机制建设等非常丰富的内容。应该说，长期以来我国的社会建设明显滞后于经济建设，而文化体制改革、民主体制改革也出现了短板效应，不利于经济改革向纵深推进。因此，多领域改革必须通过"顶层设计"齐头并进。"顶层设计"不同于改革开放初期的自下而上的"摸着石头过河"，而是自上而下的"系统谋划"。

二 发挥领导者的表率作用，从机制层面完善腐败治理

如前所述，看重人治在国家建设中所发挥的作用，并非要以人治全盘替代制度，而是要用具备充分能力和素质的贤人发挥顶层设计和顶层治理的作用，补充和完善相关制度和法律法规。虽然最高领导者对腐败问题的高度重视并不完全意味着腐败问题就能够得到有效治理，因为利益分配状态和各级领导者核心支持者的规模对作为政治工具的腐败具有更为根本的影响作用，但镀金时代的美国、纳粹德国和印度的历史发展经验已经证明，各级领导者，特别是最高领导层，对待腐败问题的态度——是默认、纵容，甚至自身就依靠腐败换取核心支持者的政治忠诚，还是明令禁止并对腐败人员严惩不贷——会对腐败的政治工具属性造成深远影响。

腐败问题最为极化、最为突出的表现是顶层腐败，亦即一国高层领导人或领导集体罔顾甚至损害国家和民众的利益，借手中所掌握的公共权力大肆牟取私利。是否出现由最高领导者"亲力亲为"的顶层腐败，最高领导者自身是否就是一国最大的利益集团，对于利益集团腐败的政治逻辑而言至关重要。无论是所谓的民主国家还是威权独裁国家，无论是发达国家还是发展中国家，顶层腐败广泛存在，一国的权贵阶层和利益集团可能会利用现存制度的漏洞在看似公正合法的政治过程中攫取丰厚的政治、经济资源，垄断发展的机遇和利益，更为严重的是，由于这些制度和政策的漏洞是领导者有意为之的结果，改革举措常常寸步难行。因而，如何遏制顶层腐败，实现高效的顶层

第八章 结论：如何避免利益集团腐败

治理也就成为一国走出腐败高发期的关键问题。

通过对美国、德国、印度和新加坡的案例分析可以发现，一国能够通过政治、经济领域的制度改革、机制建设，让公共权力与政治责任挂钩，让政治权力与私人利益脱钩，构建责任政府，使各级领导者不能、不敢也不想肆意妄为。另外，在保持稳定治理路线的基础上，这些国家还采取扩大政治参与规模、扩大中间阶层的方式平衡高层领导集团的权力。但是，作为改革和反腐败的最终推进者和领导者，对政府高层权力的平衡和制约并不意味着矫枉过正，使领导者陷入彻底无权状态。由于权力腐败具有内生性，权势集团和利益集团维护自身既得利益难以避免，因而反腐败改革要想克服各种阻碍，获得预期成效，需要一个或一群有能力、有魄力的领导者。正如詹姆斯·伯恩斯所言："诸种社会改革和政治改革，即使是那些最终动摇了现存秩序基础的改革，也常常是由社会结构的顶部而非社会结构的中层或下层集团所发动的。"[1] 在提高国家治理能力、构建高效的责任政府这一大前提下，位居顶层的执政者是现代社会中理想的反腐败改革者。事实也证明，反腐关键阶段的主导者，例如进步主义运动时期的美国领导人和新加坡领导者具有较大的行政权力，这些国家的政府也比较强势，政府规模不断扩大、公共财政不断增长也是北欧福利国家、日本、新加坡等当代较清廉国家的特征。反之，如果政府作用空间被无限压缩，领导者权力过小，则可能导致经济、社会发展过程中的利益分配不均衡现象得不到重视和有效解决，阶层固化现象严重，有权者权势愈增，无权者倾家荡产，社会公共事业也可能因为缺乏系统规划和有效监管而成为当权者从中渔利的工具。

当然，假如将惩治利益集团腐败的基础完全建立在领导者个人清正廉洁、刚正不阿的行为方式和个人操守上，那么很可能导致人走政息，廉政建设陷入"腐败—反腐败—好转—再腐败"的死循环中，根源于权力趋腐、人性自私的腐败和其作为政治工具的属性并不会随着

---

[1] ［美］詹姆斯·伯恩斯：《领袖》，常健等译，中国人民大学出版社2016年版，第28页。

领导者提高对腐败的惩处力度就完全销声匿迹。更为严重的是，最高领导严惩腐败的政策选择很可能只是因为利益集团腐败成为政府和执政党内部拉帮结派的工具。换言之，政府和执政党内部通过腐败派系分化严重，直接威胁最高领导者自身的权力地位和执政基础。在这样的情况下，最高领导者同样是执掌公共权力的个人，他既可以选择对他的核心支持者赋予更多好处，也就是在政治工具的腐败基础上与其他领导者相互运用腐败"竞争"支持者的忠诚；也可以选择以反腐败为手段，通过对利益集团的严厉惩治使这些人群保持对自身的忠诚。如果沦落至此种反腐窠臼，那么腐败和反腐败实际上都蜕变为一种保持自身权力的手段，它们从本质上有着类似的政治工具属性。因此，需要从整体社会发展和廉政体系层面实现权力的均衡配置，绝不能让反腐败成为权力斗争的工具。高层领导者对利益集团腐败的顶层治理需要通过机制化手段落实下来，避免人走政息的运动式反腐，建立完善的公职人员激励和惩处机制。

公职人员的大规模集体腐败也就是通常所谓的"吏治腐败体系化"是危害最大、影响最为深远的腐败。因此，保障公职人员队伍的办事能效和纯洁性也就成为任何一套行之有效的廉政机制的基本目标。完善的公职人员监管体系应当包括公职人员的选拔、晋升和退出机制，还应当包括薪金制度、福利制度、公积金制度和财产申报制度等其他各项配套制度，且该制度体系本身需要得到相关法律法规和执法机构的强力保障。以此为基准，当前我国的公务员制度仍然存在巨大的改进空间，例如在公务员考录的过程中录用和准入门槛应当更为合理，不应过多强调标准化笔试的筛选功效，而应当在法规和制度层面更多地关注对应聘人员办事能力、财务状况和道德修养等方面的全面考察。在公职人员的提拔和晋升过程中需要规范晋升程序，对公职人员既往的工作能力和业务素养进行综合考量，坚持民主推荐的基础地位，扩大民众和其他普通公职人员在提拔晋升中的发言权，也就是从扩大核心支持者的角度减少腐败机会。在对公职人员日常行为的管理过程中，虽然从2003年以来我国一直提倡政务公开原则，也不断进行相关的有益尝试，比如政务公开、党务公开、网络议政等，但政治透明依然欠缺制度化保障，比如各级政府的财务公开，即使相关部门已经公开了一些信息，但所公开的内容依然相当粗略，缺少对公共开支具体项目的明确表达。因此，从法制层面保障民主监督的作用，制定具体的公开法案和公开细则，扩大政府部门各项工作的透明程度以至最终达成"阳光政府"目标是保障政府权力能够被外界有效监督的关键步骤。同时，相关公职人员监督管理机构和执法机构也需要逐步实现规范化、体制化、系统化，完善决策机构、执行管理机构和监督机构的全面架设。就我国公务员的薪金制度而言，可以考虑仿效新加坡的案例，实现公务员薪金与市场挂钩、与公职人员实际所执掌的权力挂钩，根据各地区不同的经济发展状况因地制宜地统筹协调公务员工资。历史经验已经证明，合理高效的公职人员薪资制度对一国遏制大规模利益集团腐败有着重要作用，它有助于激发公职人员的工作积极性，在降低他们的腐败欲望的同时增加贪腐风险。

由于我国在接下来相当长的一个时期内仍然是一个处于社会主义初级阶段的发展中国家，经济、政治、社会各方面转型尚未完成，全面深化改革、实现国家治理体系和治理能力的现代化也成为我国在接下来的发展过程中的一项关键任务，行政机构改革始终是民众关注的焦点。就这方面而言，仍应秉持政企分开的原则，合并或裁减综合部门和管理部门内部的专业机构，明确政府内部各部门的权责分工，杜绝互相推诿和交叉扯皮的现象，使政府对经济的管理由以直接管理为主逐步转变为以间接管理为主，最大限度地减少政企不分现象、规范政府与市场的关系，减少权力寻租的可能性。

第三节　实现权力结构均衡配置，推进国家治理体系现代化

中国共产党十八届三中全会通过的《中共中央关于全面深化改革若干重大问题的决定》明确指出："当前，我国发展进入新阶段，改革进入攻坚期和深水区。""加强顶层设计与摸着石头过河相结合"，"必须以强烈的历史使命感……敢于啃硬骨头……突破利益固

化的藩篱",①"推进国家治理体系和治理能力现代化",②"到二〇二〇年……形成系统完备、科学规范、运行有效的制度体系"。③ 这一表述重点鲜明,即在当下,我国改革的障碍和阻力还很大,需要以极大的政治勇气和智慧来克服之,切实推进改革,需要社会全体民众的共同参与和群策群力。

一 扩大政治参与和利益诉求表达渠道

利益集团腐败的政治逻辑表明,各级公职人员的核心支持者规模大小和权力结构均衡与否呈现出互为前提的密切关联。从这一角度出发,在遏制利益集团腐败的过程中仅仅关注有针对性的廉政法律机制建设而非从根本上完善国家权力结构配置并不足够,相关改革或许在短时期内能够取得一定成果,但从长期来看依然难以从根本上解决权力失衡问题。因而,有必要以渐进性改革为手段,发挥中国共产党的领导作用,突破固化的权力结构藩篱,最大限度地确保权力结构的均衡,而在法治化框架内,扩大政治参与和利益诉求表达渠道,为利益诉求表达提供充足的政治空间则成为实现权力结构均衡的重要手段。

中国共产党是立党为公、执政为民的执政党,也是科学执政、民主执政、依法执政的执政党,成为求真务实、开拓创新、勤政高效、清正廉洁的执政党是中国共产党发展的总体目标。从政治学关于公共权力来源的原理看,遏制利益集团的主力及最后动力都来自于人民群众;从利益集团维利活动的实际过程来考虑,其成员因具有公职人员的身份,由执政者亲自承担遏制责任,无疑是一种自我诊治,也会在很大程度上受到体制内一些群体的制约和掣肘。列宁曾明确指出:为防止公共权力的变异,就要"使所有的人都来执行监督和监察的职能"④"必须让广大的非党群众来检查一切国家工作,

---

① 《中共中央关于全面深化改革若干重大问题的决定》,人民出版社2013年版,第7页。
② 同上书,第3页。
③ 同上书,第7页。
④ 《列宁全集》(第31卷),人民出版社2017年版,第105页。

学会自己管理"①。因此可以说，执政党和政府无法完全替代和包揽全部社会力量的作用。

中共十六届六中全会提出，要适应我国社会结构和利益格局的发展变化，形成科学有效的利益诉求表达机制。因此，在遏制利益集团形成和利益集团腐败的问题上，执政党和政府的职责应当是提供合适的制度设计，形成良性运行机制，然后在统一领导下将治理腐败的部分权力让渡给社会，依靠人民群众的力量解决问题。这既是党的领导的本质体现，也符合民主执政的目标。从我国执政党的执政理念来看，中国共产党代表最广大人民的根本利益，但这并不排斥人民群众作为独立社会主体地位这一基本判断。如果将执政者和民众放置于委托人和代理人的不同立场，那么密切双方联系的最好办法是提高委托人也就是民众的政治地位，明确执政者和民众之间的权力关系，使两者统一协调起来。

就拓宽诉求表达渠道而言，要保证不同阶层、不同利益群体的利益诉求及时表达出来，并为决策者所知，最重要的就是要确保信息畅通。当前我国的利益诉求表达渠道主要有投票、选举、基层民主自治、信访等，需要清除影响这些渠道发挥作用的障碍，改革调整综合受理、转达、处理、汇总民意诉求表达的部门和机构的职能、设置和运作机制。工作方式改被动接受民意诉求为主动了解民意诉求；工作重点从受理、救急转到征求、采集、分析、预警上，强化公务员岗位责任制、首问责任制；听取群众、专家意见，修订、整合办事指南，以各种形式发布统一的、经论证推演的各类民意诉求表达路线图，让民意诉求表达渠道更加顺畅，流向更加明确、有序、到位。

就增设诉求表达渠道而言，随着市场经济体制的进一步完善，现有的诉求表达渠道已经难以适应阶层分化、不同利益群体出现而导致的诉求表达多样化的要求。要想改变这一现状，除了疏通现有的诉求表达渠道外，当务之急是增设新的利益诉求表达渠道，充分考虑不断出现的新阶层、新群体的利益诉求。加强各社会共同体、社会组织的

---

① 《列宁全集》（第38卷），人民出版社2017年版，第147页。

交流，增强政府与民众的沟通，构建依法及时、合理地处理群众所反映的问题的机制，这也意味着拓展民众通过合法正当的途径和方式表达自身需求和意见以实现和维护其自身利益的机制。拓宽社情民意表达渠道，推行领导干部接待群众制度，完善党政领导干部和党代表、人大代表、政协委员联系群众制度，健全信访工作责任制，建立全国信访信息系统，搭建多种形式的沟通平台，把群众利益诉求纳入制度化、规范化、法制化的轨道。建立健全表达利益诉求的新机制意味着为社会各阶层尤其是弱势群体提供顺畅的利益诉求表达的制度平台，可以考虑更多地发挥非政府组织（NGO）的作用，逐步将各种利益诉求表达引向制度化、法制化的轨道，确保利益诉求表达规范有序地进行。

二 完善人民代表大会制度，提高司法机关的独立性

国家权力结构配置包括中央—地方权力结构、政府—社会权力结构和政府内部不同权力配置三部分内容，如果说扩大政治参与和利益诉求表达渠道、为利益诉求表达提供充足的政治空间是在政府—社会层面实现权力结构的均衡，那么对政府内部而言，使立法权、司法权和行政权形成合力，共同遏制政府内部公职人员维利行为和维利意识的集团化现象就显得尤为关键。

人民代表大会，简称"人大"或"人代会"，是代表人民行使国家权力的国家机关，是人民民主专政政权的组织形式，是社会主义上层建筑的重要组成部分。我国宪法规定，全国人民代表大会是中华人民共和国的最高权力机关。人民代表大会制度是中华人民共和国的根本政治制度。人民代表大会制度是根据国家的一切权力属于人民和民主集中制的原则，按照法律程序，由选民在民主选举的基础上产生各级人民代表大会代表，组成地方各级和全国人民代表大会，即国家权力机关，并由国家权力机关产生其他国家机关，行使国家权力的政权组织形式。在当前，一部分人大代表由于自身能力所限无法很好地履行职责，这直接影响了人大功能的发挥。因此，有必要从制度上落实和完善对人民代表的监督权和罢免权，发挥人民代表大会制度的优越

性，坚持党的领导，坚定制度自信。

具体而言，首先需要完善人大代表履职机制，强化人民代表的责任意识。落实宪法宣誓制度，健全立法工作机制，把坚持党对人大立法工作的领导以及健全立法起草、论证、协调、审议机制的有效做法以制度的形式固定下来。其次，需要完善人大的监督职能，强化经济运行监督、热点问题监督和民生领域监督，完善监督工作的方式方法，抓住重点、突出实效，服从服务于改革发展稳定大局。改进人大的监督方式，制定专题询问办法，健全专题询问方式，把听取审议"一府两院"专项报告，开展法律法规实施情况检查与专题询问相结合，把督办常委会审议意见与加强跟踪检查相结合，形成解决问题、推动工作的合力。最后，需要进一步发挥人大在立法工作中的主导作用。坚持质量为要，不断加强重点领域立法，顺应国家立法的新形势新任务新要求，实现立法和改革发展稳定决策相衔接。在实际操作环节突出特色、提高质量，加强与法律法规起草部门的工作对接，及时掌握进展情况和法律法规起草中所涉及的重大问题并进行全面深入的研究和论证。多渠道听取意见，依法加强统一审议，严格把好立法质量关，支持和推动政府职能转变，确保深化行政审批制度改革和法治建设同步推进，发挥立法对改革举措的促进和保障作用。

作为"四个全面"战略布局的重要组成部分，"全面推进依法治国"也是中国共产党十八届四中全会的核心议题，本次会议审议通过的《中共中央关于全面推进依法治国若干重大问题的决定》，详细描绘了法治中国的新图景。依法治国的目标是建设中国特色社会主义法治体系，建设社会主义法治国家，完备的法律规范体系、高效的法治实施体系、严密的法治监督体系、有力的法治保障体系和完善的党内法规体系是达成这一目标的五大保障。在实际操作层面，全面推进依法治国有6项任务：完善以宪法为核心的中国特色社会主义法律体系，加强宪法实施；深入推进依法行政，加快建设法治政府；保证公正司法，提高司法公信力；增强全民法治观念，推进法治社会建设；加强法治工作队伍建设；加强和改进党对全面推进依法治国的领导。

在我国，司法机关一般是指人民法院和人民检察院，从广义上理解也可以包括公安机关、国家安全机关、司法行政机关、军队保卫部门、监狱等负责刑事侦查的机构。推进依法治国，就需要进一步健全完善我国的社会主义司法体系，深化司法体制改革、优化司法职权配置、保障司法机关的独立性和公正性，也就是"确保审判机关依法独立公正行使审判权""加快建设公正、高效、权威的社会主义司法制度，维护人民权益，让人民群众在每一个司法案件中都感受到公平正义"，"保证公正司法，提高司法公信力"①。

司法权的独立性是确保司法公正的必要条件。马克思早就指出："法官除了法律就没有别的上司。"②但是，与欧美"三权分立"国家不同，虽然我国宪法第 126 条规定："人民法院依照法律独立行使审判权，不受行政机关、社会团体和个人的干涉。"但在我国的人民代表大会体制下，司法权不能独立于立法权，我国的审判机关只享有对行政机关的具体行政行为的合法性进行司法审查的权力，而无权对立法机关的行为，包括对违反宪法的法律法规进行司法审查。因此，从严格意义上说，我国实行的是法院"独立行使审判权"的原则，是在人民代表大会的框架内司法权对"行政机关、社会团体和个人"的独立，也就是对当事人的独立，因为行政机关经常在行政诉讼中成为法院的当事人，社会团体和个人几乎每天都在民事或刑事诉讼中"担任"法院的当事人。③就此而言，我国司法改革的基本目标应当是保障人民法院和人民检察院依法独立公正行使审判权和监察权，破除"公检法"权责不分、办案效率相对较低的问题。另外，司法机关必须拥有宪法和法律所赋予的充分的强制执行力，才能保障对贪腐人员的查处力度。审判机关不仅要保证对外独立于当事人，内部也要相互独立。内部独立主要指上下级法院之间是监督和指导关系，而非领导与被领导关系，从而维持各级法院的独立。因此，上级法院不能在下级法院没有审结其所管辖的案件时对下级法院的正常审判工作进

---

① 《中共十八届四中全会在京举行》，《人民日报》2014 年 10 月 24 日第 1 版。
② 《马克思恩格斯全集》（第一卷），人民出版社 1995 年版，第 180—181 页。
③ 陈卫东：《司法机关依法独立行使职权研究》，《中国法学》2014 年第 2 期，第 20 页。

行干预,除非有法律适用方面的新问题出现,下级法院逐级呈报请示最高人民法院,最高人民法院对请示案件的批复才能成为新的司法解释。

另外,就利益集团腐败的政治逻辑而言,制度性腐败在各国历史发展中也表现得相当突出,缺乏有效的、具有针对性的反腐机制很可能使一国的廉政建设缺乏稳定性和持久性。参照当代清廉国家治理腐败的经验,在经济持续增长的前提下,政府需要有意识地反腐控腐并根据本国的具体情况因地制宜地推行有效的反腐政策,建构完备的法治化廉政机制。

从理性经济人假设出发,腐败的政治工具属性能否得到遏制取决于腐败成本是否能够超过腐败收益,因而增强对腐败行为的探测能力,加大对腐败行为的打击力度,能够提高腐败成本和相关公职人员的腐败风险,减少他们的腐败动机,而这也正是廉政法制体系的基本职能。为了达成这一目标,从立法环节来看,需要增强廉政法律体系的科学性、实用性、整体性和系统性,加强立法总体规划。从执法环节来看,需要完善罪名体系、加强腐败犯罪的资格配置、建立健全腐败资产追回机制,使廉政法制体系严丝合缝,不给贪腐人员留下回旋余地。另外,完善的廉政法制体系与高效的廉政执法机构是作为统一整体存在的,相关法律制度只有在高效执法机构的保障下才能被落到实处。为了达到这一目标,需要整合政府资源、优化机构设置、明确相关廉政机构在反腐执法中的权责地位,减少编制、节约成本、提升反腐效率。从世界各国效果迥异的不同腐败治理路径来看,只有保障专职反贪机构的独立性,使其享有广泛权力,才能做到以权力制约权力,最终实现权力的制衡。

参考文献

中文部分

中文著作

包刚升:《民主崩溃的政治学》,商务印书馆2014年版。

曹雨真:《善治:新加坡微观察》,清华大学出版社2015年版。

陈锋君主编:《印度社会述论》,中国社会科学出版社1991年版。

陈金英:《社会结构与政党制度:印度独大型政党制度的演变》,上海人民出版社2010年版。

陈祖洲:《新加坡——"权威型"政治下的现代化》,四川人民出版社2001年版。

邓杰、胡廷松:《反腐败的逻辑与制度》,北京大学出版社2015年版。

高波:《走出腐败高发期——大国兴亡的三个样本》,新华出版社2012年版。

黄贤全、王孝询:《美国政治与政府调控》,中国社会科学出版社2008年版。

冷葆青:《战后日本的腐败与治理——以震撼政坛的四大腐败案为例》,中国方正出版社2013年版。

李颜伟:《美国改革的故事》,北京大学出版社2009年版。

厉以宁:《发展转型理论》,同心出版社1996年版。

林承节:《殖民统治时期的印度史》,北京大学出版社2004年版。

林承节:《独立后的印度史》,北京大学出版社2005年版。

林承节:《印度近二十年的发展历程——从拉吉夫·甘地执政到曼莫

汉·辛格政府的建立》，北京大学出版社 2012 年版。

刘杰：《转型期的腐败治理：基于不同国家和地区经验的比较研究》，上海社会科学院出版社 2014 年版。

刘守芬、李淳编：《新加坡廉政法律制度研究》，北京大学出版社 2003 年版。

吕元礼：《新加坡治贪为什么能？》，广东人民出版社 2011 年版。

吕昭义主编：《印度国情报告（2011~2012）》，社会科学文献出版社 2012 年版。

马志刚、刘健生：《新加坡的社会管理》，群众出版社 1993 年版。

倪邦文、石国亮等：《国外廉政建设制度与操作》，中国言实出版社 2013 年版。

齐世荣、钱乘旦、张宏毅主编：《15 世纪以来世界九强兴衰史》（上卷），人民出版社 2009 年版。

单世联：《黑暗时刻：希特勒、大屠杀与纳粹文化》（上卷），广东人民出版社 2015 年版。

沈开艳等：《印度经济改革二十年：理论实证与比较》，上海人民出版社 2011 年版。

唐士其：《西方政治思想史》，北京大学出版社 2008 年版。

王沪宁、竺乾威：《腐败与反腐败：当代国外腐败问题研究》，上海人民出版社 1990 年版。

王绍光、胡鞍钢：《中国国家能力报告》，辽宁人民出版社 1993 年版。

魏宏：《权力论——权利制约与监督法律制度研究》，上海三联书店 2011 年版。

吴肇基：《公共部门预算与财务原理》，中国戏剧出版社 2001 年版。

肖华锋：《美国黑幕运动研究》，上海三联书店 2007 年版。

徐大同主编：《西方政治思想史》（第 3 卷）（16—18 世纪），天津人民出版社 2005 年版。

杨家祺：《通往白宫的角逐——美国历届总统竞选实录》（格兰特卷），北京国际文化出版公司 1997 年版。

张定河：《美国政治制度的起源与演变》，中国社会科学出版社 1998

年版。

张国庆：《总统们：美国崛起的"秘密武器"》，上海人民出版社2008年版。

《中华人民共和国宪法》，法律出版社2015年版。

周琪、袁征：《美国的政治腐败与反腐败》，中国社会科学文献出版社2009年版。

中文译著

［德］阿尔贝特·施佩尔：《第三帝国内幕》，邓蜀生等译，三联书店1982年版。

［美］阿伦·利普哈特：《民主的模式：36个国家的政府形式和政府绩效》，陈琦译，北京大学出版社2006年版。

［印度］阿玛蒂亚·森、让·德雷兹：《印度：经济发展与社会机会》，社会科学文献出版社2006年版。

［印度］阿玛蒂亚·森：《身份与暴力：命运的幻象》，李风华译，中国人民大学出版社2013年版。

［美］阿图尔·科利：《国家引导的发展：全球边远地区的政治权力与工业化》，朱天飚等译，吉林出版集团2007年版。

［美］爱德华·格莱泽、克劳迪娅·戈尔丁主编：《腐败与改革——美国历史上的经验教训》，胡家勇等译，商务印书馆2012年版。

［美］艾伦·维恩斯坦等：《彩色美国史》（中卷），胡炜等译，中国友谊出版社2008年版。

［美］埃里克·方纳：《给我自由！一部美国的历史》（下卷），王希译，商务印书馆2010年版。

［美］安东尼·唐斯：《民主的经济理论》，姚洋等译，上海人民出版社2005年版。

［美］巴林顿·摩尔：《民主与专制的社会起源》，王茁等译，上海译文出版社2013年版。

［美］保罗·萨缪尔森、威廉·诺德豪斯：《经济学》，萧琛等译，商务印书馆2012年版。

［美］保罗·约翰逊：《美国人的历史》（第二卷），秦传安译，中央编译出版社 2015 年版。

［美］博·罗斯坦等：《政治质量：执政能力与腐败、社会信任和不平等》，蒋小虎译，新华出版社 2012 年版。

［美］布鲁斯·梅斯奎塔、阿拉斯泰尔·史密斯：《独裁者手册：为什么坏行为几乎总是好政治》，骆伟阳译，江苏文艺出版社 2014 年版。

［美］查尔斯·蒂利：《强制、资本和欧洲国家（公元 990 至 1992 年）》，魏洪钟译，上海人民出版社 2007 年版。

［美］查尔斯·蒂利：《欧洲的抗争与民主：1650—2000》，陈周旺等译，格致出版社 2008 年版。

［美］查尔斯·蒂利：《民主》，魏洪钟译，上海人民出版社 2009 年版。

［美］查理斯·怀汀：《纳粹帝国的兴亡·帝国梦》，熊婷婷译，中国社会科学出版社 2005 年版。

［英］大卫·休谟：《人性论》，关文运译，商务印书馆 1980 年版。

［美］戴维·B. 杜鲁门：《政治过程：政治利益与公共舆论》，陈饶译，天津人民出版社 2005 年版。

［美］道格拉斯·诺斯：《经济史上的结构和变革》，厉以平译，商务印书馆 1992 年版。

［美］道格拉斯·诺斯：《制度、制度变迁与经济绩效》，刘守英译，上海三联书店 1994 年版。

［英］F. H. 欣斯利主编：《新编剑桥世界近代史》（第 11 卷），中国社会科学研究院世界历史研究所译，中国社会科学出版社 1999 年版。

［德］弗兰克·巴约尔：《纳粹德国的腐败与反腐》，陆大鹏译，译林出版社 2015 年版。

［美］弗雷德里克·艾伦：《美国的崛起》，高国伟译，京华出版社 2011 年版。

［瑞典］冈纳·缪尔达尔：《亚洲的戏剧：南亚国家贫困问题研究》，

方福前译，首都经济贸易大学出版社2001年版。

［德］汉斯·莫姆森：《希特勒与20世纪德国》，赵涟译，社会科学文献出版社2013年版。

［德］赫尔曼·库尔克、迪特玛尔·罗特蒙特：《印度史》，王立新等译，中国青年出版社2008年版。

［美］亨利·克卢斯：《华尔街风云50年》，袁悦等译，法律出版社2011年版。

［美］亨利·乔治：《进步与贫困》，吴良健等译，商务印书馆1995年版。

［新加坡］黄雪珍等：《新加坡公共政策背后的经济学——新加坡的故事》，顾清扬译，中央编译出版社2013年版。

［美］霍华德·津恩：《美国人民的历史》，许先春译，上海人民出版社2000年版。

［德］吉多·克诺普：《党卫军档案》，朱刘华译，上海社会科学出版社2004年版。

［美］吉坦加里·慕兑吉：《真实的阿尔贝特·施佩尔——希特勒的千面建筑师》，王闻等译，浙江出版集团数字传媒有限公司2015年版。

［美］加布里埃尔·阿尔蒙德：《发展中地区的政治》，任晓晋译，上海人民出版社2012年版。

［美］杰弗里·M.贝瑞、克莱德·威尔科克斯：《利益集团社会》，王明进译，中国人民大学出版社2012年版。

［德］卡尔·埃尔德曼：《德意志史》（第四卷上册），华明等译，商务印书馆1986年版。

［美］卡罗尔·帕金等：《美国史》（第三卷），葛腾飞等译，东方出版中心2013年版。

［英］康斯坦丝·藤布尔：《新加坡史》，欧阳敏译，中国出版集团东方出版中心2013年版。

［美］科佩尔·平森：《德国近现代史：它的历史和文化》（下卷），范德一译，商务印书馆1987年版。

［美］克劳斯·费舍尔：《纳粹德国：一部新的历史》，佘江涛译，译林出版社2012年版。

［美］兰德尔·彼特沃克：《弯曲的脊梁：纳粹德国与民主德国时期的宣传活动》，张洪译，上海三联书店2012年版。

［法］劳伦·比奈：《希姆莱的大脑是海德里希》，刘成富译，上海人民出版社2015年版。

［英］理查德·奥弗里：《第三帝国图文史：纳粹德国浮沉实录》，朱鸿飞译，金城出版社2015年版。

［美］理查特·霍夫施塔特：《美国政治传统及其缔造者》，崔永禄等译，商务印书馆2010年版。

［新加坡］《联合早报》编：《李光耀40年政论选》，现代出版社1994年版。

［俄］列宁：《列宁全集》（第30卷），人民出版社1992年版。

［美］罗伯特·达尔：《多头政治》，谭君久等译，商务印书馆2003年版。

［美］罗伯特·克利特加德：《控制腐败》，杨光斌等译，中央编译出版社1998年版。

［美］马丁·麦格：《族群社会学》，祖力亚提·司马义译，华夏出版社2007年版。

［美］玛格丽特·利瓦伊：《统治与岁入》，周华军译，上海人民出版社2010年版。

［德］马克思、恩格斯：《马克思恩格斯全集》，人民出版社2015年版。

［德］马克思、恩格斯：《共产党宣言》，载于《马克思恩格斯选集》第1卷，中央编译局编译，人民出版社1995年版。

［德］马克斯·韦伯：《经济与社会》（第一卷），阎克文译，上海人民出版社2010年版。

［德］马克斯·韦伯：《学术与政治》，冯克利译，生活·读书·新知三联书店1998年版。

［英］玛丽·弗尔布鲁克：《德国史：1918—2008》，卿文君译，上海

人民出版社2011年版。

［美］曼瑟尔·奥尔森：《权力与繁荣》，苏长和等译，上海人民出版社2005年版。

［美］曼瑟尔·奥尔森：《集体行动的逻辑》，陈郁等译，格致出版社2014年版。

［法］孟德斯鸠：《论法的精神》（上卷），许明龙译，商务印书馆2012年版。

［美］乔尔·米格代尔：《强社会与弱国家》，张长东译，江苏人民出版社2009年版。

［美］乔万尼·萨托利：《政党与政党体制》，王明进译，商务印书馆2006年版。

［美］乔治·廷德尔、大卫·艾默里：《美国史》（第四卷），宫齐等译，南方日报出版社2012年版。

［美］塞缪尔·亨廷顿：《变化社会中的政治秩序》，王冠华等译，上海人民出版社2008年版。

［美］施蒂格勒：《生产和分配理论》，晏智杰译，华夏出版社2008年版。

［美］时代生活编辑部：《党卫队》，孙逊译，海南出版社2015年版。

［美］斯坦利·沃尔波特：《印度史》，李建欣等译，东方出版中心2013年版。

［美］索尔·弗里德兰德尔：《灭绝的年代：纳粹德国与犹太人，1939—1945》，卢彦名等译，中国青年出版社2015年版。

［德］托尔斯腾·克尔讷：《纳粹德国的兴亡》，湖南人民出版社2010年版。

［美］托马斯·戴伊等：《民主的反讽：美国精英政治是如何运作的》，林朝晖译，新华出版社2016年版。

［英］托马斯·霍布斯：《利维坦》，黎思复等译，商务印书馆1985年版。

［美］托因·法洛拉：《尼日利亚史》，沐涛译，东方出版中心2015年版。

[德] W. 桑巴特：《为什么美国没有社会主义?》，赖海榕译，社会科学文献出版社 2003 年版。

[美] 威廉·多姆霍夫：《谁统治美国：权力、政治和社会变迁》，吕鹏等译，译林出版社 2009 年版。

[美] 威廉·陶伯曼：《赫鲁晓夫全传》，王跃进译，中国社会科学出版社 2009 年版。

[美] 威廉·夏伊勒：《第三帝国的兴亡》（上卷），世界知识出版社 2012 年版。

[英] 沃尔特·白芝浩：《英国宪法》，夏彦才译，商务印书馆 2005 年版。

[美] 西达·斯考切波：《国家与社会革命》，何俊志等译，上海人民出版社 2007 年版。

[法] 夏尔·贝特兰：《纳粹德国经济史》，刘法智等译，商务印书馆 1990 年版。

[英] 亚当·斯密：《国富论》，谢宗林等译，陕西师范大学出版社 2010 年版。

[古希腊] 亚里士多德：《政治学》，秦典华等译，中国人民大学出版社 2003 年版。

[美] 亚历山大·汉密尔顿等：《联邦党人文集》，程逢如等译，商务印书馆 1995 年版。

[日] 盐野七生：《罗马人的故事》（第一卷），计丽屏译，中信出版社 2013 年版。

[澳] 约翰·芬斯顿：《东南亚政府与政治》，张锡镇等译，北京大学出版社 2007 年版。

[美] 约翰·弗兰奇：《强盗资本家：轨道车大亨的创富传奇》，陈小白译，华夏出版社 2009 年版。

[英] 约翰·洛克：《政府论》（英文全本），世界图书出版公司 2011 年版。

[美] 约翰·麦克里兰：《西方政治思想史》（上卷），彭淮栋译，中信出版社 2014 年版。

［美］约翰·托兰：《希特勒传》，郭伟强译，国际文化出版公司 2010 年版。

［美］约瑟夫·奈、菲利普·泽利科编著：《人们为什么不信任政府》，朱芳芳译，商务印书馆 2015 年版。

［美］詹姆斯·伯恩斯：《领袖》，常健等译，中国人民大学出版社 2016 年版。

中文文章

李成钢、龚成：《日本家族政治的现状及成因分析》，《日本问题研究》2011 年第 1 期。

房宁、许利平、郭静：《菲律宾：一座政治博物馆——对菲律宾民主政治的实地观察》，《文化纵横》2014 年第 1 期。

高新军：《预算民主：重塑美国政府》，《中国改革》2008 年第 10 期。

李路曲：《新加坡与中国政治发展路径的比较分析》，《政治学研究》2015 年第 3 期。

李义、王尘子：《业洲国家和地区走出腐败高发期的条件与机制》，《政治学研究》2014 年第 3 期。

李小军：《泰国政府民主转型过程中的腐败与反腐败》，《广州大学学报》（社会科学版）2010 年第 7 期。

李永洪、刘辉：《对利益集团问题的思考》，《经济与社会发展》2003 年第 6 期。

李政军、贺卫：《寻租理论：一个简要的回顾》，《现代管理科学》2001 年第 6 期。

李忠东：《腐败的苏哈托家族》，《检察风云》2015 年第 24 期。

廖燃：《你不知道的印度腐败》，《同舟共济》2007 年第 10 期。

林畅、施雪华：《论美国现代文官制度的形成及其核心价值体系》，《湖北社会科学》2009 年第 4 期。

林宏宇：《美国社会政治思潮与美国总统选举》，《国际关系学院学报》2004 年第 3 期。

刘金源：《现代化进程中的腐败与反腐败——印尼难题及对中国的警

示》,《人民论坛·学术前沿》2014 年第 7 期。

刘绪贻:《既得利益:新一轮改革的阻力》,《长江日报》1997 年 10 月 23 日。

马海军:《国外主流腐败成因理论评述》,《社科纵横》2008 年第 6 期。

孟向东:《荫庇腐败概念及危害》,《法制与经济》2011 年第 2 期。

尚水:《各国重大腐败案件系列之二:印度电信腐败案》,《中国纪检监察报》2014 年 2 月 18 日。

邵道生:《社会转型期的"利益集团"》,《领导之友》2005 年第 4 期。

邵道生:《什么利益是"改革的基本前提"》,《光明观察》2006 年第 3 期。

邵留成:《对新加坡廉政建设的探析》,《云南行政学院学报》2003 年第 3 期。

孙立勇:《美国西部开发与腐败》,《正气》2008 年第 12 期。

孙哲、赵可金:《美国国会对腐败问题的治理》,《清华大学学报》(哲学社会科学版) 2009 年第 2 期。

涂象钧:《美国的政党分赃现象浅谈》,《世界经济与政治》1989 年第 10 期,第 59 页。

王建新:《新加坡政府廉政建设的基本经验》,《中国党政干部论坛》2004 年第 8 期。

王礼鑫、刘亚平:《近年来"既得利益"研究综述》,《哲学动态》1999 年第 7 期。

王联:《评英迪拉·甘地执政十六年》,《国际政治研究》1994 年第 1 期。

王平:《美国左派当前的重建行动及其启示》,《当代世界与社会主义》2010 年第 1 期。

王文智、赵江华:《从政治体制纬度解析新加坡人民行动党长期高绩效执政之谜》,《河北师范大学学报》2008 年第 2 期。

王晓丹:《印度政府反腐机构》,《当代亚太》2000 年第 11 期。

王莹、李荣健:《美国的"拿来主义"与早期工业革命》,《武汉大学学报》(人文科学版)2007年第1期。

闻一、蔡力:《伊梅尔达:美丽和眼泪》,《东南亚纵横》2000年第9期。

肖长华、胡庆亮:《论新加坡政治体制的成因》,《东南亚纵横》2005年第12期。

邢来顺:《工业化过程中德国诸种利益集团的出现和各政党力量的消长》,《华中师范大学学报》2001年第3期。

徐广春:《新加坡廉政建设探析》,《地方政府管理》1998年第S2期。

徐玮:《略论美国第二次工业革命》,《世界历史》1989年第6期。

许春华:《缅甸变革反"腐坏"》,《南风窗》2013年第12期。

杨帆:《利益分化与社会整合的不平衡:改革中期危机的根源》,《首都经济杂志》1995年第9期。

余忠剑:《印度反腐败机制及其效果》,《廉政文化研究》2013年第1期。

袁征:《美国政治豪门中的"四大家族"》,《人民论坛》2016年第4期。

张树焕:《民主视角下的印度腐败原因探析》,《南亚研究》2012年第4期。

张树焕:《"国大党体制"与印度政治腐败的兴起》,《南亚研究季刊》2014年第1期。

张旭:《印度:当腐败已成生活方式》,《小康》2011年第2期。

张亚青:《关于"利益集团"若干问题的思考》,《学海》2002年第4期。

赵辉兵:《美国进步运动研究评述》,《史学集刊》2006年第1期。

仲伟周:《公共权力委托代理运行的扭曲与管制》,《当代经济科学》1999年第2期。

周永坤:《权力结构模式与宪政》,《中国法学》2005年第6期。

邹千江:《美国史名家刘绪贻的社会学思想试探》,《学术界》2014年第3期。

外文部分

Andrei Shleifer, Robert Vishny, "Corruption", *Quarterly Journal of Economics*, Vol. 108, 1993.

Arend Lijphart, "Comparative Politics and the Comparative Method", *The American Political Science Review*, Vol. 65, No. 3 (Sep., 1971).

Adam Przeworski and Henry Teune, *The Logic of Comparative Social Inquiry*, New York: Wiley-Interscience, 1970.

Bollen, Kenneth, "Political Democracy: Conceptual and Measurement Traps", *Studies in Comparative International Development*, 25 (1): 24, 1990.

Bruce Mesquita, Alastair Smith, *The Logic of Political Survival*, The MIT Press, 2004.

Bruce Mesquita, James D. Morrow, Randolph M. Siverson and Alastair Smith, "An Institutional Explanation of the Democratic Peace", *American Political Science Review*, Vol. 93, No. 4, 1999.

Carl Schmitt, "On the Contradiction between Parliamentarianism and Democracy", in *The Weimar Republic Sourcebook*, Berkeley: University of California Press, 1994.

C. P. Srivastava, *Corruption: India's Within*, New Delhi: Macmillan India, 2001.

Christopher Tremewan, *The Political Economy of Social Control in Singapore*, Palgrave Macmillan, 1994.

Dalberg Acton, *Essays on Freedom and Power*, Boston: Beacon Press, 1949.

Donald Horowitz, *Ethnic Groups in Conflict*, Berkeley: University of California Press, 1985.

Danp Silvennan, *Hitel's Economy/Nazi Work Creation Programs, 1933 - 1936*, Harvard University press/Cambridge, Massachusetts London,

England, 1998.

Enlinor Ostrom, *Governing the Commons: the Evolution of Institutions for Collective Action*, Cambridge University Press, 1990.

Juan J. Linz, *The Breakdown of Democratic Regimes: Crisis, Breakdown and Reequilibration*, Baltimore: The Johns Hopkins University Press, 1978.

John Stuart Mill, *A System of Logic, Ratiocinative and Inductive: Being a Connected View of the Principles of Evidence and the Methods of Scientific Investigation*, London: Longmans, Green, 1904.

James March, Johan Olsen, "The New Institutionalism: Orgnizational Factors in political Life", *The American Political Science Review*, Vol. 78, No. 3, 1988.

J. M. Murrin, *Beyond Confederation: Origins of the Constitution and of American National Identity*, Chapel Hill, 1987.

John Garraty, *Historical Viewpoints: Notable Articles from American Heritage since 1865*, Vol. 2, Harper & Row, Publishers, 1987.

John Breuilly, "Nationalism and the First Unification", in *Germany's Two Unifications: Anticipations, Experiences, Responses*, New York: Palgarve Macmillan, 2005.

Jane Caplan, *Nazi Germany* (Short Oxford History of Germany), Oxford University Press, USA, July 15, 2008.

James Minchin, *No Man Is an Island: A Study of Singapore's Lee Kuan Yew*, Allen & Unwin, 1986.

Jon Quah, "Curbing Corruption in Asia: A Comparative Study of Six Countries", *Public Administration And Development*, Dec. 20, 2000.

Leys, Colin, "What is the Problem about Corruption?" *Journal of Modern African Studies*, 3 (1965).

Larry Diamond, "Three Paradoxes of Democracy", *Journal of Democracy*, Vol. 1, No. 3 (1990).

Lawrence Anderson, "Exploring the Paradox of Autonomy: Federalism and

Secession in North America", *Regional and Federal Studies*, Vol. 14, No. 1 (2004).

L. Rudolph, "Continuities and Change in Electoral Behaviours: The Parliamentary Election in India", *Asian Survey*, Vol. 11, No. 12 (1993).

Monica Toft, *The Geography of Ethnic Violence: Identity, Interests and the Indivisibility of Territory*, Princeton University Press, 2003.

Michael Brown, "Causes and Implications of Ethnic Conflict", in *The Ethnicity Reader*, Polity Press, 1997.

Maurice Duverger, *Political Parties: Their Organization and Activity in Modern State*, Methuen & Co Ltd, 1978.

Martin Broszat, *Hitler and the Collapse of Weimar Germany*, trans. V. R. Berghahn, 1987.

M. Rainer Lepsius, "From Fragmented Party Democracy to Government by Emergency Decree and National Socialist Takeover: Germany", in *The breakdown of Democratic Regimes: Europe*, Vol. 2, Baltimore: The Johns Hopkins University Press, 1978.

Philippe Schmitter, "What Democracy Is... and Is Not", *Journal of Democracy*, Vol. 2, No. 3 (1991).

Preben Kaarsholm, "States of Failure, Societies in Collapse? Understanding of Violent Conflict in Africa", in *Violence, Political Culture and Development in Africa*, Janmes Currey, 2006.

Paul Riper, *History of the United States Civil Service*, Peterson and Co., 1958.

R. Andreano, *Economic Impact of the American Civil War*, Shenkman Publishing Co., 1962.

R. J. Overy, *The Nazi Economic Recovery 1932 – 1938* (New Studies in Economic and Social History), Second Edition, Cambridge University Press, 1996.

R. K. Karanjia, *The Mind of Nehru*, London: Allen and Unwin, 1960.

Rajni Kothari, "Continuity and Change in the Indian Party System", *Asian*

Survey, Vol. 10, No. 11 (1970).

Ramesh Thakur, *The Government and Politics of India*, New York: Macmillamn, 1995.

Susan Ackerman, *Corruption: A Study in Political Economy*, New York: Academic Press, 1978.

Seymour Lipset, *Political Man: The Social Bases of Politics*, London: Heinemann, 1960.

Seymour Lipset, Stein Rokkan, "Cleavage Structures, Party Systems and Voter Alignments: An Introduction", in *Party Systems and Voter Alignment: Cross National Perspective*, The Free Press, 1967.

Samuel Morison, Henry Commager, *The Growth of the American Republic*, New York: Oxford University Press, 1976.

S. Gill, *The Pathology of Corruption*, New Delhi: Harper Collins Publishers, 1993.

Theda Skocpol, "Bringing the State Back in: Strategies of Analysis in Current Research", in *Bringing the State Back In*, Cambridge University Press, 1985.

Tiln Kirk, Nazi Germany, published by Palgrave macmillan 2007.

T. J. George, *Lee Kuan Yew's Singapore*, Singapore: Eastern University Press, 1984.

T. Bellows, *The People's Action Party of Singapore: Emergence of A Dominant Party System*, New Haven, 1970.

后　　记

　　本书根据我的博士毕业论文修订而成。廉政和利益集团是我非常感兴趣的话题，也是我的主要研究领域。党的十八大以来，以习近平同志为核心的党中央对腐败问题和利益集团问题的高度重视，也使本书的写作和出版恰逢其时。当然，就像我在正文中曾提到的，任何试图对利益集团腐败做出简单结论的想法都是不恰当的，对我而言，本书只是一项长期研究的开端，远非完结。在成书过程中，我也根据时代变化和新的研究成果修订了全文，并为书稿补充了一些内容，即便如此，本书仍然存在不少缺憾，有待于在今后的研究中完善提高。

　　没有许多人的支持与宽容，就没有这本书的付梓。

　　本书的完成很大程度上得益于我的博士导师李文研究员的提点和鼓励，在此谨向尊敬的导师表达深深的谢意。作为一位国际政治和国别政治研究专家，李文老师对我这样一个普通学生倾注了无数心血。自入学伊始，恩师对我的关心和栽培就是全方位的。他既是一位富有智慧的引路人，又是一位长辈、一位兄长、一位至亲好友。李老师的深厚学养、在社会科学方法论上的一流训练、在教学实践中的幽默风趣都为我树立了一个优秀教师和学者的榜样，成为我未来努力的方向。

　　感谢我的硕士导师周少来研究员，周老师在我攻读硕士学位期间引领着我走上了廉政研究的道路，激发了我对政治学的浓厚兴趣。我也要感谢李向阳老师、董向荣老师、许利平老师和其他各位老师，阅读你们的论文和著作、聆听你们的讲座使我开阔了视野、得到了深厚的方法论启迪。

感谢我的同门和同学，没有你们的支持和帮助，本书将会有莫大的缺憾。周方冶师兄细心审阅了部分行文；骆礼敏师姐和我在论文的写作过程中不停交换看法与意见；沈予加师妹则与我一起合作完成过利益集团和国别政治的相关论文。还有许多无比优秀的同学和朋友都对本书的写作提供过帮助，他们全部或部分地阅读过本书，并在我的写作过程中和完稿之后给我提供了各种有价值的意见和建议。

特别感谢中国社会科学出版社的陈雅慧编辑，正是她的耐心和细心，这本书才能变得如此漂亮美观。我还要感谢中共北京市委党校科研处的各位老师，在他们的帮助和支持下，本书得到了申请学术著作出版资助的宝贵机会。

当然，最后的感谢要送给我的家人。养育之恩、无以为报。我的父母都是普普通通的中国人，他们全力经营家庭，支持我的学业和生活，这才让我有机会完成本书。即便相距千里，但他们始终如一的支持正是我持续前进的支柱。在写作过程中，父亲还就论文中的许多关键点与我进行过多次深入探讨，例如本文中权力结构的"4W"原则正是在和父亲的一次讨论后萌发出的想法。

要感谢的人还有很多，难以一一言表。感谢的话虽有结束的时候，感恩的心却不会穷尽。唯有不懈努力和深入钻研，才能真正回报大家的关心和厚爱。